戦後教員養成改革と「教養教育」

山崎奈々絵

六花出版

戦後教員養成改革と「教養教育」●目次

序章 …… 1
第一節　本書の目的 …… 1
第二節　先行研究の検討 …… 5
1　教育刷新委員会に関する研究　6
2　カリキュラムに関する研究　7
3　教員組織に関する研究　9
4　教員養成系大学・学部に関する研究　12
5　一般教養に関する研究　14
6　IFELに関する研究　17
7　大学基準協会に関する研究　18
8　文部省の教員養成制度構想に関する研究　20
第三節　研究の方法と構成 …… 21
1　研究の方法　21
2　本書の構成　21

第Ⅰ部　制度改革をめぐる議論

第1章　戦後初期の教員養成論の到達点 …… 31

第一節　教育審議会の審議……32
1　第三～八回総会　34
2　第九～一四回特別委員会　35
3　整理委員会第二〇～二九回会議　36
4　第二一回特別委員会～第一〇回総会　37
第二節　教育科学研究会の小学校教師論……39
第三節　日本側教育家委員会報告書……41
第四節　米国教育使節団報告書……43
第五節　小括……44

第2章　教育刷新委員会の審議　50

第一節　教育刷新委員会の概要……51
第二節　「大学における教員養成」原則の成立……52
1　論点整理　52
2　「大学における教員養成」原則の具体化　54
第三節　学芸大学構想の登場と具体化……56
1　学芸大学構想の登場　56
2　学芸大学構想の具体化　59
第四節　学芸大学構想の再確認……63
第五節　小括……65

第II部 制度改革の具体化

第3章 師範学校におけるカリキュラム改革と大学レベルのカリキュラム案 71

第一節 師範学校におけるカリキュラム改革 72
1 東京第一師範学校 72
2 東京第二師範学校 73
3 大阪第二師範学校 75
4 福岡第一師範学校 75
5 福岡第二師範学校 78
6 静岡第一師範学校 78
7 群馬師範学校 81

第二節 大学レベルのカリキュラム案 85
1 「大学に於ける教育学科のカリキュラム——東京第一師範学校案」 85
2 文部省通牒「学科課程案の研究について」 89
3 師範学校の回答 91

第三節 小括 97

第4章　ＩＦＥＬの研究活動　103
第一節　教員養成のための研究集会　104
1　玖村敏雄の講義　104
2　全体討議　106
3　ヘファナンの講義　107
4　「教員養成に関する諸問題」　107
第二節　第二～三期ＩＦＥＬにおける教育学部教授講習　109
1　第二期ＩＦＥＬ　109
2　第三期ＩＦＥＬ　111
第三節　第六期ＩＦＥＬにおける小学校管理及び指導に関する講習　112
第四節　第九期ＩＦＥＬにおける教員養成カリキュラムに関する講習　115
第五節　小括　117
第5章　大学基準協会の研究活動　121
第一節　教員養成系大学・学部に関する基準　122
1　「大学基準」　122
2　「学芸学部基準分科会」設置以前　123
3　「学芸学部基準分科会」設置以後　126
第二節　サーベイ・コースの位置づけ　128

1　一般教育研究委員会　128
2　クーパーの論稿　129
3　第六期ＩＦＥＬ　130
第三節　小括　131

第6章　文部省・大学設置委員会の構想

第6章　文部省・大学設置委員会の構想　136
第一節　文部省の制度構想　137
1　「アメリカ教育使節団報告書に基く教育対策」　137
2　一九四六年八月～四七年一〇月の案　138
第二節　大学設置申請に関する文部省の指示　142
1　一九四八年三～七月の指示　142
2　新制国立大学設置の一一原則　143
3　一九四八年一二月一六日付文部省通牒　144
第三節　大学設置委員会の構想　145
1　「教員養成を主とする学芸大学基準（案）」　145
2　教員養成系大学・学部の教員審査に関する基準　146
3　大学設置審査日程　149
第四節　小括　151

第Ⅲ部 教員養成系大学・学部におけるカリキュラムと教員組織の形成過程 159

第7章 カリキュラムの形成過程

第一節 大学設置委員会案と各大学案にみる小学校教員養成と中学校教員養成の関係性……160
1 大学設置委員会案 160
2 大阪学芸大学案 162
3 福岡学芸大学案 163
4 静岡大学案 164
第二節 一九五二年度「東京学芸大学カリキュラム」の形成過程……166
1 「大泉分校カリキュラム再検討委員会（第一）」 166
2 大泉分校学科課程再検討委員会「第二報告」 168
3 一九五二年度「東京学芸大学カリキュラム」 170
第三節 日本教育大学協会第二部「カリキュラム研究全国集会報告書」……172
第四節 文科・理科区分と学芸課程設置の意味……175
1 北海道学芸大学 175
2 京都学芸大学 179
第五節 岡山大学教育学部にみる小学校教員養成と中学校教員養成の関係性……181
第六節 小括……184

第8章　教員組織の形成過程……189
第一節　設置申請から発足初期の教員組織……190
1　神戸大学　190
2　東京学芸大学　193
3　愛知学芸大学　201
4　大阪学芸大学　203
5　福岡学芸大学　207
第二節　教育学部・文理学部の関係をめぐる問題……210
1　静岡大学　210
2　山口大学　214
3　岡山大学　217
第三節　小括……222
終章……233
第一節　総括……233
第二節　先行研究に対する知見……241
1　教育刷新委員会について　241
2　カリキュラムについて　242
3　教員組織について　244

4　教員養成系大学・学部について　247
5　一般教養について　249
6　ＩＦＥＬについて　250
7　大学基準協会について　252
8　文部省の教員養成制度構想について　253
第三節　今後の課題……255
あとがき　257
参考文献・資料一覧　263
主要事項索引／主要人名索引　284

第一節　本書の目的

本書は、戦後日本の教員養成について、「一般教養を重視して『師範タイプ』を克服する」という改革当初の理念に着目し、この理念が教員養成系大学・学部の発足当初から実質がともなっていなかったことを明らかにするものである。対象とするおもな時期は、おおよそ敗戦直後から新制国立大学に一～四年生まで全学年の学生がはじめて揃う一九五二年度頃までである。

師範タイプ(1)（あるいは師範型・師範気質などとも呼ばれる）とは、戦前の師範学校で養成された小学校教員を低く評価した言葉である。視野が狭い、国家権力に従順で統制されやすい、学力が低い、鬱屈しているというようにさまざまな意味で用いられてきた師範タイプに対する批判は、一九〇〇年代初頭から繰り返されてきた。学力が低いという批判は四二年度まで高等小学校に接続してきた師範学校の生徒が、旧制中学校や旧制高等学校・大学といった正系ルートとされる学校の生徒・学生と比べて低いという意味である。鬱屈しているとすれば、授業料無償制や学資支給制と引き換えに服務義務制によって進路が教職に固定されるといった閉鎖的な制度にもその原因があろう。

敗戦後、四六年八月一〇日に発足した教育刷新委員会（四九年六月一日「教育刷新審議会」に改称、五二年六月一二日廃止、以下、「教刷委」と表記）は、師範タイプ批判に立脚し、一般教養を重視して師範タイプを克服するといった理念を提起した。教刷委では目的養成に否定的な意見が主流を占めたいっぽう、小・中学校の義務教育教員を大量に養成しなければならない現実があった。そこで教員養成を「主とする」（「目的とする」ではない）「学芸」大学を構想した。学芸すなわち一般教養を教育内容の中心に据える大学で師範タイプを克服し、幅広い視野を備え、主体的かつ自律的な教育実践を展開できる教員の育成をめざしたのであった。審議の過程で「教育」大学・学部は否定された。

四九年五月三一日、「国立学校設置法」により新制国立大学が発足した。いわゆる一府県一大学の原則のもと、同一府県内の旧制官立高等教育諸機関が一つの国立大学に再編されたが、原則の例外地域（人口三〇〇万人を超える七都道府県――北海道・東京・愛知・京都・大阪・奈良・福岡――）には師範学校・青年師範学校のみから再編された単科の学芸大学が発足した。その他の府県の師範学校・青年師範学校は、旧制高校のなかった地域では学芸学部、旧制高校のあった地域では教育学部に再編された。このようにとくに教育学部は、「教育」という名称をとっただけでなく、一般教養を切り離した学部であった点に、すでに発足の段階から一般教養を重視した教員養成という理念が大きく後退していたことが読み取れる。学芸大学・学芸学部は（他学部のも含んで）一般教養も担当するいっぽう、教育学部は教職専門教育や一部の教科専門教育のみを担当し、一般教養は旧制高校から再編された文理学部（一部の大学が発足させた法文学部、人文学部、理学部などを含む）が担当した。

ただし、学芸大学・学芸学部であっても、一般教養を重視した教員養成を行ってきたという事実はない。大学・学部の名称のみにおいて「学芸」すなわち一般教養を重視するという理念が残ってはいたが、その名称も国立学校設置法改正により、六六〜六七年度にかけて教育大学・教育学部に改称されていった。このとき、東京学芸大学は大学名を改称しなかったが、その理由は筑波大学の前身である東京教育大学と名称が重複することにあり、理念的なことにはない。したがって東京学芸大学も、学芸大学という大学名であるにもかかわらず学部名は教育学部へ改称した。

たしかに山田昇(2)が類型化したように、学芸大学は単科大学ゆえに教員養成の目的養成意識が強くなりやすく、学芸学部は全学の一般教養も担当するゆえ一般教養を通じて教員養成も兼ね行うという意識を持ちやすく、教育学部は一般教養・教科専門教育を担う文理学部とともに教員養成を行うため閉鎖的になりにくいという特徴があったであろう。しかし学芸大学・学芸学部・教育学部はそうした違いを超えておおよそ共通に、一般教養を重視して師範タイプを克服するといった理念を発足当初から顧みなくなっていった。本書ではその過程を描き出していく。

なお、一般教養は現代ではしばしば「教養教育」と呼ばれるが、本書が対象とする時期は、「一般教養」「一般的教養」と呼ばれていたことが多いので当時に即してできる限り「一般教養」と表記する。

一般教養の制度が新制大学に導入されたのは、四七年七月八日に大学基準協会が決定した「大学基準(3)」による。大学基準は大学設置基準として準用され、新制大学は、最低履修単位数一二四単位のおおよそ三分の一（文系学部なら四〇単位、理系学部なら三六単位。後に学部を問わず三六単位となる(4)）を一般教養科目に当て、学生に人文科学・社会科学・自然科学の三系列をおおよそ均等に履修させることになった。その後、五一年六月二一日大学基準改訂(5)で一般教養は「一般教育」と改称された。

制度は、九一年六月大学設置基準改正（いわゆる大綱化）によって廃止となった。しかし、その後も大学教育における教養教育の重要性が繰り返し指摘されている。たとえば二〇〇二年二月二一日中央教育審議会（以下、

「中教審」と表記）答申「新しい時代における教養教育の在り方について」は、大学には「幅広い視野から物事を捉え、高い倫理性に裏打ちされた的確な判断を下すことができる人材の育成が一層強く期待されている」といった背景のもと、「大学教育には教養教育の抜本的充実が不可避」と指摘している。また、〇五年一月二八日中教審答申「我が国の高等教育の将来像」でも学部段階での教養教育の充実の必要性が指摘された。

　他方で、教員養成では教養教育の重要性を指摘するような主張はほとんどされてこなかった。たとえば一二年八月二八日中教審答申「教職生活の全体を通じた教員の資質能力の総合的な向上方策について」では、二一世紀型の「新たな学びを支える教員の養成と、学び続ける教員像の確立」を提起し、「教職生活全体を通じて自主的に学び続ける力」の育成の重要性を指摘している。こうしたことをふまえると、教職に就いてからも常に探究心を持って主体的・自律的に学び続けるには、現場ですぐに役に立つわけではなくても、教養教育を通じて幅広い視野や批判的思考力を養うことが重要だと考えられる。ところが政策レベルではこうした主張は出てこない。他方で「実践的指導力」すなわち現場で直接役に立つ力を養うことの重要性が繰り返し強調されている。

　また、前述の中教審答申「教職生活の全体を通じた教員の資質能力の総合的な向上方策について」は、「教育委員会と大学との連携・協働により、教員養成の高度化・実質化」を提案し、教職大学院をモデルとした「高度専門職としての教員の育成システム」の確立を提案している。これからますます大学と教育委員会の連携の強化が求められ、教職大学院がモデル的位置づけを獲得していくだろう。しかし、そもそも大学で養うべき教師の力量とは何か、戦後の「大学における教員養成」では一般教養を重視して師範タイプを克服するという理念で出発したにもかかわらず、なぜ、師範学校から再編された教員養成系大学・学部でこの理念が顧みられなくなったのか。こういった点をきちんと検証し、いままでの成果や課題を明らかにしてこそ、これからの教員養成のあり方を考える視点を提供できるのではないか。

　さらにこの答申は、「義務教育免許状」といった「複数の学校種をまとめた教員免許状の創設」を「中長期的検討課題」として挙げ、とりあえず「教員免許状を複数取得することは重要」として「異なる隣接校種免許状の取得促進」を提案している。実際に学校教育法改正によって一六年度から義務教育学校制度が創設されたこともあり、小学校教諭免許状と中学校教諭免許状の併有はこれからますます促進されていくだろう。いままでも教員養成系大学・学部では多くの学生が小・中学校両方の免許状を取得して卒業する実態が広まってきたが、こうした複数免許状取得やそれをめざした履修が教員の力量形成においてはたして望ましいあり方なのかについても、きちんと検証されていない。

戦後教員養成は開放制原則のもと、教員養成系大学・学部だけでなく一般大学・学部や公私立大学も教員養成を担ってきた。教員養成系大学・学部は、小・中学校教員養成をあわせて義務教育教員養成として行ってきたのに対し、一般大学・学部や公私立大学の多くは初等教員養成か中等教員養成（中学校と高校の教員養成）のどちらかを行ってきた。小学校は全科担任、中学校は教科担任といった違いを考えれば、二つをまとめて養成する教員養成系大学・学部の養成は不自然ともいえよう。

以上のような課題意識のもと、本書は一般教養を重視して師範タイプを克服するといった戦後初期の理念に着目する。そして、この理念は師範学校および再編後の教員養成系大学・学部において、小・中学校教員を義務教育教員としてまとめて養成するからこそ、戦後初期の限られた時期に一定の説得力を持つと同時に、急速に実質をともなわなくなっていったことを明らかにしていきたい。

第二節　先行研究の検討

以下、先行研究を八つのテーマに分けて整理し、本書の研究目的や研究方法の意義を明らかにしておく。

1 教育刷新委員会に関する研究

一般教養を重視して師範タイプを克服するという戦後教員養成の理念を提起したのは教刷委である。教刷委は一般教養を中心とする学芸大学において教員養成を行うとするいわゆる学芸大学構想を示した。

教刷委の審議について、寺崎昌男[(6)]は教員養成諸学校関係者と旧制大学関係者に分けて、山田昇[(7)]はエデュケーショニスト（「教育科学的教養を重んずる見解」）とアカデミシャンズ（「一般教養・学問的教養を重んずる見解」）、およびそのあいだに位置する「一般教養・教職的教養を統一的に把握」しようとする見解の三つに分けて、その詳細を明らかにした。また、これらの研究は学芸大学構想の限界として、教育大学特設論と否定論との折衷・妥協を図る役割を担っているゆえに抽象的・観念的な性格であること、カリキュラムについてはほとんど審議しなかったために具体性・現実性に欠けていることを指摘している。

こうした限界が、その後の研究でも強調され続けてきた。そして「『教育刷新委員会中心史観』ともいうべき、教育刷新委員会において日本独自の改革プランが構想され基本的骨格のすべてが決定されたという認識からの脱却を図るべき[(8)]」という主張さえされるようになった。

これに対して本書は、「教育刷新委員会中心史観」に陥るつもりはないが脱却もしない。陣内靖彦が指摘するように、教刷委の理念論議をまず出発点に据えたうえで「その実質的内容、教員養成現場レベルでの検討」を加えることによってこそ、戦後教員養成の再評価を試みることにつながると考える[(9)]からである。

もちろん、一般教養を重視した教員養成という理念は、「戦前の師範教育を厳しく断罪するあまり、学芸の教師というひと昔前の教師像に回帰してしまった[(10)]」という限界も持っていた。しかし、師範タイプではない主体的で自律的な教員の育成をめざすことが強調された教刷委の理念は、戦前と異なる戦後の新しい教員養成のあり方を構想していくうえでも、さらにいえば現代の教員養成のあり方を考えるうえでも重要なものではないだろうか。

なお、浜田博文は教育学を中核に小学校教員の専門性を構築しようとする積極的な意思を持っていなかったこと、とくに旧制大学関係者らを中心に「小学校と中等学校の教員の専門性の違い」を明確に論じなかったことを教刷委の限界として指摘した[11]。

しかし、前者について、旧制大学に教育学部がなかったことなどもあって教育学を中核に据えるような大学・学部を構想しにくかったのが当時の現実であろう。

また、後者について、初等教員と中等教員の専門性の違いを明確に論じなかったのは、教員養成諸学校関係者らも同じである。しかも、とくに小学校教員と中学校教員の区別は曖昧なまま、二つを義務教育教員としてまとめて審議する枠組みを作ったのは、教員養成諸学校関係者らである。たとえば審議の初期の段階で、旧制大学関係者の一人である委員長安倍能成（元文部大臣・元第一高等学校長）が、いままで別々に行ってきた初等教員養成と中等教員養成を同一機関でまとめて行うことが可能かという論点を示したにもかかわらず、教員養成諸学校関係者の意見を代表する務台理作（東京文理科大学長）、倉橋惣三（東京女子高等師範学校教授）、木下一雄（東京第一師範学校長）らが、小・中学校の教員を義務教育教員として漠然とまとめて審議する枠組みを作っていった[12]。

これをふまえて本書は、教員養成関係者であっても全科担任の小学校教員と教科担任の中学校教員の専門性の違いや養成の違いを明確に論じられなかった戦後初期、師範学校や教員養成系大学・学部で小・中学校の教員が曖昧にまとめて義務教育教員として養成されていくなか、幅広い学修をしつつ特定の教科を深めて複数免許状を取得するという履修の実態ができあがっていったこと、その過程で当初の理念が顧みられなくなっていくことを明らかにしていきたい。

2　カリキュラムに関する研究

先行研究では七〇年代頃から制度（史）研究だけでなく、実際の養成現場である各大学・学部の内実に即した研究、すなわち「教員養成教育の内実に立ち入った研究」の重要性が指摘され続けてきた[13]。これに対して本書はどちらの研究も重要だという立場から、戦後教員養成改革の再検討を行う。内実として注目するのは、具体的な師範学校および再編後の教員養成系大学・学部のカリキュラム・教員組織である。

カリキュラムすなわち教育内容に関する研究は、横須賀薫が七三年に「閉鎖制か開放制かという制度論のフレームは、教育内容の問題にふみこまないかぎり、すでに一歩も進展しない[14]」と指摘した頃から、一定の蓄積がされてきた[15]。ところがこうした研究においても「リベラル・アーツ（学芸）か教職専門教育」か、あるいは「アカデミズムかプロフェッショナリズムか」という「不毛な二項対立」が繰り返される傾向にあった[16]。主題が制度（史）であってもカリキュラムであっても、二項対立的な議論が繰り返される傾向にあった一つの要因は、一般教養を重視して師範タイプを克服するという戦後改革当初の理念に対する評価が定まっていないことにあるのではないか。こうした課題意識のもと、本書は当初の理念に着目している。

先行研究が戦後初期のカリキュラムとしてとくに注目してきたのは、四六年一二月三〇日付「大学に於ける教育学科のカリキュラム――東京第一師範学校案[17]」（以下、「東京第一師範学校案」と表記）である。占領軍の指導・助言のもとで作成された大学レベルのカリキュラム案で、一般教養・教科専門教育・教職専門教育の最低履修単位数を二対一対一とし、教職専門教育に多くのページを割いた。この案がまとまるまでの過程や教職専門教育の内容については、橋本美保、北神正行、浜田博文らによって明らかにされてきた[18]いっぽう、一般教養については、カリキュラムの半分を占めているにもかかわらずほとんど注目さえされてこなかった。

東京第一師範学校案は四七年一月一八日付文部省学校教育局師範教育課長発各師範学校長宛通牒「学科課程案の研究について[19]」に添付され、全国の師範学校に配布された。この通牒は、各師範学校に大学レベルの案を作成するよう伝えているが、このとき作成された複数の師範学校の案（北神が発見した北海道第二師範学校、山形師範学校、岐阜師範学校、埼玉師範学校、山口師範学校、熊本師範学校の六校の案[20]）も、東京第一師範学校案と同様、履修単位数全体の半分を一般教養とした。ところが先行研究は、これらの案についても一般教養にほとんど注目していない。

こうした先行研究に対し、本書は各師範学校案が少なくとも履修単位数において一般教養を重視するという理念を可視化したことに注目し、戦後初期の師範学校では理念が一定の説得力を持っていたと考え、当時の一般教養について、具体的な内容やカリキュラム上の位置づけを明らかにする。

なお、「東京第一師範学校案」をはじめとする師範学校の案は、第3章で述べるとおり、大学レベルの「理想的な」案として作成された（前述の通牒「学科課程案の研究について」）。先行研究では、こうした案が実際の師範学校（専門学校程度）の改革や再編後の教員養成系大学・学部にどのような影響を及ぼしたのかについては、今後の課題とされてきた。それをふまえて本書は、大学レベルの案と専門学校程度の改革の関連性や、案と実際の改革が教員養成系大学・学部のカリキュラムへどのように連続していったのかを描き出していきたい。

3　教員組織に関する研究

前述のとおり、本書はカリキュラムを担う教員組織に注目する。

教員養成系大学・学部の前身となった師範学校・青年師範学校はそれぞれ四三年・四四年に専門学校程度に位置づいたばかりであった。師範学校の場合、四三年に中等学校程度から専門学校程度に昇格した際、多くの教員を新制師範学校へ移したといわれている[21]。このとき、いままでの教諭は本科（専門学校程度）の教授・助教授と予科（中等学校程度）の教諭に分かれることになった。専門学校程度にふさわしい教員組織の充実を図る十分な余裕もないまま、四九年にはさらに大学に「昇格」することになった。

師範学校・青年師範学校や旧制高校・旧制専門学校といった旧制高等教育諸機関の教員が新制大学の教員に採用されるためには、大学設置委員会（四八年一月一五日「大学設置委員会官制」により文部省内に設置され、七月一〇日「学校教育法及び義務教育国庫負担法の一部を改正する法律」で「大学設置審議会」に改称、以下、「大学設置委員会」と表記）の審査に合格しなければならなかった。

旧制高等教育諸機関の中でもとくに師範学校・青年師範学校の教員の場合、新制大学への移行をめぐって大学設置委員会の審査になかなか合格できなかったり多くの教員が降格せざるをえなかったりと非常に厳しい状況に直面したことが、従来の研究では強調されてきた。その際、とくに注目されてきたのは、新制大学発足目前の四九年一月段階（もとの資料[22]から考えて四九年一月九日段階）で教員養成系大学・学部の「大学設置委員会へ教官申請に対する合格者の割合」は「平均して五七・一％」、合格者は「地域内の師範・青年師範教官定員の三三％平均」といった数値[23]である。

しかし、実際には、五七・一％や三三％をはるかに上回り、師範学校・青年師範学校の教員の多くが新制大学へ移行していったと考えられる。そもそも五七・一％や三三％といった数値には次の三つの問題点がある。

①三三％という数値は注目するほどの意味を持っていない。第一に、新制大学発足初年度の四九年度は学生が一年生しかいないうえに師範・青年師範学校も存続しているため、四九年度に大学へ移行する教員は師範学校・青年師範学校の定員（ここで対象となっているのは本科のみ）を当然下回るからである。第二に、教育学部へ再編した場合、文理学部が教科専門教育の多くを担当するというのが文部省の方針だった[24]ため、文部省方針に即して師範学校・青年師範学校の定員を教育学部と文理学部に振り分けた大学がある。その場合、教育学部に移行する教員が師範学校・青年師範学校の定員を当然大きく下回るからである。

②ここで対象となっている新制大学の「教員」候補者は、「教授・助教授」候補者として申請された者や「教授・助教授」として合格した者である。しかし、新制大学の「教員」には「講師・助手」もいる。彼らも含めれば五七・一％や三三％をはるかに上回る多くの教員が、師範学校・青年師範学校から新制大学へ移行したと考えられる。

③五七・一％や三三％は、四九年一月九日段階での数値にすぎない。この後も審査は続くうえ、新制大学は一

年生だけで四九年度に発足し、年次計画で整備された。そのため、開学した後に師範学校・青年師範学校から新制大学へ移行した教員も多い。

このように、実際には先行研究で描かれてきた以上に多くの教員が、師範学校・青年師範学校から新制大学へ移行したと考えられる。

また、教員養成系大学・学部の教員候補者に対する審査基準となった四八年一〇月二一日付「教員養成を主とする学芸大学の教員について（案）」（大学設置委員会作成）[25]は、山田昇[26]が明らかにしているように他の多くの学部の教員審査にはみられない「教授上工夫創意があること」「特殊の能力」「教育的影響力があること」といった評価基準が含まれた。師範学校・青年師範学校の教員は、たとえ他の学部には移行できなくても教員養成系大学・学部には移行できるよう、ある種の配慮がされたことがうかがえる。

ただし、新制大学が発足する四九年度が迫るにつれ、先行研究で描かれてきた以上に評価基準が多様化し、より多くの教員が大学へ移行できるようになっていった。師範学校・青年師範学校の教員をできるだけ多く移行させなければ教員養成系大学・学部の発足自体が危うくなるからである。発足させなければ各都道府県の義務教育教員が大量に不足することになる。各都道府県に最低一校教員養成系大学・学部を置くと決めた文部省は、当然、師範学校・青年師範学校の教員を可能な限り教員養成系大学・学部へ移行させようとしたはずである。だからこそ、たとえば五〇年度の信州大学教育学部のように「師範学校から『横滑り』した教員が圧倒的に多い[27]」といったような実態が、多くの教員養成系大学・学部にも共通してみられるのではないか。

大学設置委員会の審査だけでなく、各大学（前身校）の学内審査についても神戸大学など一部の大学の沿革史によってその詳細が明らかにされてきた[28]。しかし、沿革史においても師範学校・青年師範学校の教員が新制大学への移行にあたり、非常に厳しい状況に直面したことが強調される傾向にあった。

こうしたことをふまえて本書は、厳しい状況下でも多くの師範学校・青年師範学校教員が新制大学へ移行していったこと、教員の移行を最優先するなかで新しいカリキュラムの追究やそれを運営できる教員組織の編成は後回しにされ、一般教養を重視して師範タイプを克服するといった理念が実質をともなわなくなっていったことを明らかにする。

なお、本書が師範学校・青年師範学校の教員として対象にするのは本科の教授・助教授である。本科（専門学校程度）の教授・助教授であっても新制大学に移行できない場合があったにもかかわらず、一段低い予科（中等学校程度）の教諭が簡単に移行できるとは考えにくい。

ほとんどの先行研究や沿革史は本科の教授・助教授と予科の教諭を分けていない[29]。新制大学教員候補者として大学設置委員会へ申請されなかった者や申請されても不合格となった者の多くは、予科の教諭なのではないか。本科の教授・助教授と予科の教諭が明確に区別されてこなかったのは、おもに資料的制約によると考えられる。それは、たとえば「教員養成諸学校官制」では本科の助教授と予科の教諭が判別できないことからも明らかだろう。しかし、本科の教授・助教授だけみれば、ほとんどの者が新制大学へ移行したのではないか。言い換えれば、先行研究で描かれてきた以上に師範学校本科の教員組織が新制大学へ温存されたのではないかと考えられる。

こうした課題意識をふまえ、本書では可能な限り本科の教授・助教授に限定して、理念が実質をともなわなかったことを明らかにしていきたい。

4　教員養成系大学・学部に関する研究

松木健一・隼瀬悠里は、教育行政が教員養成に参入してくるような近年の政策（「教師塾」「学校ボランティア」「教師インターン」など）を『優れた教養人としての教師の育成』という戦後の教員養成の理念」の「揺らぎ」や「戦前の師範学校への回帰」と捉えている[30]。

これに対して本書は「優れた教養人としての教師の育成」といった理念は、戦後教員養成の出発当初から実質をともなっていなかったことを明らかにしていくものである。とくに一般大学・学部や私立大学と比べて教員養成系大学・学部では一般教養が軽視されてきたと考えられる。

前述のとおり、九一年の大学設置基準大綱化によって一般教養の制度は消滅したが、当時、私立大学からは「学問を通じ、広い知識を身につけさせるとともに、ものを見る目や自主的・総合的に考える力を養う一般教養が、教育者の専門的力量形成に不可欠・不可分」といった主張が改めて展開された[31]。他方で、教員養成系大学・学部は目立った意見を発表していない。こうしたことから、開放制を実質的に支えてきた一般大学・学部（とくに私立）と、師範学校から再編された教員養成系大学・学部は、一般教養を重視して師範タイプでない教員を養成するという戦後の理念に対して、大きく異なるスタンスをとってきたことがうかがえる。こうした違いは、一般大学・学部と教員養成系大学・学部をまとめて論じると見えにくくなり、とくに教員養成系大学・学部が師範タイプを克服するといった課題追究を不十分にしてしまった問題なども見えにくくなる。

こうした課題意識のもと、本書はとくに教員養成系大学・学部に焦点を絞り、大学・学部の発足当初から一般教養を重視して師範タイプを克服するという理念が実質をともなっていなかったことを描き出していく。

なお、前述のとおり山田は、教員養成系大学・学部を学芸大学・学芸学部・教育学部の三類型に分け、それぞれの特徴を明らかにした[32]。こうした類型化に対し、岡本洋三は同一類型であっても「母体となった旧制の学校の性質のちがいや、新制大学設立における他の諸学校との統合関係のちがいなどがその大学・学部の組織構成や目的、したがってその実体の特質にかなりの差異を生みだしている」ため、「それぞれの特殊性」に注目すべきと指摘した[33]。その後、TEES研究会などによって各大学・学部の内実に迫る事例研究も進められ、学芸大学・学芸学部・教育学部は前身となった「師範学校の地域的特性」などによって「同一類型内であっても状況が異なっていた」[34]ことが明らかにされてきた。

こうした類型化や各大学・学部の特殊性をふまえたうえで本書は、全国の教員養成系大学・学部が共通して一般教養を重視して師範タイプを克服するという理念を発足当初から後退させていく過程を描き出す。

なお、個々の大学・学部に注目した事例研究では、教員養成の中でもとくに小学校教員養成に焦点が絞られがちであった[35]。これに対して本書は、小・中学校教員養成すなわち義務教育教員養成を対象とする。全科担任の小学校教員と教科担任の中学校教員の二つをまとめて養成したところに教員養成系大学・学部の一つの特徴が見出せるからである。また、二つをまとめたからこそ、戦後初期の限られた時期は一般教養を重視した教員養成という理念が一定の説得力を持つと同時に、その後、理念が顧みられなくなっていくことにもつながったからである。

とくに教育学部を置いた大学の場合は前述のとおり、文理学部が教科専門教育の多くを担うというのが文部省の方針だった。それに加えて文理学部には中学校・高等学校教諭免許状を取得する学生も一定数存在した。教育学部は小・中学校教員志望者をかかえ、文理学部は中学校・高等学校教員志望者をかかえている状態である。したがって、教育学部を置いた大学の場合、とくに中学校の教科専門教育をめぐって教育・文理両学部の関係性が問題となったと考えられる。先行研究では、これら二つの学部の関係性がほとんど注目されてこなかった。しかし、この関係性をどのように調整していくかが各大学・学部の教員養成の違いをもたらしたのではないか。そして、それぞれの違いがあったにもかかわらず、教員養成系大学・学部がおよそ共通して理念を発足当初から顧みなくなっていったことを本書で明らかにしていきたい。

5　一般教養に関する研究

教員養成に限定せずに大学や高等教育に関する研究へ視野を広げれば、一般教養についてはいままで多くの研究がされていた。そこでは、一般教養は「大学の専門主義に対する反動」という位置づけを持ってきたり専門職領域に対置されたりしながら、リベラル・アーツ、リベラル・エデュケーション、ジェネラル・エデュケーション、教養教育、そして人文科学・社会科学・自然科学の三系列均等履修方式の一般教育などとさまざまに呼ばれ、

「高度な幅広い知識や高潔な品格を身につけることを目的とした教育」をあいまいに、かつ広く意味してきた。[36]また、前述の大学基準は人文科学・社会科学・自然科学の三系列均等履修というハーバード大学モデルを採用したいっぽう、第一次米国教育使節団報告書には人文科学・社会科学・生物諸科学・物理諸科学の四系列編成というシカゴ大学モデルの影響もみられること、ハーバード大学に代表される現代の科学・芸術を中核とするジェネラル・エデュケーションは人文的教養の古典を中核とするリベラル・エデュケーションと本来明確に分けられないこと、ジェネラル・エデュケーションとはすなわち高等普通教育であったことなどが指摘されてきた。[37]

他方で教員養成に関する研究では、一般教養に注目した研究はほとんどない。教育内容として注目されてきたのは、教科専門教育や教職専門教育である。これに対して本書は、戦後教員養成の出発点として一般教養を重視して師範タイプを克服するといった理念が提起されたことをふまえ、一般教養自体に注目すると同時に理念が戦後初期の限られた時期に一定の説得力を持ったいっぽう、教員養成系大学・学部の発足当初から実質をともなわなくなる過程を描き出す。

なお、『戦後日本の教育改革8　教員養成』（七一年）は、教員養成における一般教養は一般大学・学部と同じ内容であるべきで、「教える」という目的に規定された「教育者的倫理観」や「断片的な知識」に変えてはならないと提言した。[38]他方、この提言を「斬る」として横須賀薫は、「「教員向けの一般教育の主張」というのは、「提言」の論者が考えるほどに、現実には存在しない」と主張している。[39]

しかし、一般教養と教科専門教育の近接性を視野に入れると、横須賀の主張に反して次のような「教員向けの一般教育の主張」やそれに対する批判がみられる。

たとえば五七年に島津秀雄は、小学校教員養成において「八教科の全部に亘って履修する」ことで「一般教育よりも多彩な教科を学ぶことになり」「一般教育の理念を或程度達成しうる」と主張した。[40]一般教養と教科専門教育がどちらも幅広い学修であるために混同されているのがうかがえる。これに対して三輪和敏は、「一般教養たの本質を逸脱」していると批判し、「まず善良な市民であり、かつ人間として教養ある専門教員を養成する」ためには、教員養成系大学・学部では他の大学・学部以上に「その価値が重視されて然るべき」と批判した[41]。

また、五八年九月に日本教育大学協会が発表した「教員養成大学学部のカリキュラム試案[42]」は、小学校・中学校教員養成の一般教育科目を小学校の「八教科名」に細分化している。その目的の一つは、一般教育と小学校教員養成のための教科専門教育と「有機的に構成」して「一体化」するためであった。教員養成の一般教養は小学校教科専門教育と近接的であることがうかがえる。両者を重ね合わせることで小・中学校の教員の免許状をあわせて取得させる効率的なカリキュラムを編成しようとしたこの案に対しては加盟校さえも「一般教育の理念を骨抜きに」していると批判した[43]。

さらに、六四年七月に日本教育学会がまとめた『教員養成制度の諸問題』では、小学校低・中学年の教員は「専門学科の教養は四年制大学による一般教養の程度で十分であろう[44]」といった主張が展開されている。

こうした五〇〜六〇年代の主張や批判を背景として、前述の『戦後日本の教育改革8　教員養成』のような主張が展開されたとみるべきである。

一般教養はとくに小学校の教科専門教育と非常に近接的で混同されることもあった。だからこそ、一般教養を重視した教員養成という理念が戦後初期の限られた時期においては一定の説得力を持つと同時に、急速に顧みられなくなっていくことにもなったのではないか。理念が顧みられなくなったことで、小学校教員養成の教科専門教育は「当初から教科に関する諸専門の一般教養[45]」となり、戦前師範教育に対する「万遍主義」という批判[46]を乗り越えられなかった（乗り越えようとしなかった）のではないか。

以上のような課題意識のもと、本書は教科専門教育や戦前師範教育との近接性や連続性に注目しながら、一般教養を重視して師範タイプを克服するという理念が教員養成系大学・学部で実質をともなわなかったことを明らかにしていきたい。

6　IFELに関する研究

戦後教員養成改革を検討する際、IFEL[47]（アイフェル：the Institute For Educational Leadership：「教育長講習」「教育指導者講習」と訳される）が果たした役割を軽視できない。

IFELは戦後改革期に行われた教育関係者の現職教育のうち最大のものであり、四八年一〇月〜五二年三月まで占領軍CIE（Civil Information and Educational Section：民間情報教育局）の指導のもと、八期にわたって開催された。三日程度の短期のものもあったが、多くは約六週間あるいは約一二週間の長期講習で、全国から九三七四名[48]の教育界のリーダーたちが参加した。開設された講習（講座、協議会、コースなどとも呼ばれる）は多岐にわたるが[49]、本書がとりあげるのは教員養成を主題とするものと一般教養を主題とするものである。なお、占領終結後の五二年一〇〜一二月には日本独自で第九期IFELが開かれ、また、第一期IFELに先立つ四七年七〜八月にはIFELのいわゆる教育学部教授講習（受講者は教員養成系大学・学部や師範学校の教員）を先取りした「教員養成のための研究集会」がCIE指導のもとで開かれた。

教員養成を主題とした講習の大部分はいわゆる教育学部教授講習[50]だが、高橋寛人が明らかにしているとおり、教職専門教育を日本に定着させるというCIEの指導の下に実施されているため[51]、参加者らがまとめた研究集録の大部分は教職専門に割かれており、先行研究も教職専門教育に焦点が絞られてきた。

これに対して山田昇は、第九期の教員養成カリキュラムに関する講習について一般教養・教科専門教育も含んでその内容を明らかにし、「教育刷新委員会の理念に立ち帰ろうとする見解がIFELの中でも主張されていた」と指摘した[52]。

ただし、第九期の研究集録[53]をみると、一般教養ではなく幅広く教科専門教育を学ぶ意義が主張され、またその主張の立脚点は師範タイプ批判ではなく旧制大学のアカデミズム批判となっている。こうした主張は師範タイプ批判に立脚して一般教養を重視するとした「教育刷新委員会の理念」とは本質的に異なっていたと考えられる。

また、一般教養を主題とした講習は一般教養担当教員を対象として開かれたが、とくに大規模だった第五・六期に焦点を絞ってその詳細が大学や高等教育に関する先行研究で明らかにされてきた。(54) 他方で教員養成に関する先行研究では、戦後教員養成が一般教養を主とするといった理念から出発しているにもかかわらず、ほとんど注目されていない。

以上をふまえて本書は、四七〜五二年に開かれた講習の中でもとくに教員養成および一般教養を主題とした代表的な講習について検討することを通じて、一般教養を重視して師範タイプを克服するという理念がしだいに顧みられなくなっていく過程を描き出す。なお、一般教養を主題とした講習については、一般教養に関する大学基準協会の研究活動とあわせて、教員養成の面から再評価を試みたい。

7 大学基準協会に関する研究

大学を会員として自主的に大学の水準の維持・向上を図るために設けられた大学基準協会は、大学基準や各学部・学問領域の基準（分科教育基準）を作成し、それらが大学や各学部の設置審査基準として準用された。ところが、教員養成系大学・学部や小・中学校教員養成に関する基準は「実際的に関与するところは少な(55)」く、文部省・大学設置委員会が作成した設置基準に追従することになった。

その一つの理由として岩田康之は「教員養成と大学との間の齟齬の問題(56)」を挙げ、その背景に「大学で扱う学問の一つとしての教育学の位置づけ」が「不明確」だった問題(57)があると指摘したが、この指摘は次の三点において問題がある。

第一に、大学と「齟齬」があった、言い換えれば大学で養成することが具体的に構想できなかったのは「小・中学校教員養成」だという点が見落とされている。四八年三月に教育行政官や教育学研究者の育成とあわせて高校教員養成も行うための「新制大学に於ける教職的教養基準設定に関する提案」をまとめていることから、大学基準協会が「大学における高校教員養成」はおおよそ構想できたにもかかわらず、「大学における小・中学校教員養成」を具体的に構想できなかったことが明らかである。

第二に、教員養成系大学・学部の基準を作成できなかったのは、教育学の位置づけを明確にできなかったことによるのではなく、むしろ、一般教養を重視するという理念を支持しながらも一般教養を通じて小・中学校教員養成をどのように行うのか具体的に構想できなかったことによるのではないか。大学基準協会は、学芸大学において一般教養を重視した教員養成を行うという教刷委の示した理念を支持しているため、教員養成系大学・学部の基準を作成しようとするときに中核に据えるのは、教育学ではなく学芸すなわち一般教養であろう。

第三に、教育学の位置づけが不明確だという理由として、大学基準の一般教養科目において、人文科学にも社会科学にも教育学が置かれていること、および五〇年六月の大学基準改訂[59]で教育学の「学」が削除されて「教育」となっていることを挙げているが、こうしたことをもって教育学のみ位置づけが不明確とはいえない。これらは他の学問領域にも共通しているからである。たとえば五〇年六月の大学基準改訂は「或る一つの科目が二つの系列のいずれにも分類し得る場合」があると明記しており、また、歴史学も「学」が削除されて「歴史」となっている。

以上をふまえて本書は、大学基準協会が教員養成の中でも小・中学校教員養成について具体的に構想できなかったこと、学芸すなわち一般教養を重視した教員養成を保障するような基準を作成しなかったことに焦点を絞り、教員養成における大学基準協会の研究活動について再評価を試みたい。

なお、先行研究では、大学基準協会の一般教養に関する研究活動についても、協会内に設けられた一般教育研究委員会の活動、ＩＦＥＬを通じての活動、協会の『会報』を通じての活動の三つの面から明らかにされてきた[60]。ただし、それらは教員養成に限定した一般教養というわけではない。

これに対して本書は、一般教養に関する大学基準協会の研究活動について、教員養成の面から再評価を試みたい。

8 文部省の教員養成制度構想に関する研究

山田昇が明らかにしたとおり、文部省は四六年八月以降、教員養成諸学校を「教育専門学校」に転換する案を作成した。その後、教刷委の審議に合わせて、四六年末には「教員養成大学」「教育大学」、四七年七月には「学芸大学」に転換する案となるいっぽう、一〇月には再び「教員養成大学」案に戻った。また、たとえば四七年七月の「学芸大学」案は、師範学校を三年制の「第一学芸大学」、高等師範学校・女子高等師範学校を四年制の「第二学芸大学」、東京教育農業専門学校・東京体育専門学校をそれぞれ「職業（又は実業）教育大学」「体育大学」とするなど、細かく種別化した。こうした案を通して山田は文部省が「教員養成を目的とした教育機関への強い志向」のもと、教刷委とは「一定の距離をおき」、「現実的な検討」を進めていたと指摘している[61]。

ただし、こうした一連の案は、戦後初期から文部省が全科担任の小学校教員と教科担任の中学校教員を同一機関でまとめて養成する方針を持っていたことも示している。また、一部の案は師範学校に文科・理科や選択科目を導入し、一般教養をカリキュラムの中心に据えるといった構想もみられる。こうしたことは先行研究でほとんど注目されてこなかった。

以上をふまえて本書は、四六年八月以降の文部省案の再検討を行う。とくに当初から小・中学校教員養成を義務教育教員養成としてまとめて目的養成する方針だったこと、それゆえに文科・理科といった一般教養をカリキュラムの中心に据え、選択科目を導入するといった案がある程度現実的な案として考えられたこと、こうしたカリキュラムを通して小・中学校両方の免許状や中学校の複数免許状を取得できるような効率的な養成が追究されたことを明らかにしていく。

第三節　研究の方法と構成

1　研究の方法

本書は、一般教養を重視して師範タイプを克服するという理念が、教員養成系大学・学部では発足当初から実質をともなっていなかったことを実証的に描き出すものである。

戦後初期の教員養成を具体的に各大学・学部（および師範学校）の実情に即して描き出すため、個々のカリキュラムや教員組織について検討する。ただし、教員養成系大学・学部（および師範学校）の共通性を描き出すために、可能な限り地域や組織（学芸大学か学芸学部か教育学部か）に偏りがないようにし、また、具体的事例が全国の教員養成系大学・学部（および師範学校）にどのように位置づくのかを明確に論じた。

おもな資料は、各大学所蔵のカリキュラムや人事に関する一次資料（先行研究で用いられていない新しい資料を多く含む）、国立公文書館所蔵の設置認可申請書、各大学の沿革史のほか、国立教育政策研究所所蔵の「戦後教育資料」、教育刷新委員会の会議録、ＩＦＥＬ関係資料などである。

2　本書の構成

第１章では、教刷委の議論の前提として、教刷委が発足する四六年八月以前の教員養成論の到達点を確認する。まず、三〇年代後半における教育審議会の審議、教育科学研究会の小学校教師論について、戦後改革に引き継がれる論点を整理する。続いて、四六年二月と四月に公表された日本側教育家委員会報告書と米国教育使節団報告書について再検討する。

第２章では、四六年半ば～四八年半ばまでの教刷委の審議について検討する。とくに教育内容の中心とされ師範タイプを克服できるものとされた一般教養が多様なイメージを含んでいたこと、戦前は別々に論じられてきた小学校教員養成と中学校教員養成が漠然とあわせて義務教育教員養成として議論されるようになったことに注目しながら、一般教養を重視して師範タイプを克服するという理念が戦後初期に一定の説得力を持ったことを明らかにする。

第3章では、師範学校におけるカリキュラム改革と、師範学校が大学レベルに「昇格」することを見越して作成したカリキュラム案について明らかにしていく。四三年度に専門学校程度に昇格したばかりの師範学校は敗戦直後から専門学校程度にふさわしいカリキュラムを充実させるという課題に直面するいっぽう、大学レベルでのカリキュラムを新たに構想する必要性にも迫られ、また、従来の小学校教員養成に加え、四七年度から新制中学校教員養成も新たに担うことになった。こうしたことがどのように四九年度発足の教員養成系大学・学部へ連続していったのかを明らかにしていきたい。

第4章では、ＩＦＥＬの研究活動について検討する。ＩＦＥＬの前身である「教員養成のための研究集会」が開かれた四七年度以降、最後のＩＦＥＬが開かれた五二年度にかけて、一般教養を重視して師範タイプを克服するという理念が、教員養成を実際に担う師範学校および教員養成系大学・学部で急速に後退し、教科専門教育で幅広い学修をするのであるから一般教養を特別に重視する必要はないという認識が広がっていくこと、師範タイプに対する批判が消えていくのとあわせて教員養成とは異なるはずの旧制大学のアカデミズムに対する批判が台頭してくることを明らかにする。

第5章では、大学基準協会の研究活動を教員養成に即して検討する。「大学における教員養成」といったときに「大学における高校教員養成」はおおよそ構想できたにもかかわらず「大学における小・中学校教員養成」が具体的に構想できなかったこと、一般教養を重視した教員養成という理念の実現を保障する基準を作成しなかったこと、東京第一師範学校や東京学芸大学の一般教養（サーベイ・コース）が戦後初期、大学一般におおよそ認知されていたことを明らかにする。

第6章では、文部省および大学設置委員会の構想について検討する。文部省はすでに四六年内には小・中学校教員養成を義務教育教員養成としてまとめて養成する方針だったこと、カリキュラムの半分以上を教科専門教育と未分化な一般教養で占めようとしたこと、文部省・大学設置委員会の構想は教員養成系大学・学部を目的養成機関として位置づけようとするものだったこと、師範学校・青年師範学校の教員をできるだけ新制大学に移行させようとするものだったことを明らかにする。

第7章では、発足当初の教員養成系大学・学部のカリキュラムに注目し、小学校の教科専門教育が程度の高い一般教養という側面を持っていたこと、小・中学校両方の免許状や複数教科にわたって中学校の免許状を取得するという履修の実態ができあがっていく過程で理念が顧みられなくなっていくことを描き出す。

第8章では、カリキュラムを担う教員組織に注目し、理念の追究より師範学校・青年師範学校の教員を新制大学に移行させることが優先されたこと、そうしたなかで師範学校・青年師範学校の教員組織におおよそ合わせてカリキュラムを考えざるをえず、新しいカリキュラムの充実が後回しにされていったことを明らかにしていく。また、教員養成系大学・学部の中でもとくに教育学部の場合は、師範学校の教員が文理学部にも移行したこと、その背景には教科専門科目のほとんどを文理学部に担当させるという文部省の強い指導があったが、その指導に即して文理・教育学部の教員組織を整えていく過程で理念が顧みられなかったことを明らかにする。

以上を通じて、一般教養を重視して師範タイプを克服するという戦後教員養成の理念は、義務教育教員養成を中核的に担ってきた教員養成系大学・学部では発足当初から実質をともなわなかったことを明らかにしていきたい。

注

（1）師範タイプ（師範型）やそれに対する批判の意味や形成過程、その要因については水原克敏「「師範型」問題発生の分析と考察——師範教育の小学校教員資質形成における破綻」教育史学会『日本の教育史学』第二〇集、一九七七年一〇月、二〇〜三七頁や、『戦後日本の教育改革8　教員養成』（海後宗臣編、東京大学出版会、一九七一年）の第一章第二節の一「師範教育についての批判」（執筆者は海後）を参照

（2）前掲『戦後日本の教育改革8　教員養成』一九〇〜二〇三頁

（3）近代日本教育制度史料編纂会編『近代日本教育制度史料』第二四巻、大日本雄弁会講談社、一九五七年、三四八〜三五三頁

（4）一九五〇年六月一三日大学基準改訂（同右、四二〇〜四二一頁）

（5）同右、四三六〜四三七頁

（6）前掲『戦後日本の教育改革8　教員養成』の第一章第四節「教育刷新委員会における制度改革の論議」、『日本の教師6　教員養成の歴史と構造』（中内敏夫・川合章編、明治図書出版、一九七四年）Ⅳの一「師範学校とその廃止」

（7）山田昇『戦後日本教員養成史研究』風間書房、一九九三年、前掲『戦後日本の教育改革8　教員養成』の第三章第四節「教師の教養をめぐる教育刷新委員会の論議」（山田執筆分）、山田昇「教育刷新委員会におけるアカデミシャンズとエデュケーショニスト」『和歌山大学教育学部紀要——教育科学』第二〇号、一九七〇年一二月、八七〜九六頁、『日本近代教育百年史6』（国立教育研究所編、教育研究振興会、一九七四年）の第八編第四章第一節の二「教育刷新委員会における教員養成制度改革構想」など

（8）TEES研究会編『「大学における教員養成」の歴史的研究——戦後「教育学部」史研究』学文社、二〇〇一年、六頁（執筆者は木岡一明）

（9）陣内靖彦『日本の教員社会——歴史社会学の視野』東洋館出版社、一九八八年、二七六〜二七七頁

（10）三好信浩「教員養成制度について」『学校教育研究所年報』第二四号、一九八〇年五月、一一頁

（11）前掲『「大学における教員養成」の歴史的研究』九〇〜九四頁（執筆者は浜田博文）、浜田博文「戦後改革期「学芸大学」構想の背景に関する一考察——小学校教員養成論としての問題点」『東京学芸大学紀要　第1部門　教育科学』第四六集、一九九五年三月、一〜一〇頁

（12）日本近代教育史料研究会編『教育刷新委員会教育刷新審議会会議録』第一巻、岩波書店、一九九五年、一四六、一五一、二〇八〜二〇九頁など

（13）船寄俊雄「開放制教員養成システムを考える」日本教師教育学会編『日本の教師教育改革』学事出版、二〇〇八年、一〇二頁

(14) 横須賀薫「教員養成教育の教育課程について――提言を斬る」日本教育学会『教育学研究』第四〇巻第二号、一九七三年六月、一一～一七頁
(15) たとえば向山浩子『教職の専門性――教員養成改革論の再検討』明治図書、一九八七年など
(16) 佐藤学「教師教育の危機と改革の原理的検討」前掲『日本の教師教育改革』三一頁
(17) 東京学芸大学所蔵
(18) 橋本美保「占領期における師範学校のカリキュラム改革――「大学に於ける教育学科のカリキュラム」の編成過程を中心に」教育史学会『日本の教育史学』第四六集、二〇〇三年一〇月、一二四～一四三頁、北神正行「戦後教員養成カリキュラムの形成に関する一考察――「東京第一師範学校案」の分析を中心に」大塚学校経営研究会『学校経営研究』第一七巻、一九九二年四月、五六～七〇頁、浜田博文「戦後日本における教員養成カリキュラムの形成過程」東京学芸大学教育学研究室『教員養成カリキュラムの編成・実行・評価の総合的研究――中間報告』一九九三年三月、一～三三頁
(19) 前掲『近代日本教育制度史料』第二四巻、大日本雄弁会講談社、一九五七年、五一七～五二〇頁
(20) 北神正行「戦後教員養成カリキュラムの形成過程に関する研究――文部省「学科課程案の研究について」(一九四七年)に対する師範学校の回答文書の分析」岡山大学『研究集録』第一〇四号、一九九七年三月、一三三～一四四頁
(21) 清水康幸『教育審議会の研究　師範学校改革』野間教育研究所、二〇〇〇年、五三六頁
(22) 一九四九年一月九日付で大学設置委員会が作成した「新制大学学芸学部(又は教育学部)教官の審査状況(1月9日調査の分)」(「戦後教育資料」V－10所収、国立教育政策研究所所蔵)
(23) 前掲『戦後日本の教育改革8　教員養成』九六～九七頁(執筆者は寺﨑昌男)。なお、九六頁の「第Ⅱ－1表」は、前掲「新制大学学芸学部(又は教育学部)教官の審査状況(1月9日調査の分)」をもとに作成されている。もとの資料をみると、「師範・青年師範の教官定員」とは本科のみの定員であることがわかる。
(24) 一九四八年一二月一六日付文部省学校教育局長発学芸学部・文理学部・教育学部を含む新制大学事務責任者宛通牒(表題なし、「戦後教育資料」V－10所収、国立教育政策研究所所蔵)
(25) 「戦後教育資料」Ⅵ－248
(26) 前掲『日本近代教育百年史6』五五四～五五五頁(執筆者は山田昇)
(27) 前掲『「大学における教員養成」の歴史的研究』一八八頁
(28) 神戸大学教育学部五十年史編集委員会編『神戸大学教育学部五十年史』神戸大学紫陽会、二〇〇〇年の「教育学部編」の第Ⅰ

部「教育学部制度史」の第一章「神戸大学教育学部の成立」の第二節「神戸大学教育学部への包摂過程」の三「神戸大学設置準備委員会と教官選考」
(29) 最近の研究であっても同じである。たとえば久恒拓也「新制大学発足時の「大学における教員養成」体制——東北大学の教員審査書類の分析を中心に」教育史学会『日本の教育史学』第五七集、二〇一四年一〇月、七一～八三頁など
(30) 松木健一・隼瀬悠里「教員養成政策の高度化と教師教育の自律性」『日本教師教育学会年報』第二二号、二〇一三年九月、二四頁
(31) 黒澤英典『私立大学の教師教育の課題と展望——21世紀の教師教育の創造的発展をめざして』学文社、二〇〇六年、九四頁
(32) 前掲『戦後日本の教育改革8　教員養成』一九〇～二〇三頁
(33) 岡本洋三「教育学部論」『鹿児島大学教育学部研究紀要　人文・社会科学篇』第三〇巻、鹿児島大学、一九七九年三月、九五頁
(34) 前掲『「大学における教員養成」の歴史的研究』一九四頁(執筆者は榊原禎宏)
(35) 岡本洋三『開放制教員養成制度論』大空社、一九九七年、前掲「教員養成教育の教育課程について——提言を斬る」九六頁など
(36) 吉田文『大学と教養教育』岩波書店、二〇一三年、一一～一五頁
(37) 土持ゲーリー法一『戦後日本の高等教育改革政策——「教養教育」の構築』玉川大学出版部、二〇〇六年、大学教育学会二五年史編纂委員会編『新しい教養教育をめざして——大学教育学会25年の歩み　未来への提言』東信堂、二〇〇四年、立川明「戦後の高等教育改革と教養教育における日米のギャップについて」日本教育史研究会『日本教育史往来』第一三二号、二〇〇一年六月、二頁、舘昭『大学改革——日本とアメリカ』玉川大学出版部、一九九七年、五一～五二頁、土持ゲーリー法一「新制大学における「一般教育」の導入と展開の過程」教育史学会『日本の教育史学』第四〇集、一九九七年一〇月、二二五～二二七頁、海後宗臣・寺崎昌男『戦後日本の教育改革9　大学教育』東京大学出版会、一九六九年の第五章「一般教育」
(38) 前掲『戦後日本の教育改革8　教員養成』五五七頁(執筆者は寺崎昌男、林三平、山田昇)
(39) 前掲「教員養成教育の教育課程について——提言を斬る」九七頁
(40) 島津秀雄「教員養成制度の検討」『文部時報』一九五七年七月、一二頁
(41) 高木太郎・杉山明男編『教員養成大学』三一書房、一九五九年、四五～四六頁
(42) 一九五八年七月二八日付中教審答申「教員養成制度の改善方策について」に即してまとめられた、「教員養成のためのカリキュラムの基準」案とされる。山口県立山口図書館所蔵の「玖村文庫」の未整理資料。東京学芸大学創立五十周年記念誌編集委員会

編『東京学芸大学五十年史　資料編』東京学芸大学創立五十周年記念事業後援会、一九九九年、一二三〜一二九頁にも所収されている。
(43) 日本教育大学協会「「教員養成大学学部のカリキュラム試案」についての問題点」一九五九年四月（山口県立山口図書館所蔵の「玖村文庫」の未整理資料）
(44) 山崎真秀「〝大学における教員養成〟の制度上の諸問題」日本教育学会大学制度研究委員会教員養成制度小委員会編集発行『教員養成制度の諸問題』一九六四年七月、一五頁
(45) 山田昇「書評　TEES研究会編『「大学における教員養成」の歴史的研究――戦後「教育学部」史研究』」日本教育学会『教育学研究』第六八巻第四号、二〇〇一年一二月、八三頁
(46) 横畑知己「1943年「師範教育令」に関する一考察――師範学校昇格運動とその思想」日本教育学会『教育学研究』第五四巻第三号、一九八七年九月、一二〜二一頁
(47) IFELの概要については、高橋寛人編『占領期教育指導者講習（IFEL）基本資料集成』第I巻、すずさわ書店、一九九九年、二〜四〇頁、高橋寛人「CIEの戦後日本教育民主化政策におけるIFELの位置と機能」『研究集録』東北大学教育学部教育行政学・学校管理・教育内容研究室、第一五号、一九八四年八月、一〜二一頁などを参照
(48) 文部省「教育指導者講習小史」一九五三年（高橋寛人編『占領期教育指導者講習（IFEL）基本資料集成』第II巻、すずさわ書店、一九九九年、三〜四一頁所収）、三八頁
(49) 詳細は前掲「教育指導者講習小史」八〜九頁を参照
(50) 概要は前掲『戦後日本の教育改革8　教員養成』の第四章第五節の二「教員養成についての研究集会とIFELの実施」（執筆者は林三平）を参照
(51) 高橋寛人「占領下日本における教師教育改革と教育学教員再教育」『横浜市立大学論叢　人文科学系列』第四五巻第一号、横浜市立大学学術研究会、一九九四年三月、一一三〜一三八頁、前掲「CIEの戦後日本教育民主化政策におけるIFELの位置と機能」一〜二一頁
(52) 前掲『戦後日本の教育改革8　教員養成』の第三章第七節の二「IFELの教員養成カリキュラム」
(53) 昭和廿七年度教育指導者講習会編「第九回　教育指導者講習研究集録　教員養成カリキュラム」
(54) 海後宗臣・寺崎昌男『戦後日本の教育改革9　大学教育』東京大学出版会、一九六九年、四〇七〜四〇九頁
(55) 前掲『戦後日本の教育改革8　教員養成』一七四頁（執筆者は山田）

(56) 前掲『「大学における教員養成」の歴史的研究』一五五頁
(57) 同右、一五三頁
(58) 前掲『戦後日本の教育改革8　教員養成』一七四~一七五頁(執筆者は山田)
(59) 前掲『近代日本教育制度史料』第二四巻、四二〇~四二一頁
(60) 前掲『戦後日本の教育改革9　大学教育』四〇七~四〇八頁
(61) 前掲『戦後日本教員養成史研究』の第三章第一節「師範学校制度の改編に関する文部省の方針」

第I部

制度改革をめぐる議論

神戸大学教育学部の卒業旅行：1950年
（『図録　神戸大学教育学部五十年史』より）

第1章 戦後初期の教員養成論の到達点

本章では、戦後の教育刷新委員会（以下、「教刷委」と表記）の議論の基礎となる戦後初期の教員養成論の到達点を確認しておきたい。

第一節では、戦前の教育審議会の審議を再検討する。注目するのは、①師範タイプ批判、②開放制にすべきという主張、③小学校教員は社会科学的教養を中心とする一般的教養を身につけるべきという主張の三点である。①と③は初等教員養成に関する審議、②は中等教員養成に関する審議において出された主張であり、三つとも連続的な面があった。

第二節では、戦前の教育科学研究会（以下、「教科研」と表記）における小学校教師論を再検討する。とくに注目するのは、教育審議会で出された③と共通する主張である。

第三節では、戦後初期の一九四六年二月に公表された日本側教育家委員会報告書について、教刷委との連続性を確認しておきたい。

第四節では、四六年四月に公表された第一次米国教育使節団報告書を再検討し、戦後改革の起点を確認しておきたい。

第一節　教育審議会の審議

審議の前提である一九〇〇年代の師範学校について制度と改革論議について簡単にみておきたい。〇七年「師範学校規程」により、従来どおり高等小学校卒業者が入学する第一部（修業年限四年）とあわせて、中等学校卒業者が入学する第二部（修業年限一年）が新設された。これ以降、第一部と第二部は二つをあわせて置くか第一部のみの設置が認められた。言い換えれば第二部のみの設置は認められておらず、したがって第二部はあくまでも師範教育の付属的な位置づけだった。ところがこの頃から、より望ましい師範教育は第一部だという第一部本体論と第二部だという第二部本体論との対立が長く続くことになった。両者は教師の資質・能力として何をもっとも重視するか、その育成のためにどのような養成方法をとるかをめぐって異なる立場をとっていた。第一部本体論は、教師の資質・能力として教育者精神をもっとも重視し、その涵養のために師範学校という特別な学校で特別な師範教育を長期間するべきという立場をとった。他方、第二部本体論は、学科の知識をもっとも重視し、その深化のために中等学校卒業者にできるだけ短期間の師範教育を行うべきという立場をとった。これは、長く特別な教育を受ければ偏りが出たり視野が狭くなったりといった弊害が大きくなるという考えに立脚してのことであった。

前述のとおり、〇七年の師範学校規程では第二部はあくまでも師範教育の付属的な位置づけだった。したがって、より優勢だったのは第一部本体論といえよう。その後、二五年「師範学校規程中改正」により、第一部の修業年限が従来の四年から五年に延長されることによって第一部がさらに強化され、第一部本体論がますます優勢となったといえる。ところが三一年「師範学校規程中改正」により第二部のみの設置が認められるようになった。

その意味で第一部と第二部は対等となった。

第二部本体論がしだいに優勢となっていく背景には、第一部に対するいわゆる師範タイプ批判がある。たとえば中学校長協会が三五年にまとめた「師範教育制度改善案」[1]は、年少のうちから師範学校に長く閉じ込めることによって師範タイプが生み出されると批判している。師範学校長協会が三六年一一月にまとめた「師範学校制度改善案」[2]でさえ、「偽善、因循、卑屈、偏狭、陰鬱」といった「師範型」「師範気質」を問題として指摘し、「闊達明朗なる人格の養成」が必要だと述べ、師範タイプ克服のために師範学校を専門学校程度に昇格させるべきだと主張した。師範学校に対して外から厳しい評価をする中学校長協会と師範学校の当事者である師範学校長協会のどちらも、師範タイプ批判に立脚し、初等教員養成を専門学校程度で行うべきと主張していた時期に、教育審議会の審議が始まった。

戦前最後の教育政策審議機関である教育審議会（三七年一二月一〇日「教育審議会官制」により設置、四二年五月九日に廃止）は、初等教育の領域で初等教員養成について、高等教育の領域で中等教員養成について審議している。初等教員養成と中等教員養成を別々に行ってきた従来の制度をふまえれば二つを分けて審議するのは当然であろう。他方で戦後の教刷委は、第４章で述べるとおり初等教員養成と中等教員養成を混ぜて審議した。新制中学校が義務化されることにより小学校教員養成論と中学校教員養成論を義務教育教員養成論としてまとめたためである。ただし、教刷委の議論の出発点は師範タイプ批判つまり師範学校が行ってきた初等教員養成に対する批判であった。それゆえ、ここではとくに師範学校に関する審議（初等教員養成論）を中心に再検討しておきたい。その際、清水康幸の詳細な検討[3]をふまえ、①第三～八回総会（三八年一月一四日～四月一四日）、②第九～一四回特別委員会（五月二〇日～六月八日）、③整理委員会第一〇～一九回会議（一〇月七日～一一月一一日）、④第二一～二二回特別委員会（一一月一八～一九日）・整理委員会第三〇回会議（一一月二五日）・第二三回特別委員会（同日）・第一〇回総会（一二月八日）の四期に分けて整理する。審議は総会のほか特別委員会、整理委員会で行われ、下位に進むにつれてより具体的・実質的な審議がされた。[4] 以下の記述は特記しない限り、七一年に宣文堂書店から復刻された会議録[5]に基づく。

1　第三〜八回総会

第三〜八回総会（三八年一月一四日〜四月一四日）において、諮問第一号「我ガ国教育ノ内容及制度ノ刷新振興ニ関シ実施スベキ方策如何」に対する意見が各委員から述べられた。ここでは、師範学校を専門学校程度へ昇格させるべきという点でおおよそ意見が一致した。第一部を温存すべきという主張はわずかで、その代表は第四回総会（一月二〇日）における森岡常蔵（東京文理科大学長）の主張である。森岡は、初等学校教員にもっとも大事なものは「教育者魂」であるとし、それを養うために「志ヲ同ジウスル者ガ朝夕教室ヲ同ジウシ、飲食坐臥ヲ共ニ」するような第一部の環境を維持しながら、師範学校を専門学校程度に昇格させるべきと主張した。

多くの委員は師範タイプ批判に立脚して第一部を廃止するべきだと主張した。たとえば第七回総会（四月一三日）において椎尾弁匡（衆議院議員）は、「一部ノ師範教育ヨリハ二部ヲ中心ニシマシテ、一部ノ師範教育ハ廃シテシマッテモ良イ」と第一部の廃止を主張した。下村宏（貴族院議員）は第三節で述べる教育改革同志会のメンバーであり、師範学校出身者が中学校出身者より低くみられる点を改革すべきだと主張した。同じく教育改革同志会のメンバーだった安藤正純（衆議院議員）は「中学ヲ出タ者、或ハ其ノ他ノ学校ヲ出タ者ニ師範教育ノ特殊教育ヲ一、二年施セバソレデ出来ルノデアルカラソレデ宜シイ」と、中学校卒業者に師範教育を一、二年程度すれば教員養成として十分だと述べた。あわせて安藤は給費制によって「貧乏人デ頭ノ悪イ気性ノ卑屈ナ者」を養成していると批判し、「迫力ノアル人物」「モット自由ノ気ニ富ム人物」を養成すべきと主張した。

2　第九～一四回特別委員会

第九～一四回特別委員会（五月二〇日～六月八日）においても、師範タイプ批判と、師範学校を専門学校程度に昇格させるべきだという意見が多く出されている。

第九回特別委員会（五月二〇日）では、藤野恵文部省普通学務局長が第一部生は「師範気質」「師範型」に陥っていると指摘した。文部省関係者も問題を認めるほど、師範タイプ批判が広がっていたことがうかがえる。藤野は師範タイプとは「教育者トシテノ気宇ノ兎角闊達ナラザルモノガアリ、明朗ヲ欠イテ居ル、延テハ因循デアリ姑息デアル」、「学力ノ充実ト云フ点カラ見テ遺憾ノ点ガアル」というように、明朗闊達でないこと、「因循」「姑息」、学力が低いことと説明している。

また、田尻常雄（横浜高等商業学校長）から、第二部生には「教育精神ガ乏シイ」という短所があるいっぽう、「明朗」で「眼界ノ広イ」という長所がある、優秀な学生を集めるために授業料免除や給費制を廃止するべき、「卑屈」「因循」「明朗性ヲ欠ク」「陰険」といった師範タイプ克服のために待遇改善が必要だといった意見も出された。

下村寿一（東京女子高等師範学校長）からは、第一部を残すべきという主張が出された。理由は、①必要な教員数の確保、②第二部生の多くが「上級学校入学志望者ノ落伍者」であるため学力が高いとはいえないこと、③第一部は「農工商小産階級ノ一種ノ登竜門」という役割を担っていること、④教育者精神の涵養には長い年月が必要なことを挙げた。とくに④に対して田中穂積（早稲田大学総長）は修業年限が長いと「広キ世間ガ分ラナイ」「一ツノ鋳型ニ嵌ツタ弾力ノナイ教師ガ出来上ツテ来ル」と師範タイプ批判を展開した。

第一〇回特別委員会（五月二五日）では、三国谷三四郎（青山師範学校長）が師範学校の官立化を主張した。この主張は教育審議会では三国谷だけしかしていないが、実際に官立化されたのは周知のとおりである。また、専門学校程度に昇格した師範学校には、高等小学校から接続する三年制の予科を設けるべきだと主張した。その理由として挙げたのは、①第二部生は教職に対する志望が不確実であること、②第二部生は学科の成績が必ずしも良くないこと、③師範学校卒業生を地方に配当する必要があることであった。

予科を置くことは第一部を実質的に残すことを意味しており、当初反対論が多く出た。しかし、審議が進むにつれ、三国谷が挙げた理由の①や③が問題となり、予科を認める意見が多くなっていった。

3　整理委員会第二〇〜二九回会議

続いて整理委員会で審議が始まった。

第二〇回会議（一〇月一七日）において三国谷から、師範学校は一般の学校とは異なる「専門学校程度」にするべきだという主張が出された。目立った反論がないことから、初等教員は特別な学校で目的養成をしなければならないという考えがおおよそ共有されていたことがうかがえる。

第二三回会議（一〇月二一日）の冒頭で委員長の林博太郎（貴族院議員）は、①師範学校を専門学校程度に昇格させるか、②予科を置くかの二点を今日決定したいと述べた。①については専門学校程度へ昇格させ、修業年限を三年とする方向でおおよそまとまっていった。②については中等学校の審議とも深く関係したため、複数の案が出されて争点となった[6]。

こうして第二七回会議（一一月四日）で「師範学校ニ関スル要綱案」[7]（全二五項）がまとまった。師範学校の昇格、第一部と第二部をめぐる問題については次の三項のとおりである。

一　師範学校ハ道府県立トシ、国民学校ノ教員ヲ養成スル所トスルコト

二　師範学校ノ修業年限ハ三年トシ、中等学校卒業程度ヲ以テ入学資格トスルコト

三　道府県ハ高等国民学校卒業者ニ対シ師範学校入学ノ途ヲ拓ク為必要ナル中等教育施設ヲ設クルヲ得ルコト

前項ノ施設ニ於テハ学資給与ノ方法ヲ講ズルコト

前述のとおり議論の早い段階で三国谷から師範学校を官立化すべきという主張が出されていたが、ここではまだ道府県立である（第一項）。予科については「中等教育施設」という形でまとめられている（第三項）。「中等教育施設」をめぐってさらに審議されたが、趣旨は変更しないまま第二九回会議（一一月一一日）で「師範学校ニ関スル要綱案」(8)（全一三項）を決定し、第二一回特別委員会（一一月一八日）で審議することになった。その際、「中等教育施設」というかたちで第一部を温存することに対して批判が出され、整理委員会で再審議となった。

4　第二一～二二回特別委員会～第一〇回総会

第二一～二二回特別委員会（一一月一八～一九日）において、初等教員に社会科学的教養を求める二つの意見が出された。一つめは教育改革同志会員であった安藤の意見（第二一回特別委員会）で、「十中ノ十マデガ非社会性デ、余リニ型ニ嵌リ過ギテ居テ小サク出来過ギテ居ル」「憲法トカ何トカ云ツタヤウナ日本ノ根本組織ニ関スル観念ニドウモ少シ疎イ」といった現在の初等教員の問題を克服するため、師範学校で「憲法」「法学通論」「経済」を教えるために国民科に「法制経済」を設けるべきだと主張した。二つめは作田荘一（建国大学副総長）の意見（第二二回特別委員会）で、「師範学校ノ出身者ト云フノハ憲法ノ問題トカ、経済ノ問題トカ云フヤウナコトニ付テハ比較的ニ関心ガ薄イ」「小学校ノ先生ナドハ殆ド経済知識ヲ持ツテ居ナイ」という批判だった。どちらも法律や経済などについての知識を深め、社会科学的教養を身につけるべきという主張だった。こうした主張は後述するとおり、当時、教科研でも共通するものがみられた。もちろん、総力戦体制へと向かうこの時期ならではの面もあるが、敗戦直後にまた同じような主張が出されることになる。

「師範学校ニ関スル要綱案」は、整理委員会第三〇回会議（一一月二五日）で再び審議され、前述のとおり問題となっていた「中等教育施設」は、「適当ナル教育施設」に変更されて、第一部を実質的に残すようなかたちでまとめられた。第二三回特別委員会（一一月二五日）でまとめられ、第一〇回総会（一二月八日）で原案どおり決議された「師範学校ニ関スル要綱」[9]（全二三項）の第一〜三項は次のとおりである。

一　師範学校ハ道府県立トシ、国民学校ノ教員ヲ養成スル所トスルコト

二　師範学校ノ修業年限ハ三年トシ、中等学校卒業程度ヲ以テ入学資格トスルコト

三　道府県ハ高等国民学校卒業者ニ対シテモ適当ナル教育施設ヲナシ師範学校入学ノ途ヲ開クコト

教育審議会の審議を経て、四三年三月八日「師範教育令改正」（勅令一〇九号）公布により、師範学校は修業年限三年の専門学校程度に昇格した。従来の第二部を本体としたかたちだが、第一部は結局修業年限二年の予科として残されることになった。さらに、同日「師範学校規程」制定により、第一部（予科）のほか、授業料無償、学資支給、服務義務といった師範教育を支えてきた制度も残された。言い換えれば、山田昇が指摘するように師範タイプを形成する制度的基盤が残されたのである。[10] 同時に教育審議会の審議を超えて官立化された。このように師範学校は敗戦直前に官立高等教育機関となったことで戦後新制国立大学に再編されて教員養成系大学・学部を組織する基盤ができたといえる。ただし、官立専門学校程度昇格の直後から戦局の悪化により授業時数の削減などがされた。そのため敗戦直後、専門学校程度としての実質を整えるという課題に改めて直面することになった。

中等教員養成に関する教育審議会の審議の詳細は米田俊彦が明らかにしているとおりである。[11] 第一二回総会（四〇年九月一九日）で「中等学校教員、高等学校教員及師範学校教員ノ養成及検定ニ関スル要綱」を決議し、目的養成の廃止、すなわち一般大学の卒業生を試補として「教員練習所」で訓練する案を示した。こうした開放制の構想は、戦後の教刷委にも引き継がれた。教刷委は開放制について、中等教員養成だけでなく新たに初等教員養成も含んで、主張していった。

第二節　教育科学研究会の小学校教師論

教育審議会の審議が行われていた時期とほぼ同じ一九三〇年代後半、教科研は小学校教員に対して一般教養（とくに社会科学的教養）を求める主張を展開している。主張があったこと自体は先行研究でも指摘されている[12]いっぽう、こうした主張が戦後改革に連続していった点は掘り下げて検討されてこなかった。それをふまえてここでは、教科研の主張について戦後改革への連続性という観点から再検討したい。

教科研は三七年五月に結成された戦前最後の民間教育研究団体である。結成後、機関誌『教育科学研究』を発刊したが、三三年四月から刊行されていた雑誌『教育』も準機関誌として刊行され続け[13]、とくに『教育』において小学校教員に一般教養を求めるような主張が展開された。教科研は、三九年八月の第一回教育科学研究全国協議会において、従来の研究部会（言語教育・科学教育・技術教育・生活教育・教育科学）を一四の部会に再編したが、そのとき各部会の共通課題とされたのが「国民教養の最低必要量の設定」であった。部会の一つである教師生活部会（研究主任は重松鷹泰）は、調査によって国民教育を担う小学校教員が一般教養に欠けていることを明らかにしたうえで、教養を高めるためにさまざまな方法をとるべきだと主張した。小学校教員に対して国民として必要な一般教養を求める教科研の主張は、雑誌『教育』の編集者だった城戸幡太郎を通して、戦後の教刷委の学芸大学構想へと連続していった（第2章で詳述）。

以下、①教科研結成直前、②教師生活部会発足前、③教師生活部会発足後の三期に分け、各期共通して小学校教員に一般教養（とくに社会科学的教養）を求める主張が展開されていることを確認しておきたい。

①教科研結成直前の三七年四月、雑誌『教育』の編輯部によって「教師生活に関する調査」[14]が行われている。東京市・名古屋市を中心に全国の小学校教員へ質問紙調査を実施したものである。回収率はたったの「二・

四％」だが、調査の結果、一般教養が欠けていることを問題として指摘した点に注目したい。小学校教員は、「研究主題に対する関心と選択とが甚しき偏食状態にあ」り、「教育に関する総括的題目なる教育一般・心理や国語・国文学を除外すれば、関心を寄せる研究主題目は、歴史、哲学・宗教、修身・倫理、文学等に多く偏り、全体の二三・八％を占めるに反し、数学及び理科・自然科学は全体の八％を、又政治・経済は全体の三・三％を占めてゐるに過ぎない」というように、関心が偏っていること、とくに自然科学や政治、経済といった社会科学に対して関心が低いことを指摘した。

②教師生活部会発足前の三八年一一月にも小学校教員を対象にした調査が行われている。「教師生活研究委員会」が行った「教師の教養に関する調査[15]」である。これも質問紙の回収率が三八％と高くはないが、小学校教員は「国家万般（殊に社会経済政治等）の事情に対する理解」に欠けている点を問題として指摘し、「教師の教養が偏狭となり固陋となり、抽象的となり、その専門の教育と云ふ事柄に対してさへ、近視眼的保守的な見解しか持ち得ないと云ふやうな事態を発生しかねない」と主張している。このように、小学校教員に社会・経済・政治等の社会科学的教養を身につけ、広い視野をもって新しい教育を創造できるような力量を求める主張は、戦後初期の一般教養を重視して師範タイプを克服するという理念に通じるものであった。

③教師生活部会発足後の三九年一〇月、重松鷹泰は「教師生活研究[16]」を発表し、小学校教員の「教養」や「政治的関心（公民的常識）」の現状を明らかにするような調査を行うべきだと主張した。小学校教員が「地方文化の中心」として「広範な社会教化活動」を行うことを期待されているにもかかわらず、世間から「常識がない」「実社会のことに余りにも迂い」と批判されている現状を問題視したうえでの主張であった。重松の主張は小学校教員に社会教化の指導者、さらに総力戦体制の担い手としての役割を期待する文脈で展開されているように、戦後と異なる点も多いが、「実社会のこと」を知り、「政治的関心（公民的常識）」といった社会科学的教養を持つことを求める主張は、戦後初期に連続していく主張であった。

第三節　日本側教育家委員会報告書

第一次米国教育使節団への協力を任務として発足したいわゆる「日本側教育家委員会」[17]は、一九四六年八月発足の教刷委に連続的な組織である。[18]教刷委発足当初の委員は全部で三八名[19]だが、その半数以上の一九名[20]が日本側教育家委員会の委員であり、ここには務台理作、倉橋惣三、城戸幡太郎、天野貞祐、佐野利器、戸田貞三、矢野貫城、星野あい、小宮豊隆といった学芸大学構想に深く関わる発言をした者たちが含まれていた。また、日本側教育家委員会委員長だった南原繁（東京帝国大学総長）は教刷委発足当初副委員長に就任、四七年一一月一四日以降委員長に就任している。四六年一月九日付連合国最高司令官総司令部覚書「日本教育家ノ委員会ニ関スル件」[21]に「委員会ハ使節団ノ退去後〔中略〕問題ノ研究ヲ継続シ文部省ハ民間情報部教育班ニ対シテ研究ノ結果並ニ献策ニツキ定期報告ヲナスベキコト」とあるが、この点は教刷委に引き継がれた。[22]

四六年二月付でまとめられた「米国教育使節団に協力すべき日本側教育委員会の報告書」[23]（以下、「日本側教育家委員会報告書」と表記）は、日本政府と使節団に一部ずつ提出されたらしいが、文部省が受け取ったのは四月上旬頃（おそらく九日）、ＣＩＥが報告書の存在を知ったのは五月二七日らしいといったように「謎」も多い[24]が、教刷委へ連続する重要な提案もしている。

具体的には、先行研究[25]で明らかにされてきたとおり「三、学校体系に関する意見」において「第一案」「第二案」の二つが示されたが、どちらも小学校・中学校（「初級中学校」）教員養成は師範学校を「改造」した「教育大学」で行うこと、教育大学卒業生は「教員となり得る」だけで服務義務制を廃止すること、教育大学以外に「他の大学の卒業生も一定の試補期間を経」て小・中学校教員になりうるという開放制を提案している。

とくに小学校教員と中学校教員を義務教育教員としてまとめて同一機関で養成するとした点に注目しておきた

い。教刷委は日本側教育家委員会と違って教育大学特設に否定的だったいっぽう、日本側教育家委員会と同じように義務教育教員はまとめて養成することを構想したからである。小学校教員と中学校教員の専門性の違いや、まとめて養成できるのかといった点は明らかにされていない。

なお、日本教育家委員会報告書には「菊池大麓氏の提案」と「昭和十二年」の「教育同志会の改正案」を参考にしたと明記されている。

「菊池大麓氏の提案」とは、菊池が教育調査会に提出した二つの提案[26]（一四年七月二日「教育制度改正ニ関スル意見」および一五年七月七日「大学制度等ニ関スル建議案」）である。これらは、中野実[27]、寺崎昌男[28]が明らかにしているとおり、米国の大学制度をモデルとし、専門の学術・技術を教授する大学とは別に一般教養を教育内容の中心に据える学芸大学を設け、一般教養の増進、教育年限の短縮、国民の進学要求に応えようとした提案である。山田昇が指摘したとおり、「菊池大麓氏の提案」は出された当時、教員養成とは直接関係していなかったが、戦後、一般教養を重視して職業的色彩を弱める点、すべての学芸大学が同じ学科を持つわけではないと多様性を認めている点を中心に[29]、教刷委の学芸大学構想へ連続していった[30]。

「教育同志会の改正案」とは、三七年六月に教育改革同志会（三一年に「教育研究会」という名で発足、三七年五月「教育改革同志会」、四〇年四月「教育研究同志会」に改称、四二年六月まで存続したことが確認されている[31]。以下、「同志会」と表記）が発表した「教育制度改革案」である。同志会は、三一年五月と四〇年にも「教育制度改革案」を発表したが[32]、これら三つの案は中等教育の一元化、高等教育の一元化、開放制教員養成を提案している点で共通している[33]。教員養成制度については、目的養成機関を廃止し、初等教員候補者は中等学校卒業者、中等教員候補者は大学卒業者から選抜して二年間の「教員養成所」で養成する案であった。

日本側教育家委員会報告書は教育大学を特設する案を示した点を除き、大部分で同志会の案と共通していた。これは「自然な流れ[34]」であった。日本側教育家委員の人選に当たった文相前田多門は同志会メンバーであり、同じくメンバーの佐野利器（東京帝国大学名誉教授）、戸田貞三（東京帝国大学文学部長）、大島正徳（在外邦人子弟教育協会理事）が委員となっていたからである。佐野、戸田、大島はのちに教刷委の委員にもなり、教育大学特設を認めない開放制教員養成論を主張した。

第四節　米国教育使節団報告書

一九四六年三月五日、ＣＩＥと文部省に助言することを目的に第一次米国教育使節団が来日し、三月三〇日、連合国軍最高司令官マッカーサーに報告書[35]（以下、「使節団報告書」と表記）を提出した。使節団報告書が日本に公表されたのは四月七日である。使節団の活動および使節団報告書の全容は久保義三、鈴木英一、土持ゲーリー法一らによって明らかにされているとおりだが[36]、ここでは教員養成改革に関する勧告について改めて五点を確認しておきたい。

第一に、師範学校を四年制の「教師を養成するための専門学校または単科大学〔higher schools or colleges〕」（〔　〕は原文の表記で筆者注、以下、同じ）にすること、予科は廃止することを勧告した（第四章「教授法と教師養成法」の「勧告案」、「本報告書の要旨」）。

第二に、「すべての型の教師」すなわち「小学校」だけでなく「中等学校、高等専門学校、師範学校そのもの、実業学校及び青年学校、単科大学及び総合大学の教師達」に「専門的な準備教育」が必要だと強調する（第四章の「教師の養成教育についての概観」）が、専門学校や単科大学で養成されるのはどの学校段階の教員かはっきりしない。

第三に、「二ヶ年の終りにおいて小学校教師の免許を与へることが必要ではあらうが、中等学校または上級中等学校の上に更に全四ヶ年がすべての師範学校の課程に充てられなくてはならぬ」というように、小学校教員のみ暫定的に二年で養成する必要性を指摘した（第四章の「勧告案」）。

第四に、教員養成カリキュラムは一般教養・教科専門教育・教職専門教育の三つで構成することを勧告した。三つそれぞれについては、「高等普通教育〔general or liberal education〕」、「彼が教えるべき教材についての特別な知識〔a special knowledge of the subject matter which he is to teach〕」、「彼の仕事の専門的な面の知識〔a knowledge of the professional aspects of his job〕」と説明されている（第四章の「教師の養成教育についての概観」）。

第五に、一般教養は多様なイメージを含んでいた。ことばだけをみても、「高等普通教育〔general or liberal education〕」（第四章の「教師の養成教育についての概観」）、「十分なる高等普通教育〔liberal education〕」（第四章「教授法と教師養成法」の最後の「勧告案」）、「一般教育〔general education〕」（「本報告書の要旨」）とさまざまである。また、内容については次のように説明されている。

言語の熟達及び伝達の手段等の如き要素をふくむ全般的な所謂高等普通教育〔general or liberal education〕。文学及び美術の評価識別をふくむ現代文明の理解。近代の世界における科学の地位についてある程度の知識、近代国家の公民が直面する、経済的並に政治的性質を有する特殊な問題についてある程度の理解。

（第四章の「教師の養成教育についての概観」）

カリキュラムは、将来教師たるべき者を一個の個人として、また公民として教育するやうにしなくてはならないのであるから、自然科学〔natural sciences〕、社会研究〔social studies〕、人文科学〔humanities〕、及び芸術などのやうな普通科目〔liberal〕の面に重きを置く必要がある。

（第四章の「勧告案」）

第五節　小括

戦前最後の教育政策審議機関である教育審議会は初等教員養成と中等教員養成を分けて審議し、とくに初等教員養成に関する議論では師範タイプに対する批判的見解が多く出され、一九三八年に審議を始めた当初は第一部を廃止する主張が主流を占めた。ところが必要な教員数を確保しなければならないことをおもな理由として、第一部を実質的に残す意見がしだいに優勢となっていった。

教育審議会の審議をふまえ、四三年三月八日「師範教育令改正」により、師範学校（本科）は専門学校程度に昇格したが、同時に予科も置かれて第一部を実質的に残す形をとった。師範学校は第一部だけでなく授業料無償、学資支給、服務義務といった師範タイプを生み出してきたとされる制度も残すことになった。また、戦局の悪化により、専門学校程度にふさわしい教育内容や教員組織の充実を図る余裕もなかった。したがって第一部（予科）や授業料無償、学資支給、服務義務といった制度をいかにするのか、教育内容や教員組織の高度化は戦後の課題となっていった。また四三年度に専門学校程度となった際、従来の教諭は本科の教授・助教授と予科の教諭に分かれたが、それからわずか六年後の四九年度にさらに「昇格」して大学レベルの教員組織を充実させる必要に迫られた。

教育審議会は中等教員養成の議論の中で開放制を提案したが、戦後の教刷委は初等教員養成においても開放制を提案することになった。

教育審議会の一部の委員から、一般教養（とくに社会科学的教養）を小学校教員に求める意見が出されたが、同時期に教科研も同じような主張をした。師範タイプ批判に立脚して社会科学的教養を中心とした一般教養を小学校教員に求めるといった主張は、戦後初期（とくに四七年頃まで）の教刷委の審議やＩＦＥＬ、師範学校の改革などに引き継がれていった（第2章と第Ⅱ部で詳述）。

教科研の主張は「国民教養の最低必要量の設定」という課題の下で展開されたが、国民の一般教養を高めるのとあわせて小学校教員の一般教養を高めていくといった主張は、教科研の中心的なメンバーであった城戸幡太郎によって戦後の教刷委に引き継がれていった。

戦後初期の四六年二月にまとめられた日本側教育家委員会報告書では、小学校教員・中学校教員を義務教育教員としてまとめて同一機関で行う案が示された。このように戦前は分けて論じられてきた初等教員と中等教員が戦後、小・中学校の義務教育教員としてまとめられていった。それぞれの専門性や養成方法の違いは明らかにされていないまま同一機関で行うといった構想は、日本側教育家委員会から後述する教刷委へ引き継がれ、四九年度発足の教員養成系大学・学部で両者は曖昧にまとめて行われることになった。

日本側教育家委員会報告書は「教育大学」で養成するのは小・中学校教員と明確にしたのに対し、使節団報告書はどの学校段階の教員なのか明確にしなかった。

一般教養については、三〇年代に小学校教員に要求されたものは社会科学的教養を中心としたものだったが、使節団報告書によって人文科学的教養や自然科学的教養も含まれるようになっていった。使節団や受容する日本(文部省)側が用いている語だけみてもジェネラル・エデュケーション、リベラル・エデュケーション、高等普通教育など多様であり、さまざまな考えを入り混ぜた状態で一般教養が導入されようとしていたことがうかがえる。

注

(1) 日本近代教育制度史料編纂会編『近代日本教育制度史料』第一六巻、大日本雄弁会講談社、一二一～一二二頁
(2) 同右、一二八～一四八頁
(3) 清水康幸『教育審議会の研究　師範学校改革』野間教育研究所、二〇〇〇年
(4) 清水康幸・前田一男・水野真知子・米田俊彦編著『資料　教育審議会（総説）』野間教育研究所、一九九一年、三一頁
(5)『教育審議会総会会議録』第一～八輯、『教育審議会諮問第一号特別委員会会議録』第一～一五輯、『教育審議会諮問第一号特別委員会整理委員会会議録』第一～二一輯。これら総計四四冊は、一九七一年に宣文堂書店から写真製版で復刻されたいっぽう、国立公文書館では欠巻となっている（前掲『資料　教育審議会（総説）』六七頁）

(6) 清水康幸によれば、予科の問題は中等学校の審議と深く関係したために結論を出せず、予科制（二年以上）、委託制（普通の中学校内に中学修了後師範学校に入学する給費生を置く）、特殊中学校（給費制により修了後師範教育入学の義務を負う）という三案を並列して、特別委員会に諮るとされた。前掲『教育審議会の研究　師範学校改革』二〇四〜二〇七頁

(7) 同右、三二一〜三二四頁

(8) 同右、三六九頁

(9) 同右、三九八〜四〇二頁

(10) 山田昇『戦後日本教員養成史研究』風間書房、一九九三年、二三一頁

(11) 米田俊彦『教育審議会の研究　高等教育改革』野間教育研究所、二〇〇〇年、二三三〜二五八頁

(12) 民間教育史料研究会・中内敏夫・田嶋一・橋本紀子編『教育科学の誕生』大槻書店、一九九七年、三三七頁の第Ⅰ部第二章第三節の二「「教養組合」としての教育科学研究会」（執筆者は横畑知己）、第Ⅱ部第五章第三節「静岡支部――教養を求めた教師たち」（執筆者は木村元）

(13) 前掲『教育科学の誕生』、佐藤広美『総力戦体制と教育科学――戦前教育科学研究会における「教育改革」論の研究』大月書店、一九九七年など

(14) 結果は次の三つに分けて公表された。①編輯部「教師生活に関する調査（第一報告）」教育科学研究会『教育』第五巻第七号、岩波書店、一九三七年七月、八九〜一一七頁、②同「教師生活に関する調査（第二報告）――教養生活の質及び量の分析（一）」『教育』第五巻第一一号、一九三七年一一月、五〜一一頁、③同「教師生活に関する調査（第三報告）――教養生活の質及び量の分析（二）」『教育』第六巻第一号、一九三八年一月、二二三〜二三七頁

(15) 結果は次の三つに分けて公表された。①教師生活研究委員会「教師の教養に関する調査報告」教育科学研究会『教育』第七巻第九号、岩波書店、一九三九年九月、六九〜七九頁、②同「教師の教養に関する調査報告（二）」『教育』第七巻第一〇号、一九三九年一〇月、一七一〜一九三頁、③同「教師の教養に関する調査報告（三）」『教育』第七巻第一一号、一九三九年一一月、七六〜八九頁

(16) 重松鷹泰「教師生活研究」教育科学研究会『教育』第七巻第一〇号、岩波書店、一九三九年一〇月、一〇三〜一〇八頁

(17) 「日本側教育家委員会」は正式名称ではないが、久保義三「日本側教育家委員会」（久保義三・米田俊彦・駒込武・児美川孝一郎編『現代教育史事典』東京書籍、二〇〇一年、三〇〜三一頁）に倣ってそのように表記する。ちなみに当時の日本政府の公式訳文は「日本教育家ノ委員会」だが、本文中にあるように委員会の報告書には「日本側教育委員会」と表記された（佐藤秀夫

「解題」日本近代教育史料研究会編『教育刷新委員会・教育刷新審議会　会議録』第一巻、岩波書店、一九九五年、ⅶ頁）
(18) 鈴木英一『日本占領と教育改革』勁草書房、一九八三年、一二八頁
(19) 日本近代教育史料研究会編『教育刷新委員会・教育刷新審議会　会議録』第一三巻、岩波書店、一九九八年、二九〜三二頁
(20) 鈴木英一『日本占領と教育改革』勁草書房、一九八三年、一二七〜一二八頁
(21) 近代日本教育制度史料編纂会編『近代日本教育制度史料』第一八巻、大日本雄弁会講談社、一九五七年、五一〇〜五一一頁
(22) 日本教育家委員会がそのまま存続せず教育刷新委員会に「改組」された背景には、先の覚書に違反して報告書をＣＩＥに提出しなかったことや委員に公職追放該当者が含まれていたことなどがあったといわれている（前掲『日本占領と教育改革』一三五頁）
(23)「戦後日本教育資料集成」編集委員会編『戦後日本教育史料集成』第一巻、三一書房、一九八二年、六五〜七四頁
(24) 前掲『日本占領と教育改革』一三三〜一三五頁
(25) 久保義三『新版　昭和教育史――天皇制と教育の史的展開』東信堂、二〇〇六年、七六五〜七六六頁、国立教育研究所編『日本近代教育百年史６』教育研究振興会、一九七四年、四九一〜四九二頁（執筆者は林三平）、など
(26) 教育調査会編集発行『学制問題ニ関スル議事経過』一九一七年五月
(27) 中野実『近代日本大学制度の成立』（吉川弘文館、二〇〇三年）の第二部第一章の二「菊池大麓の大学改革案」
(28) 国立教育研究所編集発行『日本近代教育百年史４』一九七四年の第五編第三章の六の１「総合大学主義か単科大学主義か」（執筆者は寺崎昌男）
(29)「各学芸大学校ノ学科ハ必スシモ同一ナラサルモ差支ナキコト」（前掲『学制問題ニ関スル議事経過』）
(30) 山田昇「学芸大学の理念について」『和歌山大学教育学部紀要――教育科学』第一九号、一九六九年一二月、一〇九〜一二一頁
(31) 米田俊彦「教育改革同志会」前掲『現代教育史事典』三九頁
(32) 本文中の三つの案のうち一九三一年五月の案と三七年六月の案は、それぞれ前掲『近代日本教育制度史料』第一六巻、三四〜四一頁、一六六〜一七八頁
(33) 前掲「教育改革同志会」三九〜四〇頁
(34) 大崎仁「戦後大学改革再訪　第２回　大学一元化の過程（その２）」民主教育協会『ＩＤＥ　現代の高等教育』第三五三号、一九九四年二月、七五〜七六頁
(35) The United States Education Mission to Japan, *Report of the United States Education Mission to Japan: submitted to the Supreme*

Commander for the Allied Powers, 30 March, 1946. 本文中の引用は特記しない限りこの原典のほか、当時の文部省訳である「米国教育使節団報告書――聯合国軍最高司令官に提出されたる――附本報告に関するマッカーサー元帥の声明」(『文部時報』第八三四号、一九四六年一一月一〇日)に基づく。

(36) 前掲『新版　昭和教育史』の第一一章の四「アメリカ合衆国対日教育使節団と教育改革」、土持ゲーリー法一『米国教育使節団の研究』玉川大学出版部、一九九一年、前掲『日本占領と教育改革』の第七章「アメリカ教育使節団の来日」

第2章 教育刷新委員会の審議

本章では、一般教養を重視して師範タイプを克服するという教育刷新委員会（以下、「教刷委」と表記）が提起した理念を、戦後教員養成改革の出発点に位置づけ直したい。この理念は、当時は一定の説得力を持った。

第一節で教刷委の概要を確認したうえで、第二節では一九四六年後半までの審議を検討し、戦前は分けて論じられてきた小学校教員養成と中学校教員養成が漠然と義務教育教員養成としてまとめられていったこと、一般教養に文科・理科、旧制高校的教養など多様なイメージが含まれ、師範タイプを克服しうるものとして位置づけられていったことを明らかにする。

第三節では四七年前半での審議を検討し、義務教育教員養成をある程度計画的に養成することを認めつつも、教育内容は一般教養を中心とし、師範タイプを克服しなければならないという主張が繰り返し強調されていることを確認する。

第四節では四八年前半での審議を検討し、改めて教育内容は一般教養を中心とする点が強調されたことを確認しておきたい。

第一節　教育刷新委員会の概要

第1章で述べたとおり、教刷委は日本側教育家委員会に連なる委員会であり、日本側教育家委員会委員長だった南原繁（東京帝国大学総長）は一九四六年八月一〇日の教刷委発足当初副委員長に就任、四七年一一月一四日以降委員長に就任した。なお、発足当初の委員長は安倍能成（前文部大臣・元第一高等学校長）である。

教刷委は「内閣総理大臣の所轄とし、教育に関する重要事項の調査審議を行」い、「調査審議の結果を内閣総理大臣に報告し、及び内閣総理大臣の諮問した教育に関する重要事項について答申するものとする」機関であった（四六年八月一〇日公布「教育刷新委員会官制」第一条）。実際には内閣総理大臣から諮問が発せられたことはなく、設置者である内閣からもＣＩＥからも基本的には拘束されず自由な審議が保障された点は、従来の教育政策審議機関には認められない画期的な性格であった。[1] ただし、文部省・ＣＩＥ・教刷委の連絡委員会（Steering Committee：「運営委員会」などとも訳される）を通じて三者の改革構想の連絡・伝達・協議・調整などが行われ、その内容が連絡委員によって教刷委に報告された。[2]

教刷委は、総会でおおよその論点を出した後、特別委員会で詳細に審議して中間報告をまとめ、総会で改めて審議し、決議にいたるというかたちで審議を進めた。教員養成に関する審議が集中的に行われたのは、①大学における教員養成および開放制の二大原則を提起した第一期（四六年一〇月一八日〜一二月二七日）、②「教育者の育成を主とする学芸大学」という構想（以下、「学芸大学構想」と表記）が登場し、それを具体化した第二期（四七年三月一四日〜五月九日）、③学芸大学構想を再確認した第三期（四八年五月一三日〜七月二三日）の三つである。各期の審議を『教育刷新委員会教育刷新審議会会議録』全一三巻（日本近代教育史料研究会編、岩波書店、一九九五〜九八年）に基づき、それぞれ第二〜四節で検討していきたい。

第二節　「大学における教員養成」原則の成立

1　論点整理

教員養成に関する審議が始まった第七回総会（一九四六年一〇月一八日）から第一〇回総会（一一月八日）まで、さまざまな論点が出されている。

第七回総会において、関口鯉吉（東京天文台長）は「本当の智慧が磨かれていない」ために「今度のような変な戦争が起り、その結果が又惨憺たるものになって来た」として、その要因を「児童教育の任に当る先生方の学力が足らぬこと、或は又一部に於いて先生としての資質に欠けた所がある」と述べた。このように戦争の責任を小学校教員に非常に強く求めるような主張が前提となっているが、続けて学力が低いことや型にはまっていることを師範教育の欠点として指摘した。大島正徳（在外邦人子弟教育協会理事）は同様の指摘をしたうえで、「教授法など」を「長くやる必要はな」く、一般の高等教育機関の卒業生に半年から一年程度の教職専門教育を与えればよいと主張した。大島は第1章で述べたとおり戦前メンバーだった教育改革同志会の主張を引き継ぎ、開放制教員養成にすべきと主張した。

師範タイプ批判に立脚して師範学校廃止を主張する多くの委員に対し、木下一雄（東京第一師範学校長）は、必要な教員数を確保するためにも、学力の底上げをするためにも、教員養成機関を特設する必要性を主張した。第一〇回総会では当時、東京第一師範学校がCIEの指導助言を受けながら研究していた大学レベルのカリキュラム案(3)（四六年一二月三〇日付「大学に於ける教育学科のカリキュラム――東京第一師範学校案」（以下、「東京第一師範学校案」と表記）の原案）を配布し、「一般課程」「専修課程」「職能課程」（一般教養・教科専門教育・教職専門教育）のうち「専修課程」（教科専門教育）の履修単位数に差を設けることで、小・中学校教員をまとめて同一機関で養成できると主張した。

務台理作（東京文理科大学長）も小・中学校教員養成をまとめて行うことを主張した。第七回総会で「義務教育を担任する教師は、原則として大学教育を受ける」べきであり、毎年新たに必要となる約一万五〇〇〇〜二万人の義務教育教員を確保するために約七〇の大学が必要だと主張した。

木下や務台が小・中学校教員養成をまとめて論じたのに対し、委員長の安倍は第七回総会と第九回総会（一一月一日）で「中等教員」と「初等教員」は「全然違」う養成をしていたにもかかわらず今後「無差別」に同一機関で養成できるのかといった、非常に重要な論点を示した。これに対し倉橋惣三（東京女子高等師範学校教授）は第九回総会において、同一機関で養成するが「専門的には別である」と述べた。それは具体的にどういうことなのかと問う安倍に対し、倉橋は同じ主張を繰り返すのみであった。小学校と中（等）学校の教員の専門性の違いや養成の違いを明らかにしなかったのは、木下や務台も同じであった。結局、違いは明らかにならないまま、教員養成に関する審議は小・中学校の教員すなわち「義務教育を担任する教師」の養成をまとめて審議していくことになった。

ちなみに四六年一一月半ば頃、文部省・ＣＩＥは師範学校で中学校教員養成も行うことで合意しているため[4]、こうしたことも教刷委の審議枠組みに影響を及ぼした可能性がある。

義務教育教員養成のための大学について、務台は第七回総会において「従来の師範型に全く捉われない」ような、「或る意味で非常に自由な大学」「出来るだけ一般的な教養を身につけることの出来るような方向を取って居る大学」「文科理科というような、学問としても古い歴史を持って居るそういう学科を大体の内容にするような大学」であるべきだと主張した。師範タイプを克服するために、文科・理科といった一般教養が重要だとする務台の主張は、教員養成の正系ルートの頂点に文理科大学が位置づいていた当時一定の説得力を持ったと考えられる。

教刷委の議論は、戦前の初等教員養成に対する批判（師範学校や師範タイプに対する批判）に立脚しているにもかかわらず、戦前の中等教員養成をめぐって出されていた開放制の主張が繰り返され、また、新しい大学として中等教員養成を担っていた文理科大学のようなものがイメージされた。このように、戦前までの初等教員養成論と中等教員養成論を抱き合わせたからこそ、将来教職に就く者が大学で学ぶべきは文科・理科であるといった務台の主張が、この後も説得力を持ち続けることになったと考えられる。教師が身につけるべき一般教養とはすなわち文科・理科といった主張が務台らによって繰り返されたが、天野貞祐（第一高等学校長）が第八回総会（一〇月二五日）で人文的教養と述べているように、旧制高校的な人文的教養のイメージもつきまとった。

第一〇回総会まで出された論点は、教員養成のための学校を特設するのか、特設するなら専門学校程度か大学程度か、修業年限は何年か、小学校教員のために二年課程を設けるべきではないか（第九回総会の川本宇之介・東京聾唖学校長の発言）、学資支給制・給費制・服務義務制などは廃止か存続か（第一〇回総会の大島、川本などの発言）が示された。教員養成のための大学を具体的にイメージできている委員は木下、務台などに限られていたが、イメージが曖昧で漠然としていたからこそ、曖昧な一般教養を重視することで師範タイプでない教員が養成できるという認識がおおよそ共有されていったと考えられる。

2　「大学における教員養成」原則の具体化

総会での審議をふまえ、第五特別委員会（上級学校体系に関する事項を審議）で審議が始まった。

第二回会議（四六年一一月二一日）において、同志会メンバーだった佐野利器（東京帝国大学名誉教授）は、小学校教員に大学レベルの高い学問的知識は必要でないという発言をした。他方で務台は、卒業後の進路や学科目、単位の取り方によって教員養成に「バラエティ」を出すことを強調した。

務台が第二回会議で「今の問題は、六三の教師をどうやって作るかということ」と確認しているように、小学校教員と中学校教員それぞれ全科担任とするのか教科担任とするのか、専門性に違いはないかなどを審議しないまま、この段階ですでに小・中学校教員養成を義務教育教員養成とまとめて審議するかたちができあがっていた。

第四回会議（一二月五日）で主査の小宮豊隆（東京音楽学校長）は、教育の技術を重視する側は教育大学の設置を主張するいっぽう、技術をさほど重視していない側は設置を認めていないと、いままでの審議を整理した。小宮自身は第二回会議で教育の技術などの教職専門教育を大学ですべきかと疑問を述べている。

第四回会議で小宮がいままでの審議を整理する発言をした後、同志会メンバーだった戸田貞三（東京帝国大学文学部長）は「技術なんていうことが必要だというような妙なことを言うから、陰気な人間が出来る。明朗闊達な教員が出来ない」と師範タイプ批判と技術などの教職専門教育に対する批判的見解を述べた。こうした見解が非常に多い中、教育大学特設を主張する木下でさえ、「私も技術ということをそう採り上げたくない」「今迄足りなかったところの一般的な教養をうんと高める。或は必要な職能的な教育をするとか、専門的知識を十分与える」というように、教職専門教育の重要性を強調することはせず、一般教養を重視する主張をした。

一般教養について、木下は第六回会議（一二月一八日）で、ちょうどこの日に「一応の形が出来た[5]」とされる「東京第一師範学校案」の原案に基づいて、人文科学・社会科学・自然科学の三つからなると説明した。関口泰（前教育研修所長）は「専門」（第四回会議）、「文科理科」や「今迄の大学教育程度の基礎教養」（第七回会議。一二月二六日）と表現した。人文科学・社会科学・自然科学の三系列編成、それ自体が専門教養、文科・理科、大学教育の基礎教養などとさまざまに表現され、しかも一般教養と文系・理系のさまざまな学部の専門教育、教科専門教育などが明確に区別されていない様子がうかがえる。さらに、第七回会議において、佐野や関口（泰）から教育学科と文科・理科はどう異なるのかという疑問が出されているように、教育学科と文科・理科も混同されていること、教育学を専門とする学科を構想する困難さがうかがえる。

このように一般教養には多様なイメージが持ち込まれ、混乱した。目的養成を弱めるもの、師範タイプを克服しうるものという認識においてはおおよそ共有されながら審議が進められ、第七回会議において「綜合大学及び単科大学は教育学科を設けて教員を養成すること」という一文のみの中間報告がまとめられた。教育学科とはすなわち文科・理科なのか、それとも異なるのかなどの具体的内容は保留としたまま、大学における教員養成および開放制の二大原則が提起された。

中間報告は第一七回総会（四六年一二月二七日）に提出され、「文面通りの漠然たる意味に於て」（安倍委員長）を条件に「教員の養成は綜合大学及び単科大学に於いて教育学科を置いてこれを行ふこと」と文言修正したうえで「教員養成について」として決議された。同日、「学制に関すること」の一項目として内閣総理大臣に報告された[6]。

第三節　学芸大学構想の登場と具体化

1　学芸大学構想の登場

第二五回総会（一九四七年二月二八日）で副委員長の南原が四六年末の決議を具体化しなければならないと発言したこと、第二六回総会（三月七日）で連絡委員の大島がＣＩＥより教刷委に対して教員養成に関する何らかのステートメントをまとめるよう求められていると報告したことを契機として、第八特別委員会（教員養成および教員資格に関する事項を審議）で教員養成に関する構想を具体化する審議が始まった。

第八特別委員会第一回会議（三月一四日）の冒頭、主査の務台は具体化しなければならない課題として①師範学校・高等師範学校の処遇、②教育学科の内容、③教育大学を特設する案と一般の大学で養成する案との関係づけ、④教員補充の臨時措置を挙げた。①については教員養成諸学校だけの問題ではなく、旧制高校・専門学校とあわせて考えるべきものだと説明した。

第一回会議（三月一四日）において、城戸幡太郎（教育研修所長）は「今の高等学校も四年制の大学になる。そうするとリベラルアーツを主にしたような、名前はどれでもいいが、国民大学のようなものを作って、教員になる者が主としてそこに入って来べき《ママ》ものだけれども、教員にならない者でもいい」と発言した。第1章で述べたとおり、城戸はメンバーだった教科研の主張を引き継いでおり、「国民教養」を主とする「国民大学」において教員養成も行うことを提案した（第三回会議。三月二八日）。

第三回会議では、務台が代読するかたちで天野の教員養成機関に関する四つの案が示された。その一つが旧制高校・専門学校・師範学校を合併して、「リベラルな教養」を主とする「教育大学」「教養大学」「文理大学」に再編する案であった。天野の関心は教員養成ではなく旧制高校を新学制に移行させることにあったが[7]、この天野の案と前述の城戸の「国民大学」で養成する提案、そして務台がいままで繰り返してきた「文科理科」といった一般教養を通じて義務教育教員養成を行う案や木下が主張した「職能的な教育」や「専門的知識」とあわせて「一般的な教養をうんと高める」大学で義務教育教員養成を行う案などが入り混じって、この後、学芸大学構想が具体化されていった。

第三回会議において城戸は、各学校段階の教員ごとに必要な教養の程度をまず明らかにするべきで、たとえば小学校教員は「高等学校の学力」の上に「二年ぐらい教育専門の訓練を与えて行けばいい」と主張した。木下は、「楽しみとなるような専攻のものは一つもない」というのは望ましくないため、小学校教員養成も四年間の大学教育を受けることを本体とすべきだと主張した。これに対して城戸は、「現在の教育学というものが余り学問でもなし、外の専門の学科と比べるとなんだか常識的であって、やってもやらなくてもいいのだ、だから専門の学問を身につけて置きたいというような感じがするので、教育学そのものが専門の学問でそれを身につけることが教師としての一つの特権でもあるし、誇りでもあるというような教育学が出来ないからじゃないでしょうか」と、教育学が他の学問と比べて低位にあるという当時の実感を率直に指摘した。小学校教員養成も大学で行うのが望ましいが、修業年限は二年か四年か。二年でもよいとする主張の背景には教科に関する学力は新制高校卒で十分だという考えや教育学は四年もかけて学ぶほどのものではないといった考えがあり、四年にすべきという主張の背景には四年制大学で（とくに教科に関わる）学問分野を専門的に学ぶべきという考えがある。

　第三回会議の最後に務台が「城戸さんのおっしゃったフォルクス・ホッホシューレーというか、アメリカのリベラル・アーツ・カレッヂに当る何かいい名称はないものでしょうか」と委員に問いかけた。城戸、矢野貫城（明治学院長）、木下はそれぞれ「国民大学」「芸能大学」「教育大学」を挙げた。こうした名称自体に、のちの学芸大学にいだくイメージが委員によってかなり異なっていたことがうかがえる。

　「学芸大学」という名称は第四回会議（四七年四月四日）の冒頭に務台が示した要綱[8]ではじめて出された。務台は学芸大学を「師範学校、高等（ママ）専門学校というものが自然その設備と先生とを持寄りにして一つの教養大学を作る。内容の方から言えば文科、理科綜合したリベラル・アーツというような名前に当る者（ママ）」と定義し、「職業的に傾かない」「一般教養そのものを専攻する」ことを強調した。これに対して、関口（鯉）は「思想的にはっきりしてない」、星野あい（津田塾専門学校長）は「専門的に低くなる」と批判している。こうした審議をふまえ、先の務台の要綱を基盤として第一回中間報告[9]がまとめられ、第三〇回総会（同日）で審議となった。報告の第一項は次のとおりだった。

　一、小学校・中等学校の校長及び教員は、主として次の学校において養成する。
　　総合大学の教育学部
　　総合大学及び単科大学の教育学科
　　国民一般の教養を主とする大学（学芸大学、教養大学）
　　教育大学
　　音楽・美術・体育・家政・職業に関する高等専門教育機関

第二項に「高等学校」の教員養成が挙げられている（「大学院」「大学の専攻科」「大学」で行う）ので、第一項の「中等学校」とは新制中学校のことである。小・中学校教員養成はまとめて行う案だったが、第八項に「前期（二年）を終了した者には小学校教員の資格を与える」というように小学校教員養成に限って二年課程を認める案が示された。第六項に「学資支給制、指定義務制は廃止」、第七項に「教員養成に当たる学校は官公私立のいずれとすることもできる」という開放制原則が明記された。

審議で争点となったのは第一項の教育学部や教育大学を認めるかということである。南原が教育学部・教育大学は四六年末の決議に抵触すると指摘し、第八特別委員会で再審議となった。

2　学芸大学構想の具体化

第八特別委員会第五回会議（四月一〇日）において、城戸は「本質的に言えばいわゆる学芸大学と教育大学とは同じことだと思うのです。ですから教育大学が名前がいかんといって反対されるのは、これは学芸大学でもいいと思う」と発言した。天野は「殊に菊池大麓先生も学芸大学といったから、名前は非常にいい」が、「教員の養成を主とするといった方がいいと思う」と述べた。務台は「学芸大学の中に教育大学も含み得るような何かいい言葉があれば一番いいのじゃないか」と述べている。このように、「学芸大学」と「教育大学」の教育内容は一般教養を重視している点では同じだが、義務教育教員養成を担うことをいっそう明確化させるという方向で審議がまとまっていき、「国民一般の教養を主とする」学芸大学から、「教育者の育成を主とする学芸大学」へ変更された。

なお、天野が言及した菊池大麓の学芸大学案は、第1章で述べたとおり戦前は教員養成と無関係のもので、一般教養を重視して大学ごとに多様な学科編成をするというものだった。教刷委は、小学校教員養成と中学校教員養成をあわせて義務教育教員養成に関する議論を進めたが、教員養成を担う大学としてイメージしやすかったのは戦前中等教員養成を担ってきた文理科大学である。文理科大学と菊池の学芸大学案が重なり、将来教職に就く者が大学で修めるべき学問は文科・理科といった一般教養だというイメージが共有されていったと考えられる。

こうした審議を経て第一回中間報告修正案[10]がまとめられ、第一項が次のように修正された。

一、小学校・中等学校の校長及び教員は、主として次の学校において養成する。

総合大学及び単科大学の教育学科

教育者の育成を主とする学芸大学

音楽・美術・体育・家政・職業に関する高等専門教育機関

教育学部と教育大学を削除し、「国民一般の教養を主とする大学（学芸大学、教養大学）」を「教育者の育成を主とする学芸大学」に変更した。学芸大学が教養大学から教員養成を担う大学へ変更された点は、山田昇が指摘しているとおり「微妙なしかし重大な変更」であった[11]が、こうした変更をしてでも教育大学や教育学部は認めず学芸大学や教育学科とした点に、一般教養を重視した教員養成を行うこと、多様な進路に進む学生を抱える学部の中で教員養成を行うこと、それを通じて師範タイプを克服するという教刷委の一貫した主張がうかがえる。

第一回中間報告修正案は第三一回総会（四月一一日）に提出された。務台は「文科理科を内容とした一般教養を主とするような大学」で教員養成も担うのが学芸大学だと繰り返し説明したが、学芸大学・教育学科が教育大学・教育学部も含むゆえの曖昧さが問題となり、第八特別委員会で再審議となった。第八特別委員会第六回会議（四月一八日）で天野から、学芸大学構想は「妥協案と言えば妥協案だけれども、これが今の現実に即した最も良い案だと思う」という意見が述べられた。このように、学芸大学構想は妥協案であったゆえに曖昧なものであったのは先行研究でも指摘されてきたとおりである。星野は、一般の大学と学芸大学との違いが不明確だと学芸大学構想の曖昧さを指摘した。これに対して、務台は、①文科・理科をともに履修すること、②一般教養と専攻する学問とのつながりが非常に密接であることの二点に、学芸大学の特色があると述べた。こうした審議を経て第一回中間報告再修正案[12]がまとめられ、第一項が次のように修正された。

一、小学校、中学校の教員は、主として次の学校において養成する。
　　総合大学及び単科大学の教育学科
　　教育者の育成を主とする学芸大学

「中等学校」が「中学校」に変更され、「校長」と「高等専門教育機関」が削除されたが、学芸大学・教育学科は修正されていない。

第一回中間報告再修正案は第三二回総会（四月一八日）に提出された。ここでも学芸大学の曖昧さが問題となり、倉橋は「教員養成特殊大学」と決めればわかりやすい、務台は「学科の配置の仕方によってかなりリベラルにいろいろのものが出来易い」のが学芸大学であると述べた。

務台のイメージする学芸大学とは、「学科の配置の仕方」によって「国民一般の教養を主とする」大学にも「教育者の育成を主とする」大学にもなり、そこで小・中学校の義務教育教員養成ができるものだった。務台は再修正案をまとめるにあたり、「教職的な教養と一般的な教養ということを非常に厳密な区別の非常にはっきりしたもののように考えるよりもむしろ近いところを考えよう、共通なるものを多く考えよう」としたと説明した。

務台の主張について、山田は「一般教養を中心に、学問的教養、教職的教養を統一的に捉えようとした」と評価している[13]が、いままでの審議をみると、カリキュラムを統一的にとらえようとしたものというより、一般教養のイメージが委員によってかなり異なっていること、一般教養は教科専門教育や一般学部の専門教育と明確に区別されていないこと、教育学が学問として十分認知されているとはいいがたいこと、さまざまな学科目を幅広く学ぶ点で一般教養と師範教育が似ていることといった当時の実情を反映したものといったほうが適切だろう。

また、佐野は「学芸大学」という名称を新たにつける必要はないと批判したが、天野は名称自体が師範学校を否定する意味を持つと説明した。このように、学芸大学という名称自体に、師範学校に対する批判や師範タイプを克服する期待が込められていた。

第三三回総会（四月二五日）で小宮は、学芸大学に転換できる師範学校を設備や教員組織が整っているものに限定するべきだと主張した。務台も師範学校が新制大学に移行するためには、設備や教員組織の整備が不可欠だと述べた。また、佐野は文科・理科を広く修めることによって学力が低下すると述べた。これに対して務台は、教員にとっては学力以上に「一般教養が欠けるということは、非常に致命的になる」ので「文科理科の相当高い程度の専門的常識」を養う必要があると主張した。

第三二・三三回総会を経て、第八特別委員会第七回会議（五月九日）で中間報告の体裁を改めて整えることになった。このとき務台から学芸大学は「一般的なものを広くやれる原理があるということが一つの特色」だと改めて説明された。また、城戸はとくに小学校教員の場合「普通の学問よりもむしろヒューマニティの教養の方が大切」と述べた。城戸の主張は、教員養成の中でもとくに小学校教員養成の場合「学問」より「教養」が重要であり、だからこそ学芸大学で行うべきだというものであった。これは、第三四回総会（同日）で学芸大学では小学校教員養成、一般の大学は中学校・高等学校教員養成に力を注ぐべきだと発言していることからも明らかである。

こうした審議を経て第二回中間報告[14]がまとめられ、第一項が次のように修正された。

一、小学校、中学校の教員は主として次のものから採用する。

1、教育者の育成を主とする学芸大学を修了または卒業した者

2、総合大学及び単科大学の卒業者で教員としての必要な課程を兼修した者

3、音楽、美術、体育、家政、職業等に関する高等教育機関の卒業者で教員としての必要な課程を兼修した者

第二回中間報告は、第三四回総会で趣旨の変更なしに「教員養成に関すること（其の一）[15]」（全一一項）として

決議された。決議は一一月六日、内閣総理大臣に報告された。

第四節　学芸大学構想の再確認

学芸大学構想を具体化した審議から約一年後の第六七回総会（一九四八年五月七日）で、大学の国土計画的配置に関する問題が議題となった。詳細な審議は第一四特別委員会（大学の国土計画的配置に関する事項を審議）で行うことになったが、このとき学芸大学構想について改めて確認するような発言が相次いだ。

第一回会議（五月一三日）で佐野は、教員組織や設備が不十分という理由で現在は師範学校を大学に移行させられなくても「必ず何年か後に大学にしなければならん時が来る」、そのとき「昔の師範学校そのままが又移っていく」のを避けねばならないと主張した。この時期、文部省は四九年度発足予定の新制大学（の前身校）に対して設置認可申請書の作成を指示しており、省内ではすべての師範学校が新制大学に移行することがおおよそ確定していたといえる（第６章で詳述）。

また、文部省が四八年六月二二日に「新制国立大学実施要綱（抄）[16]」（新制国立大学設置に関するいわゆる一一原則）を発表し、「各都道府県には、必ず教養及び教職に関する学部若しくは部をおく」という方針を示した直後、第六回会議（六月二五日）で佐野は、「各県複合大学には必ず文理学部又は学芸学部を置いて、教員養成を兼ね行わしめることを図る、専ら行わしめるのではありません」と述べた。各都道府県に置かれるのは「文理学部」「学芸学部」であって教育学部ではないこと、これらの学部は教員養成を「専ら行」うのではなく、「兼ね行」うことを強調する発言であった。

佐野は第七回会議（七月二日）でも学芸大学構想に関わる重要な発言をした。教員養成を主とする学部は「文理学という内容」を中心にすべきであり、師範学校を単独で大学や学部にすることは認められないという発言である。

第七回会議で「大学の国土計画的配置について」の中間報告がまとめられている。ここには、「各都道府県の複合大学には必ず学芸学部若しくは文理学部をおき、教員養成を兼ね行わしめること」という文言が含まれた。

中間報告は第七二回総会（七月九日）に提出されて審議となったが、すでに直前の六日、ＣＩＥは文部省に対し「日本の国立大学編成の（再考せられたる）原則」[17]（いわゆる一一原則）を示し、「少くとも都道府県の一つの大学に於ては文理科（リベラルアーツ）と教育科（エデュケイション）の学部が別個に組織されるべきこと」という方針を挙げている（第6章で詳述）。このように一般教養の学部と教員養成の学部を別々に組織しようとするＣＩＥの方針に対して、教刷委は「学芸学部若しくは文理学部」で「教員養成を兼ね行わしめる」という主張を改めて確認した。

第七四回総会（七月二三日）で「兼ね行わしめる」という表現が問題となった。南原は、四七年五月の決議「教員養成に関すること（其の一）」では、兼ね行うよりもっと積極的に教員養成をやるような表現として「主として教員養成をやらせる」といった表現を採用した点が「司令部との交渉の従来のポイント」だと述べた。これに対し、第一四特別委員会主査の山崎匡輔（前文部次官）は、「いわゆる型にはまったものを作りたくないという考え」を反映させたと説明した。また、羽溪了諦（龍谷大学長）は「兼ね行わしめる」という表現に「今までの師範学校の弊害」すなわち「只教員以外のボケーションを持たない教員型」ではなく「今後はリベラル・アーツをやらして何でもできる人間を作ろうというところに主眼を置いた」ことが反映されていると述べた。

こうした審議を経て、山崎が四七年五月の決議どおり「主として教員養成を行わしめることということに」するとして議論の収束をはかり、第七四回総会で「大学の国土計画的配置について」が決議された。ところが二九日に内閣総理大臣に報告された「大学の国土計画的配置について」は、なぜか当初の中間報告どおり「兼ね行わしめる」という表現に戻った[18]。その理由は会議録をみても先行研究をみても不明である。

「大学の国土計画的配置について」を内閣総理大臣に報告した七月末はちょうど新制国立大学の設置認可申請書の提出が締め切られる時期でもあった（第6章で詳述）。こうした時期においてもなお、教刷委は一般教養を重視して師範タイプを克服するという理念を一貫して示していたことがうかがえる。

第五節　小括

教刷委は、一九四六年一〇月の審議当初から四八年七月末まで、一般教養を重視して師範タイプを克服するという理念を一貫して示した。

教刷委は、教員養成に関する審議を本格化させた四六年一〇月当初から、戦前の師範学校制度が視野の狭い、国家や権力に従順で一定の型にはまった師範タイプを養成したとする批判的認識に立脚していた。第1章で述べたとおり、師範タイプ批判は戦前、高等小学校から接続する第一部（四三年以降予科）に向けられてきた。ところが、教刷委は師範タイプ批判を中等学校から接続する第二部（四三年以降の本科）にも押し広げた。さらに、議論は師範タイプ批判に立脚しているにもかかわらず、師範学校すなわち初等教員養成に限定されず、当初から新制中学校の教員養成とあわせて義務教育教員養成に関して展開された。師範タイプ批判を漠然と押し広げ、戦前は別々に行われてきた師範学校に関する議論と中等教員養成に関する議論を混ぜ合わせて、義務教育教員養成について審議したのである。

ちなみに文部省は、教刷委発足直後の四六年八月二二日に「学校教育法要綱案[19]」をまとめ、小・中学校教員を義務教育教員として一括りにし、同一機関（教育専門学校）で目的養成する案を明らかにしている（第6章で詳述）。このように文部省が小・中学校教員養成をまとめたことも、教刷委の審議枠組みに影響したのではないか。

教刷委は、先行研究でも指摘されてきたとおり、カリキュラムに関する具体的な議論をほとんどしなかった。

具体的な議論を欠くまま、一般教養・教科専門科目・教職専門科目のうちとくに教科専門科目の履修単位数を変えれば小学校教員養成と中学校教員養成を同一機関でまとめて行えるだろうと漠然と考えられていた。それは、初期の審議における務台、木下、倉橋らの意見をみると明らかである。

三名はそれぞれ東京文理科大学長、東京第一師範学校長、東京女子高等師範学校教授であった。彼らのような教員養成諸学校関係者でさえ、小学校教員と中学校教員の専門性や養成の違いを具体的に考えることができず、また、カリキュラムについて具体的な発言をすることができなかった。それが当時の実情であり、小・中学校教員養成が漠然と一括りにされたからこそ、一般教養を重視して師範タイプを克服するという理念がおおよそ共有されたと考えられる。師範タイプ批判も一般教養も漠然としていたが、一般教養を重視して師範タイプを克服するという理念が戦後初期の限られた時期に一定の説得力を持ちえた背景には、①師範タイプは克服しなければならないという考えが共有されたこと、②一般教養とは、文科・理科、旧制高校的教養、人文的教養、社会科学的教養、人文科学・自然科学・社会科学といったように多様なイメージを含みながらも、師範教育や師範タイプといった弊害を克服できるものという考えが共有されたこと、③城戸の発言（第八特別委員会第三回会議。四七年三月二八日）に顕著なように、教育学が学部を組織できるような学問として認知されているとはいいがたい当時の状況、④教員養成の正系ルートの頂点に文理科大学が位置づいていたこと、⑤菊池大麓の学芸大学構想が一つのモデルとなっていること、⑥目的や理念において異なるはずの一般教養と師範教育が、幅広く学ぶという点で共通しているために近接的に捉えられ、あるいは混同されやすかったこと、⑦師範学校だけでなく旧制高校の再編問題も含んで学芸大学が構想されたといったことがあった。

このように曖昧で限界もあった学芸大学構想だったが、教刷委が一般教養を重視して師範タイプを克服するという理念を一貫して示した点は評価できる。こうした理念を師範学校や再編後の教員養成系大学・学部、あるいは文部省などがどのように受け止めたのかについて、第Ⅱ部および第Ⅲ部で明らかにしていく。

注

(1) 菱村幸彦「緒言」日本近代教育史料研究会編『教育刷新委員会・教育刷新審議会会議録』第一巻、岩波書店、一九九五年、v頁

(2) 佐藤秀夫「解題」同右、xvi頁、古野博明「教育刷新委員会」久保義三・米田俊彦・駒込武・児美川孝一郎『現代教育史事典』東京書籍、二〇〇一年、一七～一八頁。ちなみに文部省・CIEの各数名で開かれていた連絡委員会に教刷委のメンバー数名も加えることが決定したのは、一九四七年九月四日の文部省・CIE・教刷委の三者首脳会談においてであった。結果として教刷委からの連絡委員は常時三名が選出されていた。

(3) 海後宗臣編『戦後日本の教育改革8　教員養成』東京大学出版会、一九七一年、一五二～一五三頁（執筆者は山田昇）

(4) 橋本美保「占領期における師範学校のカリキュラム改革――『大学に於ける教育学科のカリキュラム』の編成過程を中心に」教育史学会『日本の教育史学』第四六集、二〇〇三年一〇月、一三〇～一三一頁

(5) 一九四六年一二月三〇日付「大学に於ける教育学科のカリキュラム――東京第一師範学校案」

(6) 日本近代教育史料研究会編『教育刷新委員会教育刷新審議会会議録』第一三巻、岩波書店、一九九八年、五六頁

(7) 天野貞祐「前期大学論」一九四八年一月（『天野貞祐全集5』日本図書センター、一九九九年、二四～二七頁に再録）、天野貞祐「高等学校論」一九四八年四月（同上、二八～三八頁に再録）

(8) 山田昇『戦後日本教員養成史研究』風間書房、一九九三年、九八頁

(9) 同右、一〇一頁

(10) 同右、一一四頁

(11) 前掲「学芸大学の理念について」一一五頁

(12) 前掲『戦後日本教員養成史研究』一三四頁

(13) 前掲『戦後日本の教育改革8　教員養成』一六九頁（執筆者は山田昇）

(14) 前掲『戦後日本教員養成史研究』一五八頁

(15) 前掲『教育刷新委員会教育刷新審議会会議録』第一三巻、六五頁

(16) 海後宗臣・寺崎昌男『戦後日本の教育改革9　大学教育』東京大学出版会、一九六九年、一〇二～一〇三頁

(17)「戦後教育資料」Ⅵ－15。日付の特定は、羽田貴史『戦後大学改革』玉川大学出版部、一九九九年、一〇二頁に基づく。
(18)前掲『教育刷新委員会教育刷新審議会会議録』第一三巻、八四頁
(19)学校教育局作成、日本私学教育研究所編集発行『調査資料（教育制度等の研究（その10）――春山順之輔資料）』第一〇六号、一九八四年三月、二四～二八頁。同編集発行『調査資料（教育制度等の研究（その9）――学校教育法要綱案（昭21・8・22）その他春山順之輔資料より）』第七八号、一九八一年三月、二～六頁も同じ。

第Ⅱ部

制度改革の具体化

静岡大学教育学部三島教場における被服科授業：1950年
（『静岡大学の五十年　写真集』より）

第3章

師範学校におけるカリキュラム改革と大学レベルのカリキュラム案

戦後の師範学校では、一九四六年度頃から（旧制）専門学校程度の充実をめざした新しいカリキュラムが実施され始めた。また、並行して（新制）大学レベルでのカリキュラムの案が作成された。先行研究では、専門学校程度の改革と大学レベルの案の関係性や、これらが四九年度発足の教員養成系大学・学部へどのように引き継がれていったのか十分検討されてきたとはいいがたい。

それをふまえて第一節では戦後の師範学校における専門学校程度としてのカリキュラム改革について、第二節では大学レベルのカリキュラム案について、両者の関係性を視野に入れながら、四九年度発足の教員養成系大学・学部へ連続していく面を明らかにしていきたい。

第一節　師範学校におけるカリキュラム改革

1　東京第一師範学校

最初に全国のモデル校として位置づけられる東京第一師範学校について検討していきたい。東京第一師範学校は、東京第二師範学校・東京第三師範学校・東京青年師範学校とともに四九年度東京学芸大学に再編されている。

東京第一師範学校は四五年九月二一日から「教官の間」で「新教育についての研究会」を開き、「生徒ノ研究、実験ヲ重ンジ、当該生徒ヲ中心トシテノ討議・検討ヲ加味スル」という方向で改革を始めた。[1]四六年一月一五日には本科一・二年生にそれぞれ週一二時間、「研究」の時間を設けた。[2]当時の改革の様子は同年二月付「終戦後学校運営ノ実際　東京第一師範学校」にまとめられ、二月二七～二八日文部省主催の「新教育方針浸透懇談会」（会場は東京第一師範学校）の参加者（「関東地区師範学校長以下関係教官」）に配布された。[3]

四六年度になると本格的に新しいカリキュラムを実施することになった。四月二二日から実施したカリキュラム（いわゆる「四月案」）は単位制をとり、本科二・三年生に文科・理科のいずれかを専修させた。「専修制」は「生徒に専門知識をふかめる希望を持たせ、従来とは違った、自信と意欲を持たせることになった」とされる。九月一七日に再びカリキュラムが改訂され（「九月案」）、「一般・職能・専修・選択の四課程を設け、共通・必修のほか、とくに一科目専攻の単位制を強化」した。[4]

この九月案も一一月一日に「大修正が加えられる」予定で、具体的には、「(一)一般教養課程(二)職能的準備課程(三)専修課程(四)自由課程に区別され(一)(二)を共通(三)を必須(四)を選修課程」とし、「専修課程」は「社会科、国語科、英語科、歴史科、数学科、物理化学科、生物科、地理及地質科、実業科、音楽科、美術科、体育科」の一二に分けるとされた。[5]

「専修制」は東京第一師範学校だけでなく当時かなりの数の師範学校が採用し、しかも文科専修・理科専修といったかたちをとっていた。そのほかにたとえば愛知第一師範学校男子部本科は四六年一一月の改訂で文科一部・文科二部・理科一部・理科二部の計四科に分け[6]、後述する東京第二師範学校女子部本科は、文科・理科・家政科の三科に分けるなど若干の違いがあった。

東京第一師範学校はこのように実際に師範学校で実施するカリキュラムの改革を進めていたが、並行して四六年八月から大学レベルのカリキュラムの検討を進め、一二月三〇日付で「大学に於ける教育学科のカリキュラム——東京第一師範学校案」（以下、「東京第一師範学校案」と表記）を公表した[7]（第二節で詳述）。四七年度のカリキュラムはこうした大学レベルの案も反映され、全学年で二学期制を採用したほか、「一学年は新たな教育大学のカリキュラム案によって授業を開始し[8]」た。二学期制は、たとえば愛知第一師範学校男子部本科がすでに四六年一一月から採用している[9]など、四六年度後半から四七年度頃にかけて全国的に広まっている。四七年度は東京第一師範学校だけでなく多くの師範学校が大学レベルのカリキュラム案を実施し始めた時期でもあった（第４章で詳述）。

2　東京第二師範学校

次に、東京第一師範学校と同じく東京学芸大学に再編される東京第二師範学校について女子部を中心に検討していきたい。以下の記述は、特記しない限り四六年一〇月一五日以降に作成された「東京第二師範学校女子部要覧[10]」に基づく。

東京第二師範学校女子部は、四五年九月一日に「教官を以て構成せる新教育研究委員会」を設置し、「教育諸対策」の一つとしてカリキュラムの改革を進めた。四六年四月から実施された新カリキュラムは、「基礎学力の向上を第一とし、漸次学ぶべき課程に於て彼等の選択の許す範囲を拡張し、之により て専門的教養と職能的教養を高むる」ことが目標とされた。「七月一日ヨリ十日間、英語・数学ノ学力補習授業」が行われていることから考えて、とくに向上すべきとされたのは英語・数学であろう。

ちなみに師範学校では、四三年師範学校規程で外国語が必修とされたのは男子部予科のみである。したがって戦後の女子部では男子部以上に外国語（英語）の学力向上が課題だったと考えられる。また、数学をはじめとする理系科目は女子部も男子部も苦手意識のある学生が多かったと考えられる。たとえば四六年度末の千葉師範学校では、文科・理科の希望者がおおよそ三対一というように文科に偏っている問題が指摘されているが[11]、こうした傾向は他の師範学校にも共通だったのではないだろうか。

東京第二師範学校女子部本科は四六年度に新カリキュラムを実施しながら、さらなる改革を進め、「九月中、数次ニ亘リ文科・理科・家政科ノ専修並ニ芸能科及体操科ノ選択制ニ対シ研究討議ヲ重ネテ成案ヲ得」ている。そして一〇月一五日から「改正学科課程」を実施した。なお、予科は改革の対象となっておらず、「文部省改正要目ニヨル」とされた。「改正学科課程」の特色として次の二点に注目しておきたい。

①科目は「基本」「専修」「選択」の三つから構成され、「専修」「選択」の時間が増やされた。具体的には、専修科目として二・三年生では文科・理科・家政科のいずれかを週三時間履修すること、三年生では「自由研究」を週五時間行うことになった。また、選択科目として二年生で技能教科（音楽・書道・図画・工作・体操）から一つ、三年生で技能教科・その他の科目から一つずつを選択履修することになった。基本科目は全学年で課されている必修科目のことを指している。

②英語が三年を通じて必修化された。英語の必修化や重視は東京第二師範学校女子部に限らない。たとえば東京第三師範学校は四五年度内に「充実強化」を図り[12]、三重師範学校男子部本科は四六年度に必修化し[13]、また後述するとおり福岡第一師範学校は女子部本科・予科で必修化した[14]。

3　大阪第二師範学校

大阪第二師範学校は普通学科に関する学問を深める改革を進めた。大阪第二師範学校は大阪第一師範学校とともに四九年度、大阪学芸大学に再編されている。

四六年一月二〇日、大阪第二師範学校臨時教官会議[15]で「学校長ノ教育方針」として「今後ハ特ニ形式（軍隊形式）ヲ換テ、学問的気分ニセネバナラナイ」こと、具体的には次のように改革することが確認された。

午前中デ、各学科ノ基礎ノ指導ヲ終リ、午後ハ各学科ノ研究室ニ入レテ、自分ノ希望ノモノヲ研究サセン。（学年ヲ解イテ三年間続ケルト叶〔ママ〕リ得ルモノガアルト思フ）図書ヲ図書室ニ纏メズ、各研究室ニ分ケテ各生徒ニ利用サセル。ソレデ、師範学校デ教育ヲ完成スルノデナイ。将来自分一人デ研究スル眼ヲ与ヘル。ソレデ、本科ト予科トハ全ク教育方針ヲ変ヘテ、□□〔判読不能〕・学校共ニヤツテ見タイ。予科ハ普通学科ノ修得ニ主力ヲ持ツテ、芸能科等ハ余リヤラナクテヨイト思ウ。ソレ迄ハ予科カラ学ブモノノ、師範教育ニ慣レテ普通学科ノ方ハ中学デ学ブモノヨリ遅レルモノガアル。

本科に「研究」の時間を導入すること、予科では芸能科（四三年師範学校規程では音楽・書道・図画・工作）の時間を減らして普通学科を重視することが確認された。

自由研究の導入や技能教科の削減、普通学科の重視は他の師範学校でも広まっていたと考えられる。たとえば和歌山師範学校は四六年四月から、本科二・三年生の場合午後はすべて「専攻」すなわち「選修科目を履修する」時間に充て、芸能科（音楽・書道・美術）はいずれか一つのみを選択するカリキュラムに変更した[16]。

4　福岡第一師範学校

文部省は四六年七月一七日付で学校教育局長発各師範学校長各青年師範学校長宛通牒「連合軍司令部命令学校調査に関する件」[17]を出し、三七年度以降各年度に分けて調査項目に回答するよう、全国の師範学校・青年師範学校に求めた。回答の締め切りは八月一〇日である。大きく七つに分けられた調査項目のうちとくに「第三　カリキュラムと教授法」では、カリキュラムの作成過程や方法、目標などを細かく回答するよう求められた。各校の回答文書は占領軍に報告できることに限定してまとめられたという制約もあるが、戦後初期の改革を詳しく知りうる貴重なものである。福岡第一師範学校・福岡第二師範学校については回答文書の全文が『福岡県教員養成史研究――戦前編』（一九九四年）に収録されているが[18]、その他の学校については、埼玉大学など一部の大学沿革史が言及している程度で[19]、先行研究や大学沿革史ではほとんど注目されていない。

さて、福岡第一師範学校・福岡第二師範学校は福岡青年師範学校と共に四九年度福岡学芸大学に再編されているが、ここではまず福岡第一師範学校の文書（八月一七日付）[20]について次の三点に注目しておきたい。

①「第三　カリキュラムと教授法」の「六、師範教育の目的と生徒の特殊才能を伸ばす事とをいかに綜合し実施しているか」という質問に対し、次のように「選修教科」と「課外講座」を設けていると回答している。

基本教科ニヨリ基礎的ナ知識、技能ヲ習得サセルト共ニ生徒ノ特殊ナ才能ニ応ジテ選修教科ヲ選バセテ、一定ノ科目ヲ精究シ、ソノ才能ヲ充分伸バセル様ニ努力シテヰル。又課外講座ヲ設ケ、生徒ノ自由意志ニヨッテ聴講サセテヰル

選修教科について、回答書に添付された四六年度学科課程表では四三年師範学校規程に即して本科二・三年生に週六時間ずつ設けられているだけだったが、「生徒側カラ選修教科時間増加ノ申出ガアッタ」ため今後は「十時間位ニ増加スル計画」だと説明している。

課外講座について、当時教授だった昇地三郎氏の回想によると、「一九四六年四月頃から、男子部の生徒たちの希望により、共に自主的な研究会のようなものを週一回程度定期的に開いた」[21]とされる。学問的教養を深めたいという学生の強い要望もあって課外講座が設けられていたことがうかがえる。

②「第六　校長より直接回答すべき事項」の「四、現在学校の一般的な目的は何であるか（貴校）」に対し、次

のように初等教員養成および「人間的教養」の涵養と回答している。

一、国民学校の教師を養成する

二、人間的教養

（イ）国体護持を基盤として人間性を長養し

（ロ）自他の人格を尊重し協同精神を発揮させる

（ハ）高潔な人格と教育愛の精神とを培ひ以て師表となるの資質を養ふ

（ニ）自学自習旺盛なる自発的研究をさせる

（ホ）教育者としての識見を錬磨し教育技術を体得させる

人間的教養は、教育愛の精神、師表としての資質、教育技術といった教育者精神とほぼ重なっている。師範学校が初等教員養成を目的としている当時の制度上、こうした回答になるのは当然だろうが、それでもあえて「人間的教養」と表現したのは、戦前の師範タイプ批判を受け止めてのことであろう。「人間的教養」には、専門学校程度の充実や戦後改革を意識していると考えられる「自学自習」「自発的研究」も挙げられた。ただし、人間的教養としてまず国体護持が挙げられているように戦前と連続的であることも明らかであった。

③同じ第六の「五、一九三七―一九四六年間の学校の一般的な目的は何であつたか（貴校）」をみると、四六年度になってはじめて「専門学校程度」にふさわしい教育の充実が挙げられた。四三年に専門学校程度に昇格しているにもかかわらず、その充実が戦後の課題であったことがうかがえる。具体的には、「専門学校程度の師範生としての自覚心の徹底並学的研究心の昂揚」という目的が挙げられ、「民主主義教育法の研究」「正しき自治精神の把握と訓練の自治寮の建設、自治的委員制度の確立」とあわせて「正しき民主主義自由主義思想の指導徹底」をするとされた。ちなみに同じ箇所で四六年を「戦時教育令時代」としている点にも戦前（とくに戦時中）と連続する意識がうかがえる。戦時教育令はすでに四五年一〇月六日に廃止されている。

5　福岡第二師範学校

福岡第二師範学校の回答文書（四六年八月付）[22]については、四六年に正規カリキュラム外に「政治公民講座」を開くようになったと報告している点に注目しておきたい。これは、「第三　カリキユラムと教授法」の「四、社会に対する理解を啓発するためにどんな計画を立てゝゐるか」に対する回答であり、「毎週月曜日午後開」いていると報告されている。

前述の福岡第一師範学校でも課外講座が開かれていたように、正規カリキュラム外も含んで専門学校程度にふさわしい学問的教養を身につけさせようとする改革が戦後初期、多くの師範学校で進められていたと考えられる。たとえば千葉師範学校は四六年度末から土曜日を正規カリキュラム外の時間とし、「各教官得意の題目」による「特別講座」と「国民学校の授業参観、実験、採集、運動等の自由な研究的活動」に充てている[23]。

ここまでみてきたように、多くの師範学校は四六年度のはじめ頃から専門学校程度の充実をめざしていた。具体的には、文科・理科といった学科区分に基づいた専修制の導入、自由研究の導入、英語をはじめとする普通学の強化、単位制の導入、正規カリキュラム外の時間も含みながら学問的教養を深めるといった改革を進めた。

6　静岡第一師範学校

四七年度になると全国の師範学校はとくに次の二点において四六年度とは大きく異なる状況に直面した。

①師範学校の目的に新制中学校教員養成も新たに加わった（四七年五月二三日、学校教育法施行規則第八五条）。したがって、四六年度までのカリキュラムは初等教員養成を対象としてきたいっぽう、四七年度からあわせて中学校教員養成も対象とすることになった。

②師範学校は、文部省の指示により、四六年度末に大学レベルの案を作成することになった。そうした案が、

専門学校程度としてのカリキュラムにも四七年度以降反映されていったことが考えられる（第二節・第4章・第6章で詳述）。

このように、四六年度までとは大きく異なる状況に直面した四七年度のカリキュラムとして、静岡第一師範学校について検討していきたい。静岡第一師範学校は、静岡高等学校・静岡第二師範学校・静岡青年師範学校・浜松工業専門学校とともに四九年度文理学部・教育学部・工学部からなる静岡大学に再編されている。

表3－1は四七年度本科入学者を対象に実施された新カリキュラムで、小・中学校教員養成を目的としている。全科担任の小学校教員と教科担任の中学校教員は、専門性や養成方法において異なる面も多いはずだが、二つの養成カリキュラムが別々に定められた形跡はない。いままで師範学校が行ってきた初等教員養成カリキュラムと、一学生に複数の免許状を取得させてきた高等師範学校・女子高等師範学校の中等教員養成カリキュラムを組み合わせるかたちで四七年度以降のカリキュラムを作成し、同一カリキュラムで小学校教員と中学校教員を養成していったと考えられる。**表3－1**のとおり、一般教養と教科専門教育を明確に区別することができず、幅広く一般教養科目を履修することで全科担任の小学校教員を養成すると同時に、特定の教科を深めることによって教科担任の中学校教員も養成できるようになっている。

さらに具体的にみていくと、次の二点が指摘できる。

①学年が上がるにつれ選択の比重が高まり文科・理科どちらかを重点的に修めるが、あわせて両科にわたって幅広く履修することも意図されたカリキュラムである。一年生では必修の「基本科目」のみ履修し、二・三年生では選択科目もあわせて履修する。さらに二・三年生の基本科目は第一・第二に区分され、第二で文科・理科どちらかを履修する。三年生では第一でも「人文」と「自然」に分かれるが、文科の学生は「自然」、理科の学生は「人文」の科目を履修する。文科・理科のどちらかを選択しつつも文系・理系にわたって幅広い一般教養を身につけることを通じて、小学校教員としての専門性を養成しようとしたと考えられる。

表3-1　静岡第一師範学校におけるカリキュラム（1947年度本科入学者用）

学年	区分	群	系	科目	履修方法
1年	基本科目			社会	
1年	基本科目			歴史	
1年	基本科目			地理	
1年	基本科目			国語（一）（二）	
1年	基本科目			数学（一）（二）	
1年	基本科目			物理	
1年	基本科目			化学	
1年	基本科目			生物	
1年	基本科目			地学	
1年	基本科目			英語（一）（二）	
1年	基本科目			体育（一）（二）	
1年	基本科目			音楽	
1年	基本科目			図画	
1年	基本科目			工作	
1年	基本科目			書道	
1年	基本科目			実業（農工商）	男子は実業、女子は家政・被服のいずれか1科目1講義を履修
1年	基本科目			家政	
1年	基本科目			被服	
2年	基本科目	第一		社会	
2年	基本科目	第一		哲学	
2年	基本科目	第一		教育	
2年	基本科目	第一		心理	
2年	基本科目	第一		体育	
2年	基本科目	第一		英語	
2年	基本科目	第二	文科	歴史	文科・理科いずれか選択し、1科目以上2講義以上履修
2年	基本科目	第二	文科	地理	
2年	基本科目	第二	文科	国語	
2年	基本科目	第二	文科	漢文	
2年	基本科目	第二	文科	世界史	
2年	基本科目	第二	文科	国史	
2年	基本科目	第二	理科	数学	
2年	基本科目	第二	理科	物理	
2年	基本科目	第二	理科	化学	
2年	基本科目	第二	理科	生物	
3年	基本科目	第一		社会	
3年	基本科目	第一		哲学	
3年	基本科目	第一		教育	
3年	基本科目	第一		心理	
3年	基本科目	第一		体育	
3年	基本科目	第一		英語	
3年	基本科目	第一	人文	哲学	文科の学生は自然の3科目、理科の学生は人文の2科目履修
3年	基本科目	第一	人文	国〔語〕	
3年	基本科目	第一	自然	物理《〔ママ〕》	
3年	基本科目	第一	自然	物理《〔ママ〕》	
3年	基本科目	第一	自然	地学	
3年	基本科目	第二	文科	歴史	文科・理科いずれか選択し、1科目以上2講義以上履修
3年	基本科目	第二	文科	地理	
3年	基本科目	第二	文科	国語	
3年	基本科目	第二	文科	漢文	
3年	基本科目	第二	文科	世界史	
3年	基本科目	第二	文科	国史	
3年	基本科目	第二	文科	文学（英）	
3年	基本科目	第二	文科	文学（国）	
3年	基本科目	第二	理科	数学	
3年	基本科目	第二	理科	物理	
3年	基本科目	第二	理科	化学	
3年	基本科目	第二	理科	生物	
2年・3年	選修科目	第一		国語	•各学年で、1科目以上2講義以上履修 •2年と3年で異なる選択をしてもよい
2年・3年	選修科目	第一		漢文	
2年・3年	選修科目	第一		英語	
2年・3年	選修科目	第一		歴史	
2年・3年	選修科目	第一		社会	
2年・3年	選修科目	第一		地理	
2年・3年	選修科目	第一		数学	
2年・3年	選修科目	第一		物理	
2年・3年	選修科目	第一		化学	
2年・3年	選修科目	第一		生物	
2年・3年	選修科目	第一		地学	
2年・3年	選修科目	第一		農学	
2年・3年	選修科目	第二		音楽	•2年は1科目以上2講義以上、3年は1科目以上1講義以上履修 •2年と3年で異なる選択をしてもよい
2年・3年	選修科目	第二		図画	
2年・3年	選修科目	第二		工作	
2年・3年	選修科目	第二		書道	
2年・3年	選修科目	第三		教育心理	•各学年で1科目以上1講義以上履修 •2年と3年で異なる選択をしてもよい
2年・3年	選修科目	第三		体育	
2年・3年	選修科目	第三		家政	
2年・3年	選修科目	第三		被服	

備考）1．「昭和二十二年四月一日入学　昭和二十五年三月三十日卒業　第七回本科卒業生学籍簿　静岡大学静岡第一師範学校」より作成。
2．特記していない科目は、1講義ずつ履修する。
3．第1学年の化学、地学、工作、書道、第2学年の社会、第3学年の哲学は、記入欄があるにもかかわらず成績が記入されている学生がいないため開講されなかった可能性が高い。

②二・三年生で特定の分野を選択して中学校教員としての専門性も身につけさせるカリキュラムである。「選修科目」は第一・第二・第三に区分され、各領域から一科目以上を選択必修するとされた。

こうしたカリキュラムを実施することで、一学生が小学校・中学校の両方の免許状を取得することを可能にしていったのは、静岡第一師範学校に限ったことではない。たとえば埼玉師範学校は四八年度に本科へ入学してそのまま師範学校を卒業した学生に対し小学校教諭免許状と、任意に選択履修した科目に相当する二教科の中学校教諭免許状を与えている[24]。カリキュラム作成にあたって小学校と中学校二教科の計三つの免許状を取得できるように配慮するといったことは、四九年度発足の教員養成系大学・学部にも引き継がれていった（第7章で詳述）。

7　群馬師範学校

四八年度になると、次の二つの理由から、多くの師範学校で翌年度発足の大学・学部にかなり近いカリキュラムが実施されたと考えられる。理由とは、第一に四八年度に入る頃にはすでに全国の師範学校が新制大学へ再編されることをほぼ確信していたこと[25]、第二に学校教育法施行規則第九二条の三により、四八年度の師範学校本科入学者の大部分は第一学年修了で新制大学に入学するとされたため、新制大学にかなり近づけたカリキュラムを実施したほうが履修する学生も運営する教員も混乱が少なく好都合だったことである。

四八年度カリキュラムとして、ここでは群馬師範学校について検討していきたい。群馬師範学校は前橋医科大学および前橋医学専門学校、群馬青年師範学校、桐生工業専門学校とともに四九年度医学部、学芸学部、工学部からなる群馬大学に再編されている。四八年七月三一日提出の「（その一）群馬大学設置認可申請書[26]」には男子部本科、女子部本科で当時運営されていたカリキュラムが掲載されている。それぞれについて以下で検討する。

（1）男子部本科

表3－2、表3－3のとおり、男子部も女子部も「一般教養科目」・「専門教養」科目（教職専門科目）・「職能教養」科目（教職専門科目）の三つからカリキュラムを編成した。まず、男子部本科（表3－2）について、次の四点を指摘しておきたい。

①三年間の総授業時数八二時間に対し、一般教養は半分以上の四七時間（五七・三％）である。ちなみに前述の「（その二）群馬大学設置認可申請書」には、四九年度から実施予定の大学レベルのカリキュラムも載っているが、一般教養科目が全体に占める割合は小学校教員養成三三・六％（最低履修単位数一四三単位に対して四八単位）、中学校教員養成三五％（一三七単位に対して四八単位）である。四八年度カリキュラムのほうが一般教養をかなり重視していたことがうかがえる。

②一般教養に含まれているのは、人文科学・社会科学・自然科学関係科目だけではない。小学校教員に必要な図画工作や音楽などの技能教科に関する実習と考えられる「芸能実習」（計三時間）も含まれている。このように、一般教養に技能教科に関するものも含んでいるのは、後述する四六年一二月三〇日付「東京第一師範学校案」なども同じであり、当時の教員養成の一つの特徴である。

③四七年七月八日の「大学基準(27)」は一般教養科目を人文科学・社会科学・自然科学の順に挙げたいっぽう、群馬師範学校は自然科学・社会科学・人文科学の順で挙げた。とくに自然科学の重視を可視化しようとしたのであろう。ただし三年間の総授業時数では人文科学二六時間に対して自然科学は一〇時間も少ない一六時間である。ちなみに社会科学は担当者がいなかったのかたった五時間と極端に少ない。

④一般教養科目四七時間（総時数八二時間の五七・三％）に対して「専門教養」（教科専門科目）は一〇時間（一二・二％）しかない。小学校教員養成・中学校教員養成の中でも主たる目的が小学校教員養成にあったからこそ、教科専門科目の時数がきわめて少ないカリキュラムになったと考えられる。

表3-2　群馬師範学校男子部本科における毎週授業時数（1948年7月31日）

<table>
<tr><th colspan="3"></th><th>1年</th><th>2年</th><th>3年</th><th colspan="3">計</th></tr>
<tr><td rowspan="20">一般教養科目</td><td rowspan="6">自然科学</td><td>生物</td><td>1</td><td>1</td><td></td><td colspan="2" rowspan="6">16</td><td rowspan="20">47</td></tr>
<tr><td>数学</td><td>2</td><td>2</td><td></td></tr>
<tr><td>物化</td><td>2</td><td>2</td><td></td></tr>
<tr><td>地学</td><td>1</td><td>1</td><td></td></tr>
<tr><td>農学</td><td>1</td><td>1</td><td></td></tr>
<tr><td>自然科学概論</td><td></td><td></td><td>2</td></tr>
<tr><td rowspan="3">社会科学</td><td>社会</td><td>1</td><td>1</td><td></td><td colspan="2" rowspan="3">5</td></tr>
<tr><td>地理</td><td>1</td><td>1</td><td></td></tr>
<tr><td>歴史</td><td>1</td><td></td><td></td></tr>
<tr><td rowspan="11">人文科学</td><td>語学</td><td></td><td></td><td>2</td><td rowspan="2">8</td><td rowspan="11">26</td></tr>
<tr><td>外国語</td><td>2</td><td>2</td><td>2</td></tr>
<tr><td>言文</td><td>2</td><td>3</td><td></td><td rowspan="9">18</td></tr>
<tr><td>音楽</td><td></td><td>1</td><td></td></tr>
<tr><td>美術・美術史</td><td></td><td>1</td><td></td></tr>
<tr><td>哲宗</td><td>1</td><td>1</td><td></td></tr>
<tr><td>心理</td><td>1</td><td></td><td></td></tr>
<tr><td>体育</td><td>1</td><td>1</td><td>1</td></tr>
<tr><td>芸能実習</td><td>1</td><td>1</td><td>1</td></tr>
<tr><td>エレクティブ</td><td></td><td>2</td><td></td></tr>
<tr><td rowspan="15">専門教養</td><td colspan="2">社会</td><td rowspan="15"></td><td rowspan="15"></td><td rowspan="15">10</td><td colspan="3" rowspan="15">10</td></tr>
<tr><td colspan="2">哲学</td></tr>
<tr><td colspan="2">教心</td></tr>
<tr><td colspan="2">史学</td></tr>
<tr><td colspan="2">国漢</td></tr>
<tr><td colspan="2">外国語</td></tr>
<tr><td colspan="2">数学</td></tr>
<tr><td colspan="2">物化</td></tr>
<tr><td colspan="2">農生</td></tr>
<tr><td colspan="2">地理地学</td></tr>
<tr><td colspan="2">音楽</td></tr>
<tr><td colspan="2">図画</td></tr>
<tr><td colspan="2">工作</td></tr>
<tr><td colspan="2">体育</td></tr>
<tr><td colspan="2">書道</td></tr>
<tr><td rowspan="8">職能教養</td><td colspan="2">児・教・心・カリキュラム</td><td>2</td><td>3</td><td></td><td colspan="3" rowspan="8">25</td></tr>
<tr><td colspan="2">教育</td><td></td><td></td><td>1</td></tr>
<tr><td colspan="2">心理</td><td></td><td></td><td>1</td></tr>
<tr><td colspan="2">音体</td><td>1</td><td>1</td><td></td></tr>
<tr><td colspan="2">言美</td><td>1</td><td></td><td></td></tr>
<tr><td colspan="2">農業実習</td><td>2</td><td>2</td><td></td></tr>
<tr><td rowspan="2">教育実習</td><td>実習</td><td></td><td></td><td>10</td></tr>
<tr><td>図書館運営</td><td></td><td></td><td>1</td></tr>
<tr><td colspan="3">計</td><td>24</td><td>27</td><td>31</td><td colspan="3">82</td></tr>
</table>

備考）1. 群馬大学「（その一）群馬大学設置認可申請書」より作成。
2. 科目名は資料のままとした。

（２）女子部本科

次に女子部本科（表３－３）について、次の三点を指摘しておきたい。

①男子部と同様、カリキュラムの中心は一般教養である。総授業時数八二時間に対し一般教養科目は三年間を通じて半分以上の四四時間（五三・七％）となっている。

②男子部と同様、一般教養の中でも数学などの自然科学関係科目が最初に挙げられている。自然科学の重視を可視化しようとしたのであろう。

表3-3　群馬師範学校女子部本科における毎週授業時数（1948年7月31日）

		1年	2年	3年	計
一般教養科目	数学	1.5	1	1	44
	物化	1	1	1	
	生物	1	0.5	1	
	地学	0.5			
	農学	0.5			
	衛生	0.5	0.5		
	社会	1.5	1		
	哲学			1.5	
	歴史	1	0.5	0.5	
	地理	1	0.5		
	家庭	2.5	1		
	言文	1	1	2	
	外語	3	3	2	
	音楽	1	1		
	美術	1	1.5		
	心理	1	1		
	体育	1	1.5	1	
選択教養	文科		3		15
	理科		3		
	芸能科		3		
	数学			6	
	物化				
	生物				
	歴史				
	地理				
	家庭				
	文学				
	外語				
職能教養	教育心理	2	2	1	23
	教育史及原理	2	3	2	
	学校と社会			2	
	測定判定			1	
	カリキュラム			2	
	音楽	1			
	体育	1			
	言美		1		
	文科		1		
	理科		1		
	芸能科		1		
計		25	33	24	82

備考）1．群馬大学「（その一）群馬大学設置認可申請書」より作成。
2．科目名は資料のままとした。
3．2年生の時数合計について、資料では「25」とされている。本表では正しいと考えられる「33」に修正した。

③男子部と違って、「選択教養」科目（教科専門科目）と「職能教養」科目（教職専門科目）に文科・理科・芸能科を置き、この三科を二年生で広く履修させている。このように男子部以上に一般教養と教科専門・教職専門との連続性を強調し、一般教養を重視したカリキュラムとなっている。おそらく、女子は男子よりも高い割合で小学校教員になるという考えから、いっそう幅広い一般教養を重視したのではないだろうか。こうした構想は、後述するとおり、四七年初頭の岐阜師範学校や山口師範学校の大学レベルの案にも共通してみられる。

第二節　大学レベルのカリキュラム案

１　「大学に於ける教育学科のカリキュラム――東京第一師範学校案」

東京第一師範学校は、一九四六年八月二〇日以降ＣＩＥの指導・助言のもとに大学レベルのカリキュラムを研究し、一二月三〇日付「大学に於ける教育学科のカリキュラム――東京第一師範学校案」[28]を作成した。その後、「東京第一師範学校案」は四七年一月一八日付文部省学校教育局師範教育課長発各師範学校長宛通牒「学科課程案の研究について」に参考資料として添付され、全国の師範学校に送られた。橋本美保はＣＩＥが本案をモデルカリキュラムとして普及させる意図はなかったとするが[29]、四七年七月開催のＩＦＥＬの前身「教員養成のための研究集会」では三二の師範学校が何らかのかたちで実施していると回答しているように、実際にはモデルカリキュラムとして普及していった（第４章で詳述）。

先行研究で明らかにされてきたとおり、「東京第一師範学校案」（表３－４）は一般教養・教科専門教育・教職専門教育（それぞれ“Survey Course-Liberal Arts”“Specialization Course”“Professional Preparation Course”）の最低履修単位数の比率を二対一対一とし、少なくとも履修単位数において一般教養に重点を置くカリキュラムであった。ここではさらに、先行研究で十分検討されてこなかった次の九点に注目したい。

①基本的に同一カリキュラムで「六－三の教師」すなわち小・中学校教員を養成しようとしている。第2章で述べたとおり、木下一雄（東京第一師範学校長）は、教刷委第一〇回総会（四六年一一月一日）にこの原案を提出し、履修単位数を若干変えるだけで同一カリキュラムを通じて小学校教員養成と中学校教員養成をあわせて行うことができると説明した。このように、小学校教員養成と中学校教員養成の違いは追究されず、「殊に小学校の低学年を受持つ場合General ArtsのSkillは全面的に必要である」というように、小学校低学年を担任する教員には音楽などの実技訓練が特別に必要だと言及されるのみであった。

②一般教養科目と教科専門科目がほとんど重なり、未分化である。一・二年生は一般教養科目（Survey Course）として「主にLiberal Artsを修め」、三・四年生は教科専門科目（Specialization Course）として「主に専攻学科を研究する」とされた。表3－4に示したとおり、リベラル・アーツを一・二年生では一般教養科目として、三・四年生では教科専門科目として修めるという案である。

③カリキュラムの中心に据えられているのは一般教養である。表3－4にあるとおり、カリキュラムの五〇％を占める。さらに、三・四年生で（一）～（一七）の「所属Divition《（ママ）》」すなわち「専攻学科」の「研究」が求められるが、これらは（一六）の“Nursery Education”を除いて教科に関する学問分野である。量においても深さにおいても重視されているのは一般教養といえる。

④リベラル・アーツには、人文科学・社会科学・自然科学の三系列のほか、外国語、体育、そして技能教科に関する実技訓練（Practical Art Training）が含まれている。一般教養とは「現代社会文化の綜合的識見を養ふのが狙ひ」であること、「高き常識と豊かな人間性を目標としてゐる」こと、「決してProfessional Preparationを直接の目的としてはゐない」ものだと説明されているいっぽうで、教えるために必要な音楽や図画工作といった技能教科に関する実技訓練が含まれた。

⑤技能教科の実技訓練は、リベラル・アーツでもあると同時に、教員養成に特有な科目としても強調されると

表3-4　東京第一師範学校案（1946年12月30日）

Course	Suvey Course				Specialization Course				Total Credits in Four-Year for Graduation	
Grade（year）	I		II		III		IV			
Semester	1	2	3	4	5	6	7	8		
Liberal Arts									Survey	Special
Social Sciences	3	3	3	3	Teaching Practice				12	
Humanities	3	3	3	3					12	
Natural Sciences	3	3	3	3		10	10	10	12	30
Foreign Languages	3	3	2	2					10	
Physical Training	1	1	1	1		1	1	1	7	
Practical Art Training	1	1	1	1		1	1	1	7	
Professional Preparation	3	3	3	3	12	2	2	2	30	
Elective			2	2		2	2	2	10	
Total Hours per Week	17(2)	17(2)	18	18	12	16	16	16	130(4)	

Notes: 1. Semester 1&2, (2)・・・Agricultural Work

Remarks:
Ⅰ. Four Year Course of 130 Credits for Graduation
a. Liberal Arts……………………60-50%
b. Specialization ………………30-25%
c. Professional Preparation…30-25%
d. Elective ………………………10
Agricultural Work …………(4)
Ⅱ. Graduation Thesis
Ⅲ. Specialization
(1)Sociology(including Political Sciences & Law)　(2)Economics
(3)History　(4)Geography　(5)Philosophy　(6)Foreign Language(English)
(7)Literature & Language(including Chinese Classics)　(8)Mathmatics
(9)Physical Sciences　(10)Biology　(11)Agriculture　(12)Music
(13)Fine Arts　(14)Domestic Economy & Sewing　(15)Physical Education
(16)Nusery Education　(17)Earth Sciences
Students must belong to any one of these Divisions, their hours being 10-10-10 in 6th to 8th Semesters, 30 hours in all.

備考)「大学に於ける教育学科のカリキュラム——東京第一師範学校案」より作成。

いったように、位置づけが曖味である。カリキュラムの「構成要素」をみると、「①Liberal Arts-Survey Course、②Specialization Course、③Elective Course、④特有な部分として(a) Professional Preparation Course、(b) Practical Art Training」と説明されている。

⑥技能教科の実技訓練は削減する方向性が示されている。「現行の師範教育は全生徒に音楽、図画、工作、書道その他を一律に課してゐる」いっぽう、本案では「技術教育の限界と個人差とを予想」して「音楽、美術、書道、体操及家政の中少くともその一つを選」ぶとされた。

⑦一般教養を指している語

が多様で、“Survey Course”“Liberal Arts”“General Education”がほとんど同じ意味で使われている。ただし、“Survey Course”“Liberal Arts”が多用されるいっぽう、“General Education”は一カ所にしか出てこない。“Survey Course”とは「所謂人間的教養の Course である。同時にそれは、Specialization Course の準備としてその基本的なものを用意する Course」であり、「Social Sciences、Humanities、Natural Sciences の三つ」すなわち社会科学、人文科学、自然科学の三系列を「基本」とするとされている。サーベイ・コースは「東京第一師範学校案」では三系列均等履修の方法として用いられているが、のちに大学基準協会の普及・啓蒙活動などを通じて社会科学的教養を総合的に与える方法として紹介されることになった（第5章で詳述）。

⑧カリキュラムの「構成要素」をみると、選択科目（Elective Course）を設けている点が強調されている。選択科目とは二年生の場合「Specialization Course への準備」、三・四年生の場合「語学その他の教養」から構成された。

⑨教育実習は三年生に置かれた。四三年師範学校規程では最高学年に置かれたが、大学では三年生かせめて四年生前期にしたほうがよいという考えがこの頃からしだいに教員養成諸学校へ広がっていったと考えられる。たとえば四七年一月に発足し、ＣＩＥカーレーの指導助言のもとで東京都内の教員養成諸学校教員らが研究を進めた「教師養成研究会」は一一月に『観察・参加・実習』を刊行し、次のように述べている[30]。

従来の慣行では、最高学年の最後にこれを置いていたが、この点は考えなおす必要がある。というのは、実習で見出された学生の欠陥を矯正したり、実習の経験を得た後に補足して、真に教師として学級を受けもつ資格あるものとして卒業させることが必要となるので、実習の後に、或る期間の教育が続いていなくてはならないのである。この点を考慮して、新しい四年の制度にあっては、実習を第三学年か、第四学年の前半に施行することが望ましい。師範学校の代表者達は、第三学年に行うことに賛成している。

２　文部省通牒「学科課程案の研究について」

四六年一二月三〇日付「東京第一師範学校案」は、四七年一月一八日付文部省学校教育局師範教育課長発師範学校長宛通牒「学科課程案の研究について」[31]に参考資料として添付され、全国の師範学校に配布された。本通牒は「独自の理想的な学科課程案」を作成し、三月一五日までに提出するよう全国の師範学校に求めている。また、カリキュラム案作成の前提として「協議」すべき事項を挙げている。本通牒について先行研究ではほとんど注目されてこなかった次の三点を指摘しておきたい。

①「一　教員養成制度の確立」において、新しい教員養成機関は大学とすべきか否か（協議事項Ａ）、大学にするなら「総合大学又は文理科大学の一学部とするか、あるいは独自の単科大学とするか」（協議事項Ｄ）ということのほか、次の二つを協議事項として挙げた。

Ｂ　ここでは六三制の教員養成を問題とするのであるが、六三の教師養成はそれぞれ別にするか、あるいはいつしょにするか。

Ｃ　六の教師は分教担任制にするかあるいは特殊な技能科は別として、全教担任制にするか。三の方は？

文面どおり捉えれば、文部省は小・中学校教員養成を一緒に行うか別々に行うかまだ方向性を定めていないようにみえる。しかし、実際にはすでに四六年八月頃からまとめて行う方針をほぼ固めていた（第６章で詳述）。また、小学校・中学校共に全科担任なのか教科担任なのかはまだ定まっていないが、次の②をみると小学校は全科担任、中学校は教科担任でおおよそ方向性が決まっているようにみえる。

②「特殊的教養」（教科専門教育）について次のように述べている。

個性の伸長という点から生徒の特殊な能力に応じて特殊的教養を積む自由と機会とが与えられねばならぬ。また六三制の三の教師たらんとするものはその学科課程に要求するやうな特殊的教養をもたねばならぬ。但し将来の中等学校は各市町村に設置せられるから、生徒数が少ない場合には教師もあまり分化した特殊的教養ではかえって都合がわるいであらう。

生徒（学生）の「個性の伸長」という点と中学校教員養成の点から教科に関する知識を深める重要性が強調されている。ただし、中学校教員であっても教員の配置の問題との関連で「分化」しすぎると「都合がわるい」とされた。

③「一般的教養」（一般教養）について次のように述べている。

> 社会人としての広い文化的教養の基盤が従来の師範教育には不十分ではなかつたであろうか。もちろん従来多くの学科を教えたが、豊かな人間的教養の向上よりもむしろ教えんがための材料の仕入れをするといつたような観点から押しつけられはしなかつたであろうか。一般的教養としては普通、社会科学、自然科学及び数学科、人文科学〔ママ〕（文学芸術哲学等を含めた）が挙げられるがこれだけで十分であろうか。体育、保健、あるいは音楽、図書、工作、女子のための家政等で実技練習もこゝに入れたほうがよくはないかどうか。

一般教養について、「教えんがための材料の仕入れをする」ものではない点を強調するいっぽう、音楽などの「実技練習」を含めるべきかという論点を示した。

本通牒に対する各校からの回答文書のうち、北海道第二師範学校、山形師範学校、埼玉師範学校、岐阜師範学校、山口師範学校、熊本師範学校の六校分のみ、当時の師範教育課長玖村敏雄が所蔵していた[32]ことはすでに北神正行[33]が明らかにしているとおりである。回答文書とあわせて六校分のみの要点を記したメモも所蔵していたため、玖村がこの六校分のみ所蔵していたのは何らかの意図があったと考えられる。以下、この六校の回答文書を通牒に示された①〜③に即して再検討しておきたい。

3　師範学校の回答

（1）北海道第三師範学校

日付は書かれていない。案は「北海道第三師範委員会にも諮り決定した」とされる。①〜③については次のように回答した。

①小学校教員は「特殊技能を要する科目」を除き全科担任、中学校教員は教科担任とするが、小・中学校教員養成はまとめて行うとした。

②教科専門教育について次のように述べた。

特殊的教養に関しては従来選修課程として勉学させて来たが、之に充当する時間も充分とは言はれず中途半端な制度であった〔中略〕将来の教育大学に於ては此の方面に相当の時間を振向ける事が望ましい。但し北海道の特殊事情としては余りに一科にのみ偏することは考へねばならぬ。

従来の師範教育では学問的教養を深めることが不十分だったと指摘している。今後は特定の分野を深めることが理想的だが、大量に必要な教員数を確保しなければならないため一つの教科でなく複数の教科を担当できるように養成するべきという回答であった。

③一般教養科目に「体育・芸能・実業家政等を加へる方が六・三の両方を目標とする教育大学に於ては相応しい」というように技能教科を含むべきだとした。

（2）山形師範学校

四七年三月二〇日付で①〜③について次のように回答した。

①小学校は「三年生位まで」全科担任、四年生以上から中学校と同様に教科担任とするが、小・中学校ともに「一学級に数人の教師を配してそれらの教師の共同担任制にしてもよい」とする。小学校三年まで全科担任、小

学校四年以降教科担任だとしても小・中学校教員養成はまとめて行う案である。

②教科専門教育について次のように述べた。

全科を数個の群に分ちその群内に於いて一科目に重点を置きその群全体について実力をつけてやり度い。本校に於いては社会、自然科学及数学（農業を含む）、人文、体育、家政科の五科に分ちたい。

幅広く学ばせようとしている最大の理由は、小学校・中学校の教員を同一カリキュラムで養成することにあると考えられる。また、「単科大学の場合には学生の視野が狭くなりその資質が偏跛的にす《〔ママ〕》る虞れがあるがこれは教育方針の如何に依って是正ができる」という考えをカリキュラムに反映させたといえる。

③一般教養科目に次の科目を加えるとした。

六、三制の教師となる人としての教養の面から考ふれば実技練習を伴ふ科目は少くとも一科目マスターしておく必要がある。この科学《〔ママ〕》は長き訓練に依る熟練を必要とするから一科目と限定するか更に余裕のある者は選択や課外で行ふがよい。その科目は体育、音楽、美術、書道、家政としたい。

教員養成という目的から、一般教養科目に体育・音楽・美術・書道・家政の「実技練習」を含めるべきという主張である。

（3）埼玉師範学校

三月一四日付で①〜③について次のように回答した。(34)

①「学科課程の構成に当っては小学校の科目は全科担任制、中学校の科目は分科担任制を原則とすべきものであらうと云ふ事を念頭においた」と述べているが、表3－5のような同一カリキュラムを通じて小・中学校の教員養成をまとめて行う案であった。

②教科専門科目は一般教養科目と非常に近接的である。そのため、「社会科」「人文科」「自然科学科」といっ

表3-5　埼玉師範学校案（1947年3月14日）

課程	一般課程				専門課程				計		
	共通課程		分科課程						一般教養科目	教科専門科目	教職専門科目
学年	1		2		3		4				
学期	1	2	3	4	5	6	7	8			
社会科	3	2	7	7	教育実習	9	9	9	29	27	
人文科	2	3									
自然科学科	2	3									
外国語科	3	3	2	2					10		
体育科	1	1	1	1		1	1	1	7		
実技科	2	2	1	1		1	1	1	9		
教職科	3	3	4	4	12	4	4	4			38
選択科			2	2		2	2	2	10		
総計	16	17	17	17	12	17	17	17	65	27	38
									130		

備考）1947年3月14日付埼玉師範学校長発文部省師範教育長宛「学科課程案提出の件」の「別表　教育大学の学科課程表」より作成。

た科目を一・二年生では一般教養科目として、三・四年生では教科専門科目として履修させようとしている。具体的には、一年次に社会・人文・自然科学の三科すべてを一般教養科目として幅広く履修した後、二年で一つの科を選択履修して一般教養科目をやや狭く履修し、三・四年で教科専門科目として「どれか一つの科目を選び研究履修する」かたちをとった。「選択科」について二年生では「広く一般的教養を得てゆく為のものであると共に、第三、四学年に於ける専門課程へ分化する準備の為のもの」、三・四年生では「専門の学科を修めつつ、一般的教養を得てゆくためのもの」として位置づけられていることからも、教科専門科目と一般教養科目の近接性は明らかであろう。ちなみに教科専門科目には、社会学・経済学・歴史・地理学・哲学・文学・言語学・外国語・国語および漢文・数学・物理学・化学・生物学・農学・音楽・美術・家事裁縫・体育・保育等が挙げられている。

③一般教養には「実技科」すなわち「音楽、図画工作、書道、家事裁縫等の実技」が含まれている。

なお、埼玉師範学校の回答書は、「所謂師範タイプ、教員タイプ等の宿弊」を「承認」したうえで、「教育大学に於ける教育」では「豊かな人間性」や「純真な生活態度」「純雅な情操および高き良識」を養う「深き教養」（一般教養）、「学術」を「専攻」する「専門的教養」（教科専門教育）、「教職的教養」（教職専門教育）の三つから構成されなければならないということも主張していた。

（4）岐阜師範学校

三月三一日付で①〜③について次のように回答した。

①小学校教員・中学校教員それぞれ全科担任か教科担任か述べていないが、どちらも「師範大学」で養成するとした。他校と違って三学期制としたうえで、小学校の教育実習は二年生一学期、中学校の教育実習は四年生一学期に配当した。とくに小学校の実習を二年生一学期に置いた理由は次のように冒頭に「（女）」と記載して説明されている。

（女）本校に於ては、第一学年より第四学年まで引つづいて必須科目として教育学科を課し、二年及四年の始めに小学校及中学校に於ける教育実習を実施することゝする。児童青年の生活の実態及実地の教育の場にふれることにより、生徒の理論への追究は、変った観点より深められるであらう。特に二年生に於ては、将来の専門課程への目標も設定されることになる。

教職専門科目のみ四年間通して履修することとあわせて考えると、小学校実習を二年に置いたのは、おそらく二年でも小学校教員養成を可能とするように、また、とくに女子に配慮したためではないかと考えられる。

②教科専門教育について次のように述べている。

従来の師範教育に於いては、過大なる全般的教養を要求された為、生徒は必然的にそのエネルギーを多方面に分散し個人の特殊性を自ら発見する余裕をも持ちえなかったのが実情である。即ち、新制大学においては一般的教養の基礎の上に、特殊的教養が課せらるべきであって、後半二ヶ年において之が完全なる実施が望ましい。然しながら、六三制の教養の目的に照して余り極端なる分科制は、之を避け、新制中学校の課程を参照して、綜合的な分科とすべきである。

三・四年生の「専問課程《ママ》」は「綜合的な分科」を意識して文科・理科・技能科・家政科・体育科の五科に区分された。ただし、文科は第一～四部、理科は第一～三部、技能科は第一～二部というように、さらに細分化されている。

③一般教養科目は「高等学校における一般的教養を更に高度のものとして洗練する」と同時に、次の科目も含むとした。

音楽美術体育家政等の実技練習を加ふべきである。但し〔中略〕実技練習は、従来に於ても亦現在に於ても、教材の仕入れといふ色彩が非常に濃厚で師範生徒の精力の大半がこれにさかれてゐるのが実情である。かゝる傾向は、之を改め、あくまで之を高き一般的教養の一部として取扱ふやうにせねばならぬ。特にこれらの一つに興味を有するものは、別表教科課程表に示した自由時間に於て実施すればよい。

教員養成という目的に即して「音楽美術体育家政等の実技練習」を一般教養科目に加えるべきであるが、「実技練習」は「教材の仕入れ」ではなくあくまでも「一般的教養」として扱うべきだと主張した。

(5) 山口師範学校

三月一五日付で①～③について次のように回答した。

①小学校は全科担任、中学校は教科担任とする。ただし、他校と違い中等教員と初等教員を分け、前者は「教育大学」、後者は「大学の別科（一年）」で養成するとした。分けた理由は専門性の違いというより、初等教員は女子が多いことに配慮して修業年限を短く設定したと考えられる。それは次のように説明されている。

小学校はその大半を優秀な女教員で組織したいと思ふ。それがためには修業年限の長いのは禁物で精々廿歳か廿一歳で教壇にたつやうにしたい。教育大学別科（一年）はこの点から見て最高の要求のようである。現に山口県では国民学校教員の六割が女であり、其の中三分の二即ち全教員の四割が高等女学校四年修了の学力しか持たないものである。

中等教員養成や初等教員養成の具体的なカリキュラム案は添付されていない。

②教科専門教育については具体的内容を直接説明していない。しかし、「これまでの高師の文理科それに美術学校、音楽学校を合併したやうな内容を持った」「教育大学」で養成するという説明をしており、文科・理科・芸能科のような細分化しすぎないものを構想していたと考えられる。ちなみにここでいう「教育大学」は「教員だけにしか向かない学校にせず、卒業後の方向を自由にしたい。之がため給費制度、義務制度を廃止することは当然である」と主張しているように、目的大学ではない。

③一般教養について次のように述べている。

従来の師範教育の欠陥は一般的教養の低いといふよりも学科が多すぎて、どれもこれもものにし得なかつたといふ点にあるのではないか。特に現在の芸能科、実業科等一人で学科の性質上到底収得〔ママ〕し得られるものでない。無理なことを要求してゐたのである。〔中略〕万屋、なんでもやの教師を養成しようとしたが、実はこれも失敗であつた。

師範教育は一般教養が不十分だったというより「学科が多すぎ」たという批判である。目的や理念において異なる一般教養と師範教育が幅広く学ぶという点では共通しているため、混同されやすかったことがうかがえる。

（6）熊本師範学校

三月一五日付で①～③について次のように回答した。

①小学校教員は「全科的であることが基礎的要件である。然し上学年になるに従ひ分科的担任にも適するやうに教育」する必要があると述べている。中学校教員は「より深く分科的であるべきであるが、然し土地の状況に

より全科的（少くも、文科、理科的）担任に適するやうにありたい」と述べている。小学校教員には幅広さとある程度の深さ、中学校教員には深さと文科・理科といった程度の幅広さが求められている。このように重ね合わせることで「共通の教育」で小・中学校教員養成をあわせて行う案であった。

②教科専門教育については、「個性の伸長」と「分科担任に適するために」「選択科目として第二学年より」履修させるのが適当と回答している。特定の分野を選択履修することが、教科担任の中学校教員は当然、全科担任の小学校教員は個性の伸長のために必要という主張であった。

③一般教養については、従来の師範教育の結果、「教師たるものゝ視野が狭く生活が窮屈であり、やゝもすればその思想に開放性進歩性が乏しい傾向が生じた」と師範タイプ批判を展開したうえで、これからの「単科大学としての教育大学」では「教育者といふ限られた意識でなく、汎く人間としての広い、確かりした根本的な思想的努力や生活の追求」を可能とする「人間的教養」が重要だと述べている。ここには他の多くの師範学校と同様、「芸能（実技）」といった、音楽や図画工作の実技練習も含まれた。

ちなみに、四七年三月一日付「教育大学学科課程表（熊本師範学校案）」とともに同日付「昭和二十二年度熊本師範学校男子部学科課程実施案」が添付された。前者は大学レベルの案、後者は実際に当時専門学校程度で実施しようとした案である。両者はともに科目を「一般」「職能」「選択」に三区分し、「一般」に「社会科」「人文科」「自然科」「外国語」「芸能」「実業」「体育」を置いている。このように、大学レベルのカリキュラム案を実際に運営するカリキュラムに反映させていこうとした姿勢がみられる。

第三節　小括

師範学校では戦後、専門学校程度の充実に向けた改革が進められた。カリキュラムにおいて研究の時間、文科・理科あるいは家政科といった学科区分、専修制、単位制、選択科目などを導入あるいは増加し、また正規カリキュラム外の時間も活用して、学力の向上やとくに普通学（たとえば外国語や数学など）を深めることがめざされた。特定の学問を深めたいというのは学生の希望でもあった。一般教養や教科専門教育などと違って教職専門教育や教育学を中核に据えたカリキュラムを構想するのは、当時師範学校でさえ困難だったことがうかがえる。

戦後の師範学校で実際に運用されたカリキュラムは一般教養が教育内容の中心になった。たとえば一九四八年度の群馬師範学校（本科）の場合、一般教養科目が全体の五割以上を占めたのに対して教科専門科目の時数（履修単位数）は少なく設定された。四七年五月二三日「学校教育法施行規則」第八五条により、師範学校は小学校教員養成に加えて新たに中学校教員養成も行うことになったが、全科担任の小学校教員養成に主眼を置いているからこそ、一般教養に重点を置くカリキュラムになったと考えられる。そうしたなか、目的養成を弱めることが期待されていたはずの一般教養に、小学校教員養成という目的ゆえに必要な音楽・図画工作といった技能教科の実技訓練も含まれていった。

群馬師範学校や静岡第一師範学校などをはじめ戦後の師範学校では、小学校教員と中学校教員の専門性の違いや養成の違いを追究しようとした形跡はほとんどなく、両者が漠然とまとめられておおよそ同じカリキュラムで養成しようとしていた。それは、大学レベルのカリキュラム案でも同じである。

四六年八月二〇日以降ＣＩＥの指導・助言のもとで作成された「東京第一師範学校案」（一二月三〇日公表）は、学校長の木下一雄を通じて教育刷新委員会（教刷委）にもその原案が配布された。木下は小学校教員と中学校教員の違いを明確にしないまま、カリキュラム全体に占める教科専門教育の比重を変えることで二つをまとめて養成できると説明した。

「東京第一師範学校案」は基本的に同じカリキュラムを通じて小学校教員と中学校教員をまとめて養成する案であった。小学校低学年の教員に音楽などの技能教科の実技訓練を求めることを除き、小学校教員と中学校教員の専門性や養成の違いは明確でない。一般教養科目・教科専門科目・教職専門科目の最低履修単位数の比率は二対一対一であるうえ、一般教養と教科専門教育はともにリベラル・アーツとして非常に近接的であった。だからこそ、小・中学校教員養成をまとめて行うことが可能なカリキュラムであった。また、一般教養についてはリベラル・アーツ、ジェネラル・エデュケーション、サーベイ・コースなどさまざまな語が用いられ、人文科学・社会科学・自然科学といった三系列に技能教科の実技訓練も含むなどというように多様なものが持ち込まれた。

こうした特徴を持つ「東京第一師範学校案」は、四七年一月一八日付文部省通牒「学科課程案の研究について」に添付され、全国の師範学校へ配布された。各校は当然これを参考にして大学レベルの案を作成することになった。本章で検討した六つの師範学校（北海道第二師範学校、山形師範学校、埼玉師範学校、岐阜師範学校、山口師範学校、熊本師範学校）の案は、おおよそ小・中学校教員養成を同一カリキュラムで養成すること、一般教養と教科専門教育が未分化であること、文科・理科あるいは人文科学・社会科学・自然科学といった学科区分を設け幅広く学ぶ必要性が強調されていること、選択科目が増やされていること、一般教養がカリキュラムの中核に据えられていること、一般教養は目的養成を弱めるものとされながらも同時に小学校教員養成という目的に必要な技能教科の実技訓練がそこに含まれていること、といった「東京第一師範学校案」と共通する特色がみられた。

一般教養という幅広さ、あるいは文科・理科や人文科学・社会科学・自然科学といった幅広い履修は、（おおよそ全科担任だろうと考えられている）小学校教員だけでなく（おおよそ教科担任だろうと考えられている）中学校教員にも必要だとされた。他方で、特定の分野を深めることは教科担任の中学校教員だけでなく、「個性の伸長」のために小学校教員にも必要だとされた。一般教養を重視するという理念が、師範タイプ克服だけでなく、小・中学校教員養成を効率的に行うという新たな目的のためにも強調されやすかったことがうかがえる。中学校教員の場合は幅広く学ぶことで一つの教科だけでなく複数の教科を担当できるようになるため、教員不足が深刻な当時においては好都合であった。

前述の六師範学校が作成した大学レベルの案の中には、山口師範学校のように初等教員養成と中等教員養成を分けた案もみられる（ただし、具体的なカリキュラム案が添付されていない）が、分けたのはおそらく女子の多い小学校教員養成の修業年限を短くしようとしたためであろう。

こうした大学レベルの案は文部省の方針もあって四七年度頃から実際に師範学校で運用するカリキュラムにも反映されていった（第5章・第6章で詳述）。さらに、新制大学発足直前の四八年度頃には文科・理科といった学科区分を残しながらより大学レベルに近いカリキュラムが実施された。カリキュラムは一般教養・教科専門教育・教職専門教育の三つから構成されるようになり、また、一般教養に人文科学・社会科学・自然科学の三系列区分が採用されていった。こうしたなかで小学校教員と中学校教員の専門性の違いや養成の違いはほとんど追究されないまま、四九年度に教員養成系大学・学部が発足することになった。

注

（1）東京学芸大学二十年史編集委員会編『東京学芸大学二十年史——創基九十六年史』東京学芸大学二十周年記念会、一九七〇年、六六四頁

（2）東京都立教育研究所編集発行『東京都教育史　通史編　四』一九九七年、四一七〜四一八頁

（3）同右、四一七〜四一八頁

（4）前掲『東京学芸大学二十年史』六六四〜六六五頁

（5）一九四六年一〇月一〇日付「師範短信／東京一師教科改正」（東京教育大学新聞縮刷版刊行会編集発行『文理科大学新聞　教育大学新聞　縮刷版　一九四六—一九七三』一九七八年）

（6）愛知教育大学史編纂専門委員会編『愛知教育大学史』愛知教育大学、一九七五年、九一頁

（7）橋本美保「占領期における師範学校のカリキュラム改革——『大学に於ける教育学科のカリキュラム』の編成過程を中心に」教育史学会『日本の教育史学』第四六集、二〇〇三年一〇月、一二四〜一四三頁

（8）前掲『東京都教育史　通史編　四』四二〇頁

(9) 前掲『愛知教育大学史』九一頁
(10) 東京学芸大学所蔵
(11) 一九四七年二月一五日付「師範短針〔ママ〕／自治昂揚の千葉師」（前掲『文理科大学新聞　教育大学新聞　縮刷版　一九四六―一九七三』）
(12) 前掲『東京学芸大学二十年史』七〇一頁
(13) 三重大学教育学部同窓会百周年『三重大学教育学部創立百年史』一九七七年、五八七頁
(14) 平田宗史『福岡県教員養成史研究――戦前編』海鳥社、一九九四年、九〇四～九〇六頁
(15) 「昭和二十年度　教官会議録」大阪教育大学所蔵
(16) 和歌山大学教育学部編集発行『和歌山大学教育学部創立百周年記念　100年のあしあと』一九七五年、四三頁
(17) 前掲『福岡県教員養成史研究――戦前編』九六二～九七一頁
(18) 福岡第一師範学校・福岡第二師範学校の回答文書は、それぞれ前掲『福岡県教員養成史研究――戦前編』九七二～一〇三三頁・一〇三四～一〇九四頁所収
(19) 百年史編集委員会編『百年史　埼玉大学教育学部』百年史刊行会、一九七六年、七五二頁など
(20) 一九四六年八月一七日付福岡第一師範学校「聯合軍司令部命令学校調査に関する件」（前掲『福岡県教員養成史研究――戦前編』九七二～一〇三三頁所収）。以下、福岡第一師範学校の回答文書の引用は同じ資料による。
(21) 二〇〇八年二月二一日に筆者が昇地三郎氏に行った聞き取り調査
(22) 一九四六年八月付「連合軍司令部命令学校調査に関する件回答」（前掲『福岡県教員養成史研究――戦前編』一〇三四～一〇九四頁所収）
(23) 前掲「師範短針〔ママ〕／自治昂揚の千葉師」
(24) 前掲『百年史　埼玉大学教育学部』八三七～八三八頁
(25) たとえば一九四八年三月一五日の国立総合大学事務局長会議以降、文部省は高等教育諸学校に対し、「官公立大学、高専、師範二百八十三校を七十校程度に整理統合」する具体的な方針を説明していったとされる（一九四八年九月二日付「新制大学への展望」『時事通信内外教育版』）。詳しくは第6章で述べる。
(26) 群馬県立文書館所蔵
(27) 近代日本教育制度史料編纂会編『近代日本教育制度史料』第二四巻、大日本雄弁会講談社、一九五七年、三四八～三五三頁

(28) 東京学芸大学所蔵
(29) 前掲「占領期における師範学校のカリキュラム改革――「大学に於ける教育学科のカリキュラム」の編成課程を中心に」一三九頁
(30) 教師養成研究会『観察・参加・実習』学芸図書、一九四七年一一月、七四頁
(31) 前掲『近代日本教育制度史料』第二四巻、五一七〜五二〇頁
(32) すべて「玖村文庫」の未整理資料、山口県立山口図書館所蔵。各校の回答文書はそれぞれ、北海道第二師範学校「学科課程に対する答申」(日付不明)、山形師範学校「学科課程案の研究について」一九四七年三月二〇日付、埼玉師範学校「学科課程案提出の件」一九四七年三月一四日付、岐阜師範学校「学科課程案の研究について」一九四七年三月三一日付、山口師範学校「学科課程案の研究について」一九四七年三月一五日付、熊本師範学校「学科課程案に対する答申」一九四七年三月一五日付。以下、各校の回答文書の引用はこれら一連の資料による。
(33) 北神正行「戦後教員養成カリキュラムの形成過程に関する研究――文部省「学科課程案の研究について」(一九四七年)に対する師範学校の回答文書の分析」岡山大学『研究集録』第一〇四号、一九九七年三月、一三三〜一四四頁
(34) 前掲『百年史　埼玉大学教育学部』七七五〜七七八頁に一部収録されている。

第4章

IFELの研究活動

本章では、IFELの研究活動を通して、戦後初期の教員養成関係者たちがめざした教員養成の理念やカリキュラムについて検討していきたい。IFELは一九四八年度スタートだが、その前身である「教員養成のための研究集会」(以下、「研究集会」と表記)を含んで検討する。

第一節では四七年夏に開催された研究集会、第二節では教員養成系大学・学部発足当時の四九年に開催された第二~三期IFELのいわゆる教育学部教授講習(教員養成系大学・学部の教員を対象とした講習)、第三節では教員養成系大学・学部発足から約二年後の五〇年度末に開催された第六期IFELの「小学校管理及び指導に関する講習」、第四節では教員養成系大学・学部完成年度の五二年度に開催された第九期IFEL(最後のIFEL)の「教員養成カリキュラムに関する講習」について検討する。

このように戦後の師範学校が新しいカリキュラムを実施し始める四七年度から、教員養成系大学・学部の完成年度である五二年度までを時系列で検討していくことを通じて、一般教養を重視して師範タイプを克服するという理念が、教員養成を実際に担う師範学校および教員養成系大学・学部において急速に後退していく過程を明らかにしていきたい。

第一節　教員養成のための研究集会

一九四七年七月二一日～八月一五日、教員養成のための研究集会が東京帝国大学で開かれた。六月一七日付学校教育局長発大学長宛通牒「教師養成問題についての研究集会について」（発学第二五〇号）[1]に「全国各師範学校、高等師範学校より教育学心理学担当教授中より一名を選んで参加させること」「全国官公私立大学専門学校に於て教師養成に密接な関係ある学校の教授中より一名宛参加されるようにお奨めする」とあるように、師範学校や高等師範学校、専門学校などで教員養成を担う教員たちが参加した。全受講者六八名[2]によって「自 昭和二十二年七月二十一日 至 昭和二十二年八月十五日 教員養成のための研究集会記録［二］　主催 東京帝国大学 文部省」「自 昭和二十二年七月二十一日 至 昭和二十二年八月十五日 教員養成のための研究集会記録　主催 東京帝国大学 文部省」[3]がまとめられている。

先の通牒に「教育学心理学の研究を中心に教職的教養の基礎問題を討究し新しい教職的教養に対する基礎を確立する」とあるように、中心的な研究主題は教職専門教育だったが、前述の二つの記録の中でもとくに①玖村敏雄（文部省師範教育課長）の講義、②受講者による全体討議、③ＣＩＥ初等教育担当官へファナンの講義、④受講者による「教員養成に関する諸問題」の研究には、一般教養を重視する教員養成の理念にかかわる具体的な記述がみられる。これら四つを以下で順に検討していきたい。

1　玖村敏雄の講義

四七年七月二二日、玖村敏雄は「教育者の教養」と題した講義を一時間ほど行った[4]。玖村は戦前、山口師範本科第二部卒業後、小学校訓導を経て広島高等師範学校入学、卒業後、広島師範学校教諭・広島高等師範学校教授などを経て、四四年一〇月より文部省教学官として国民教育局に勤務している。戦後の四六年五月に学校教育局師範教育課長、四九年に大学学術局教職員養成課長となっており、教員養成制度改革を中心的に担った人物であった。五三年に山口大学教育学部長、六二年に福岡学芸大学長にもなって教員養成系大学・学部の充実にも尽力した(5)。

戦前から戦後初期の教員養成を熟知した玖村は講義において、「師範教育」は「一般教養が多すぎたとも言へる」いっぽう、「それを人に教へるための道具と考へたところに誤があつた」と指摘し、「教師なるが故にの一般教養はいらぬ」と断言した。続けてこれからの教師には、「スペシヤルな教養」が必要だと強調した。「スペシヤルな教養」とは「一般教養を受けてゐるうちに個人差が出てきて、自己の興味あるものを一層研究したくなる」ようなもので、「個性」だと説明している。

こうした説明から、師範教育と一般教養が近接していることがうかがえる。幅広く学ぶという点で両者は共通している。それゆえ両者は混同されやすいが、玖村は一般教養を師範教育と対置し、教えるための道具、教師になるという目的に縛られてはならないと主張した。また、一般教養を学ぶ過程で興味を持った特定の分野を研究し、「スペシヤルな教養」を獲得するべきだと考えていたこともうかがえる。

ただし、「教職者は個人々々の好みによるスペシヤルだけでよいか問題である」とも指摘している。「スペシヤルだけでよい」とは考えておらず、あわせて「教職的教養」の獲得も重要だと主張した。ただし、「教職的教養」は従来のように「『型』として教え」るものではなく、「理論と実際の融合したものでなくてはならぬ」と述べている。

以上のように、教師になるという目的に縛られることを強く批判する中で、一般教養やそれと連続的な「スペシヤルな教養」（すなわち教科専門教育）の重要性を強調すると同時に、一般教養・教科専門教育だけで教員養成ができるとは考えていない。これらとあわせて教職専門教育が重要だが、それは「型」であってはならず、「理論と実際の融合した」新しいものでなければならないと主張した。

2　全体討議

四七年七月二四日、「教員養成に於ける一般的教養」というテーマで一時間ほど全体討議が行われた(6)。司会者の岩下富蔵（東京第一師範学校教授）を除く発言者は「I氏」「T氏」などと記録されているため特定できない。以下、岩下から示された三つの論点に即して討議を整理したい。

①「一般教養とは何か」については、「中学校（旧制）は高等普通教育なるが、教養ではない。高等学校位からである」（I氏）という意見が出された。このように、一般教養とはおおよそ旧制高校的教養だろうというイメージを参加者らが抱いていたと考えられる。

②「教員養成と一般教養の問題」については、「学芸大学における一般教養は職業教育にそのまゝ利用せられる」（T氏）という意見に対し、「否。その考へ方が師範気質といふものだ。何か役に立てなければ済まないと思ふのはいけない」（K氏）という意見が出された。さらにこの意見に対し、「師範学校では」「全科担任」のための「専門教育さへも甚だ不充分である。それ故、やはりもつと具体的な力が必要であらう」（M氏）という意見も出された。一般教養が必要な理由として、「従来、日本の学問は、分化され専門化され、常識が低すぎる。もつと綜合的観点に立たねばならない。故に、単に教育的意味にのみ頼らず、政治的経済的連関性を有するものが必要である」（H氏）という意見が述べられた。このように、一般教養とはすなわち教員養成だという意見、反対に教員養成に限定してはならないという意見、全科担任できる専門教育こそ重要だとする意見、「常識」や「綜合的観点」として、政治や経済といった社会科学的教養を重視する意見、細分化された学問に対する批判などが出された。

③第3章で検討した四六年一二月三〇日付「東京第一師範学校案」については、「批判」が行われたと記録さ

れている。ただし、記録からわかるのは、二六校が「〔本科〕二年まで」、六校が「本科一年まで」「この本にのつとつてやつてゐる」ということだけである。少なくとも三二校が「東京第一師範学校案」を実際のカリキュラムに反映させていたことがわかる。

3　ヘファナンの講義

七月二九日、ＣＩＥのヘファナンは「初等教育の目的と教員養成について」と題した講義を一時間ほど行った(7)。ヘファナン（Heffernan, Helen）はカリフォルニア州教育局で小学校の指導主事を二一年間経験しており、来日後、文部省が教職関係単位履修基準を作成する際に指導的役割を果たした人物の一人といわれている(8)。

講義は「教師のよき人格をつくる一般教養には、一、現代生活の社会的経済的理解　二、文学　三、美術と古典　四、自然科学と数学　五、実際的技術があげられる」と述べられている。この中でもとくに「一般教養」に「実際的技術」を挙げた点に注目したい。「実際的技術」は次のように説明されている（傍点は筆者）。

小学校の教師は特に次のような能力が必要である。一、国語と数学　二、音楽、芸術、実際的技術の基礎　三、市民教育　四、社会人として団体の組織及び運営する能力　五、両親や社会の人と協力して働く能力　六、毎日の生活の科学的処理　七、子どもの文学　八、社会の組織及び資源についての知識。

一般教養の中の「実際的技術」とは、第3章で検討した戦後師範学校のカリキュラムと同じように、音楽や図画工作といった技能教科の「実際的技術」を意味していると考えられる。

4　「教員養成に関する諸問題」

七月二五日に第一部「教育の心理的基礎に関する研究」、第二部「教育の社会的基礎に関する研究」、第三部「教育の行政及び経営に関する研究」の三つを各研究主任が説明した後、参加者は三部一一班に分かれて班別研究を進めた。これら一一班の報告のうち、第三部Ｄ班の「教員養成に関する諸問題[9]」の「一、教員養成における一般的教養と職業的教養[10]」には、一般教養の理念や具体的内容にかかわる記述が見られ、①一般教養と教科専門教育・師範教育が非常に近接的に捉えられ、混同されてもいること、②一般教養に期待されているものがきわめて多様であることがうかがえる。

①については、養成カリキュラムを「一般的教養」と「教職的教養」の二つにしか分けていないこと、後者は教育学・心理学に限定されていることから、一般教養と教科専門教育をまとめて「一般的教養」としているのが明らかである。教科専門教育を示す語として戦後初期に多用される「特殊的教養」や「専門教養」のような語はここには出てこない。そして、この「一般的教養」が一般教養と教科専門教育だけでなく、戦前師範教育とも混同して用いられていることが次の引用からうかがえる。

従来師範学校程多方面に亘って教授されてきた学校は他にあるまい。〔中略〕それにも拘らず卒業生が教養に欠けているとは何故であろうか。それは従来の師範学校に於けるこれらの諸学科が身についた教養となるように教えられることなく、教職に立った場合に直接役に立つようにと詰め込み的に教えられたことが大きな原因である。

一般教養と師範教育を混同しているという限界はあるが、師範教育が教職に直接役立つよう詰め込み的に教えられてきた点は改善すべきと主張している。

②については、次の記述に注目したい。

一般的教養としてこれらの諸学科〔直前に、「社会科学、自然科学及び人文科学」と表記されている〕を学ぶといっても、何も彼も平板的に学ぶのでは、広いが浅い知識の習得ということに終るであろう。社会科学的教養を得るということは、何も経済学や法律学や社会学等を総て概論的に学ぶというのではない。所謂概論風より特殊的題目でもよいから方法的に深く研究する方がより有効であると考える。教養に必要なのは何よりも学科を通じて学びとる科学的精神であるから、この点は従来の教員養成に於ける教授態度に反省の必要があろう。

社会科学・自然科学・人文科学の三系列にわたって幅広く学ぶこと、ただし概論的な浅い知識にとどまらないように学問を深く研究して科学的精神を養うこと、そうした一般教養・教科専門教育を通じて従来の師範教育の問題点（教職に立った場合に直接役に立つ詰め込み的な教育という問題点）を克服することが期待されている。あわせて、「一般的教養の教育としては、諸学科を学科として学ぶことの外に、学友会研究会クラブ等の課外活動や学園全体の学風から受ける有形無形の影響の中に重要な要素があることを見逃してはならない」と正規カリキュラム外の部分も含まれているように、一般教養に期待されているものがきわめて多様であることがうかがえる。

なお、先の引用部分をみると、一般教養の中でも社会科学を筆頭に挙げ、「社会科学的教養を得る」方法を具体的に挙げているように、三系列の中でも社会科学的教養の重要性が強調されている点にも注目しておきたい。この研究集会が開かれる直前の七月八日の「大学基準」は人文科学・社会科学・自然科学の順で科目を列挙しているにもかかわらず、ここでは社会科学が前面に出された。それは、師範タイプ克服という戦前からの教員養成独自の文脈に即して一般教養重視の主張を展開しているからではないか。第3章で述べたとおり、戦前の教育科学研究会（教科研）などには小学校教員に一般教養の中でもとくに社会科学的教養が欠けていることを問題視する主張があった。

第二節　第二～三期ＩＦＥＬにおける教育学部教授講習

1　第二期ＩＦＥＬ

四九年一月一四日～三月三一日開催の第二期ＩＦＥＬの一環として、教員養成諸学校の教員（とくに教員養成系大学・学部の教授・助教授予定者）を対象とした講習が東京第一師範学校男子部で開かれた。参加者らは「昭和廿三〔ママ〕年三月　民主日本における教育指導者の養成　大学教育学部教授第二次長期講習会報告書」[11]をまとめている。受講者は「教員養成課程を有する国、公、私立各大学ならびに教員養成諸学校（高師、女高師、師範男女両部、青年師範）における教育学ないし心理学の教員、あるいは教授級の図書館運営適任者のうち将来大学の教授、助教授になる見込を有し」ている者であり[12]、実際の受講者数は八四名であった[13]。講習は「（一）講義課程（全員共通）」「（二）分科研究課程」「（三）特殊研究課程」「（四）自由研究課程」の四つから構成されたが、とくに班別研究を進めた「（二）分科研究課程」において、「一般教員研究班」が教員養成についての研究を進めた（残り三班はそれぞれ指導主事研究班、教育長学校長研究班、学校図書館研究班である）。

ここではまず、一般教員研究班がまとめた「第一章　一般教師養成課程」の「第二、我が国現在の教師の資質について」の「2．教養の内容」[14]における次の記述に注目したい。

> 師範教育は旧制の高等学校及専門学校に比して遥かに多くの時間を一般教養に費やした事実にも不拘、かやうな教養の欠陥を来した事は、師範教育の今後の発展上深く反省されねばならない。その原因は教養が広く人間的立場から与へられなかつた故である。

前述の研究集会と同様、一般教養と師範教育が混同されているが、「人間的立場から与へられなかつた」といった師範教育の問題点も指摘している。

次に、「第一章　一般教師養成課程」の「第三、教師養成の方法について」の「一、師範教育の課程について」[15]における次の記述に注目したい。

> 小学校教員の場合は特殊の専門領域の素養も必要であるが、〔中略〕偏した専門的な教科指導に陥らないように個性培養の地盤を豊富に提供することが主である。従つて、之を指導する教師はそのような広い領域の教育的配慮が最も直接に必要となる。云はゞ専門教養が教職教養に吸収され、教職教養が即ち小学校教師の

重要な専門教養となる。

小学校教員の教科専門教育は「特殊」にしすぎると小学校の教科指導に向かない、小学校教員の専門性を養うのは教職専門教育であるという主張がされるようになった。

最後に、報告書の「附録　現在の学校教育に関する不満な点に就いての職場分析報告書――講習員が提出した資料による」の「小中学校教員に関する不満な点[16]」に、「一、教員の社会的経済的地位について」とあわせて「二、教員の教養について」が挙げられていること、とくに後者では具体的に次のように述べ、一般教養の中でも政治や経済といった社会科学的教養の不足を問題としている点に注目しておきたい。

社会的教養の不足のため、広い社会的視野に立ち得ない。従って充分な社会性指導が出来ない。学校の背景に対する知識がない。政治及経済に対する知識や実状に就て無知である。一般教養が少いため人生問題の研究・解決の態度・能力に乏しく、従つて教育的指導力がない。

社会科学的教養が欠如しているといった批判はいままで小学校教員に向けられてきたが、ここでは「小中学校教員」として中学校教員にまで押し広げられ、義務教育教員全体に対して向けられている。

２　第三期ＩＦＥＬ

四九年一〇月一〇日～一二月二三日開催の第三期ＩＦＥＬの一環として、教員養成系大学・学部の教員を対象とした講習が複数の会場で開かれた。そのうち、九州大学における講習には一六名が受講し[17]、研究成果として首藤貞美編『新しい教師の技術――現職教育の指標』（理想社、一九五〇年）を刊行した。

本書は「第一篇　新しい教師のありかた」「第二篇　新しい教師の技術」「第三篇　新しい教師の教育」からなる。養成カリキュラムについては教職専門教育に関する記述が圧倒的に多い。「第一篇　新しい教師のありかた」では、一般教養を重視した教員養成という理念に対し、次のような批判的な見解が見られる[18]。

問題の焦点は単に人格や学問や哲学的信念にあるのではなくて、実際面の担当に可能なエキスパートとしての技術の面に於ける科学的発展にある。道徳家必ずしも良き教師ではないし、学者必ずしもすぐれた教師なのではない。教師は教職に於ける専門的技術の堪能さによつて教師たり得るのである。

教師の専門性を「教職に於ける専門的技術の堪能さ」に求めるいっぽう、一般教養を重視した教員養成という理念を否定し、「道徳家」や「学者」が「必ずしもすぐれた教師」ではないと主張した。全体を通して、一般教養によって師範タイプを克服するといった主張はされていない。四九年度に教員養成系大学・学部が発足した頃には、師範タイプ批判や師範タイプを克服しなければならないとする課題意識が消えていき、一般教養を重視した教員養成という理念が顧みられなくなっていったと考えられる。

第三節　第六期ＩＦＥＬにおける小学校管理及び指導に関する講習

一九五一年一月八日～三月三一日開催の第六期ＩＦＥＬの一環として、小学校管理及び指導に関する講習が東京学芸大学で開かれた。受講者は「第六回　教育指導者講習研究集録　Ｘ（二）　小学校管理及び指導」（昭和二十五年度教育指導者講習会編）[19]をまとめている。受講者二四名のほとんどが小学校の管理職および教育委員会関係者である。[20]　教員養成系大学・学部が発足して約二年後の当時、小学校の管理職・教育委員会関係者らが一般教養を重視して師範タイプを克服するという理念をどのように受け止めていたのかを明らかにしておきたい。

研究集録の「第1章　現代小学校の性格」の「教職員養成制度の改革は教師に何を要望しているか」という項目には、一般教養・教科専門教育・教職専門教育に関する次のような記述が含まれている。[21]

b．一般教養は他の大学々部と同様にする。新制大学の一般的特色は従来の大学が、狭い専門学術を主としたのに対し、体育四単位の外、文科系では四〇単位以上、理科系では三六単位以上の一般教養を修めなければならないことになつた。教職員志望者も、この点は同様にして、人文科学、社会科学、自然科学の三系列にわたり、広く豊な人間的教養をもつよう要求された。

c．専門教養の中に教職的教養を要求する。第一．教科専門科目．第二．教職専門科目．で左の図解のような教師を養成する。一般教養を高めてその上に小学校各教科をひろく修め、その上に教職、教科両専門教養を与える。

bでは、教員養成における一般教養の必要性は新制大学であることにしか見出されておらず、旧制大学におけるアカデミズムが批判されるいっぽう、師範タイプはまったく批判されていない。一般教養を重視して師範タイプを克服するという当初の理念が顧みられなくなっていたことがうかがえる。

また、cで「左の図解」として示されたのが図4－1である。図の横幅は広さを、高さは程度を表していると考えられる。一般教養と「小学校各教科」の横幅が一致していることから両者が連続的で近接的にとらえられていたことがうかがえる。「専門科目」の横幅が広くとられて「文科・理科・芸能科等の一科目」とされているのは、学問を修めることが重要であるいっぽう、狭くなりすぎてはならないという考えを図示したのだろう。あわせて「音楽等」の技能教科の修得が不可欠であること、「教職課程」すなわち教職専門教育こそ小学校教員の専門性を確保するもので一般教養や教科専門教育以上に高いレベルで重視しなければならないことも図示された。前述のとおり、いままでは一般教養に含まれることの多かった音楽などの実技が、一般教養から切り離されているのもうかがえる。

同じ「第1章　現代小学校の性格」には「現代小学校の理想的な教職員」[22]という項目もあり、小学校教員に必要な教養を「教職的専門教養」「専門的教養」「一般教養」の順に挙げている[23]。当時、一般教養・教科専門教育・教職専門教育の順で挙げるのが普通だった（たとえば四九年五月三一日公布の教育職員免許法など）にもかかわらず、あえて順序が逆になっているのは、小学校の管理職・教育委員会関係者が第一に教職専門教育、次いで教科専門

図4-1　第6期IFEL小学校管理及び指導に関する講習で示された小学校教員に必要な教養の概念図

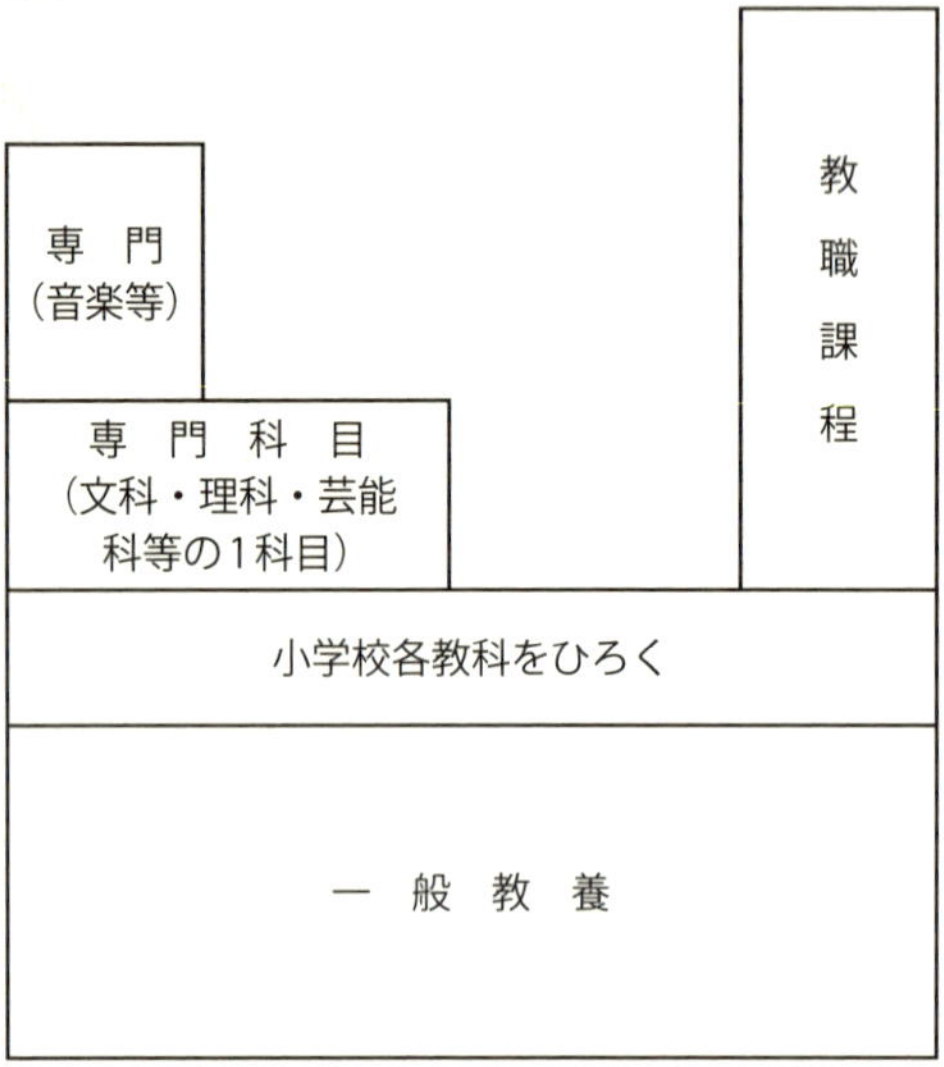

備考）「第六回　教育指導者講習研究集録 X（2）　小学校管理及び指導」38頁より作成。

教育を重視するいっぽう、一般教養を軽視していたからであろう。ここでは教科専門教育・一般教養について次のように述べられているが、一般教養を重視して師範タイプを克服するという理念が顧みられなくなっている様子がうかがえる。[24]

> B　専門的教養について〔中略〕小学校の教師は学者であることは必要ではないが広く各科について基本的系統的知識の体系をもたねばならない。教材に精通することは慥かに主要な教授法である。その上に自己の趣味として専門教科をもつことは自らの教養を高める所以であり。〔後略〕
>
> C　一般教養は専門教養と相補い合つて高い人格の要素をなすものである。〔中略〕趣味には広い趣味と狭い趣味〔、〕高く深い趣味と浅い趣味とが考えられるが、小学校教師としてはなるべく広い趣味をもつことが望ましい。趣味が偏している人は一般的には人格の片よつた人が多いようである。小学校の教師はなるべく円満な人格が理想的である。円満な人

格をそこなわない範囲において深い趣味を育てることは尚更結構である。
「学者」のような狭いアカデミズムに陥ることを避けるために、また全科担任であるために、幅広い学修が求められている。師範タイプを克服するために幅広い学修を求めた改革当初の理念とは大きく異なっている。一般教養を重視すべきという主張が、師範タイプ批判ではなく、教員養成とは異なるはずの旧制大学のアカデミズム批判や小学校教員養成という目的意識に立脚していることがうかがえる。このように立脚点が変わったからこそ、深く学ぶことは教員として適格な「円満な人格をそこなわない範囲」にとどめるべきとされた。

第四節　第九期ＩＦＥＬにおける教員養成カリキュラムに関する講習

一九五二年一〇月六～一七日、第九期ＩＦＥＬの一環として教員養成カリキュラムに関する講習が東京学芸大学で開かれた。受講者四〇名[25]は「第九回　教育指導者講習研究集録　教員養成カリキュラム」（昭和廿七年度教育指導者講習会編）をまとめている。ここでは先行研究で十分検討されてこなかった次の五点に注目したい。

①一般教養すなわち「第一部　一般教育並びに一般外国語（第一班）」の報告[26]では、「教員養成大学における一般教育」という特別なものはないとされた。外国語も含んで一般教養は、一般大学・学部と同じという点が強調されている。

ここで外国語について述べておきたい。一部の大学沿革史は、教員養成系大学・学部が戦後初期の師範学校時代から外国語を重視したと強調している[27]。ところが研究集録をみると「少くとも一般大学同様、二ヶ国語、十六単位を必修させるのが当然である」と述べられている。この主張は、一般大学・学部以上に重視するべきというようなものではない。

第３章で述べたとおり、戦後の師範学校は実際に外国語（とくに英語）を重視した。しかし、それはあくまでも戦前の師範学校と比べてであって、他の旧制高等教育機関（再編後の学部）と比べてではない。これは、たとえば山口大学の設置認可申請書や岡山大学の五二年度カリキュラムをみるとよくわかる。四八年四月付「山口大学設置認可申請書類[28]」では、他の学部（文理学部・経済学部・工学部）は三言語を開設して二言語を必修とするいっぽう、教育学部は開設も必修も英語のみである。岡山大学の五二年度カリキュラム[29]では、他の学部（医学部・法文学部・理学部・農学部）が二言語を必修とするいっぽう、教育学部は一言語のみである。

②「第二部　教科専門科目（第二班）」の報告の「小学校課程の専門科目の編成（教材研究の問題[30]）」において、小学校教員養成の教科専門教育は幅広さとある程度の深さを重視すること、ただしあまり特定の分野に偏って教科の枠を逸脱するのは望ましくないとされた。具体的には「成るべく広領域に均分的にわたると共に一面においては或る程度しぼるべきであ」り、「初等教科教育学は八教科の全部にわたることが望ましい」いっぽう、「八教科全部を強制する事が果して妥当なりや否やについては異論も多」いとされた。また、「自由選択」を設け、「或る教科について深く研究する余地を残す」いっぽう、「所謂アカデミックな研究をなす事は自由であり望ましい事でもあるが、多くの自由選択の時間を「教科」の枠を脱逸して徒らに特殊専門化された一科目に偏して履修せしめる事は適当でない」とされている。

③同じ「小学校課程の専門科目の編成（教材研究の問題）」において、「小学校の教育の性格上」「音楽実技」の履修は必要だとされた。前述のとおり、音楽など技能教科の実技は戦後初期に一般教養に含まれることも多く、しだいにそこから切り離されてきたが、五二年度の段階で教科専門教育に位置づいたことがうかがえる。

④中学校教員養成の教科専門教育については、「第二部　教科専門科目（第二班）」の報告の「中学課程の教科専門科目の編成組織[31]」において、深さを重視するが教員養成の目的から逸脱してアカデミズムに陥ってはならず、ある程度の幅広さも必要だとされた。具体的には、「一の科目に余りにも多くの単位を配当し旧い偏狭なアカデミズムに陥り教員養成の目的、教科研究の本旨を逸脱してはならない」と述べている。なお、前述のとおり小学

校教員養成の教科専門教育は「教科」の枠を逸脱すべきでないとしたのに対し、中学校教員養成の教科専門教育は「教科研究」の枠を逸脱すべきでないとしている。この違いは、小学校教員養成の教科専門教育より中学校教員養成の教科専門教育のほうがより研究として深いものだという意識によるものだろう。

⑤同じ「中学課程の教科専門科目の編成組織」において、免許状は「一応一教科が望ましい」としながらも、「地域の事情、中学校教師の本質（小学校の高学年と中学校の低学年は不連続な関係にはない）等から」複数の取得もありうると述べている。

第五節　小括

一九四七年七〜八月の研究集会以降五二年一〇月の第九期ＩＦＥＬにかけて、一般教養を重視して師範タイプを克服するという理念が急速に後退していった。

四七年の研究集会や四九年初頭の第二期ＩＦＥＬの教員養成諸学校教員を対象とした講習では、一般教養を通じて科学的精神を養うことやとくに社会科学的教養を身につけることの重要性が強調された。ただし、師範学校は他の高等教育機関と比べて「遥かに多くの時間を一般教養に費やした」（第二期ＩＦＥＬ）という主張に顕著なように、師範教育（小学校教員養成）と一般教養が混同される傾向にあった。一般教養を重視すべきという根拠として師範タイプ批判や師範タイプ克服といったことも挙げられながら、同時に、細分化された学問に対する批判（旧制大学のアカデミズム批判）も挙げられた。

師範タイプ批判は、四九年度に教員養成系大学・学部が発足した頃からほとんどみられなくなっていった。発足から約二年後の五一年末に開かれた第六期ＩＦＥＬをみると、小学校の管理職や教育委員会関係者らは師範タイプ克服といった課題意識を持っておらず、教員養成とは異なるはずの旧制大学のアカデミズム批判に立脚しながら、また、教員養成という目的のために幅広い学修を教科専門教育に求めていたことがわかる。教育刷新委員会（教刷委）が示した当初の理念において幅広い学修は一般教養に求められていたはずだが、教科専門教育で幅広い学修をするのだから一般教養を特別に重視する必要はないという認識がしだいに広がっていき、一般教養を重視して師範タイプを克服するといった理念が急速に後退していった。

小学校は全科担任のため、中学校教員養成以上に小学校教員養成のほうが教科専門教育の幅広さを強調されやすかった。教科担任の中学校教員養成では、小学校より学問的な深さが重視されやすかったが、それでも「教科研究」の枠を逸脱して「旧い偏狭なアカデミズム」に陥ってはならないという点が、五二年度の第九期ＩＦＥＬで強調されている。教科専門教育をある程度幅広くやれば複数の免許状が取得しやすくなるという現実もあって、中学校教員養成においてもある程度の幅広さが教科専門教育で必要だという主張が一定の説得力を持った。

注

（1）近代日本教育制度史料編纂会編『近代日本教育制度史料』第二五巻、一九五八年、一二八～一三二頁

（2）「研究集会参加者名簿」（高橋寛人編『占領期教育指導者講習（ＩＦＥＬ）基本資料集成』第Ⅰ巻、すずさわ書店、一九九九年、二五〇～二五六頁所収）。ちなみに、開催約一カ月前の一九四七年六月一七日付学校教育局長発大学長宛通牒「教師養成問題についての研究集会について」（発学第二五〇号。前掲『近代日本教育制度史料』第二五巻、一二八～一三二頁）では、「予定総人員約九〇名」とされる。

（3）「自昭和二十二年七月二十一日 至昭和二十二年八月十五日 教員養成のための研究集会記録　主催東京帝国大学 文部省」（前掲『占領期教育指導者講習（ＩＦＥＬ）基本資料集成』第Ⅰ巻、三七二～四二六頁所収）、「自昭和二十二年七月二十一日 至昭和二十二年八月十五日 教員養成のための研究集会記録〔二〕　主催東京帝国大学 文部省」（前掲『占領期教育指導者講習（ＩＦＥＬ）基本資料集成』第Ⅰ巻、二五七～三七〇頁所収）

（4）前掲「自昭和二十二年七月二十一日 至昭和二十二年八月十五日 教員養成のための研究集会記録　主催東京帝国大学 文部省」二三～二五頁。以下、玖村敏雄の講義の引用は同じ箇所からによる。

（5）山田昇『戦後日本教員養成史研究』風間書房、一九九三年、三〇七～三一三頁、辻信吉『玖村敏雄先生伝』ぎょうせい、一九

七八年

（6）前掲「自 昭和二十二年七月二十一日 至 昭和二十二年八月十五日 教員養成のための研究集会記録　主催 東京帝国大学 文部省」三二～三三頁。以下、「教員養成に於ける一般的教養」の全体討議の引用は同じ箇所からによる。

（7）同右、三九～四一頁。以下、ヘファナンの講義の引用は同じ箇所からによる。

（8）国立教育研究所編『日本近代教育百年史6』教育研究振興会、一九七四年、六〇八頁（執筆者は林三平）

（9）前掲「自 昭和二十二年七月二十一日 至 昭和二十二年八月十五日 教員養成のための研究集会記録［二］　主催 東京帝国大学 文部省」九九～一一一頁。ちなみにメンバーは班長石川加都雄（岩手師範学校）のほか、川崎源（滋賀師範学校）、大喜多秀（愛媛師範学校）、喜多川忠一（群馬師範学校）である。

（10）同右、一〇〇～一〇二頁。以下、「教員養成に関する諸問題」の「一、教員養成における一般的教養と職業的教養」の引用は同じ箇所からによる。ちなみに報告は、「一、教員養成における一般的教養と職業的教養」のほかに「二、観察・参加・実習」「三、教員養成の新しい制度」「四、アメリカに於ける教員養成制度」の四つから構成されている。

（11）「昭和廿二年《(ママ)》三月　民主日本における教育指導者の養成　大学教育学部教授第二次長期講習会報告書」（高橋寛人編『占領期教育指導者講習（IFEL）基本資料集成』第Ⅱ巻、すずさわ書店、一九九九年、一六五～三一八頁所収）

（12）同右、一六頁

（13）同右、一七～二〇頁

（14）同右、二九～三〇頁

（15）同右、三四頁

（16）同右、一五六頁

（17）前掲『占領期教育指導者講習（IFEL）基本資料集成』第Ⅰ巻、一三～一六頁の表1・2

（18）首藤貞美編『新しい教師の技術――現職教育の指標』理想社、一九五〇年、一八頁

（19）昭和二十五年度教育指導者講習会編「第六回　教育指導者講習研究集録　X（2）小学校管理及び指導」（アルヒーフ編集・制作、高橋寛人解題『CD-ROM版　占領期教育指導者講習研究集録　昭和25年度』第Ⅰ期、すずさわ書店、二〇〇五年、DISCⅡ所収）

（20）教育指導者講習連絡室「昭和二五年度教育指導者講習修了者名簿」（高橋寛人編『占領期教育指導者講習（IFEL）基本資料集成』第Ⅲ巻、すずさわ書店、一九九九年、二三三～三一七頁所収）

（21）前掲「第六回　教育指導者講習研究集録　X（2）小学校管理及び指導」三八頁

(22) 同右、四三頁
(23) 同右、五一～五二頁
(24) 同右
(25) 昭和廿七年度教育指導者講習会編「第九回　教育指導者講習研究集録　教員養成カリキュラム」五四～五五頁の「ＩＦＥＬ教員養成カリキュラム参加者名簿」
(26) 前掲「第九回　教育指導者講習研究集録　教員養成カリキュラム」八～一〇頁。以下、「第一部　一般教育並びに一般外国語(第一班)」の引用は同じ箇所からによる。
(27) 東京学芸大学二十年史編集委員会編『東京学芸大学二十年史――創基九十六年史』東京学芸大学二十周年記念会、一九七〇年、七〇一頁など
(28) 簿冊表題「山口大学」国立公文書館所蔵
(29) 「(一般教養、体育、外国語)開講科目　担当教官一覧(昭和27年度)」岡山大学所蔵
(30) 前掲「第九回　教育指導者講習研究集録　教員養成カリキュラム」一一～一七頁
(31) 同右、一三～一四頁

第5章 大学基準協会の研究活動

本章では、大学を会員として自主的に大学の水準の維持・向上を図るために設けられた大学基準協会の研究活動について検討する。

第一節では、「大学における教員養成」といったときに「大学における高校教員養成」はおおよそ構想できたにもかかわらず、「大学における小・中学校教員養成」が具体的に構想できなかったこと、一般教養を重視した教員養成という理念の実現を保障する基準を作成しなかったことを明らかにする。

第二節では、一般教養に関する普及・啓蒙活動について、教員養成との関連から再検討する。第3章で述べたとおり、四六年一二月三〇日付の「大学に於ける教育学科のカリキュラム――東京第一師範学校案」(以下、「東京第一師範学校案」と表記)はサーベイ・コースを採用していたが、四九年度に東京第一師範学校などを再編した東京学芸大学もサーベイ・コースを採用した。木下一雄(東京第一師範学校長および東京学芸大学初代学長)は、四九年八月の論稿において「integrateされた全体をもって直ちに取扱われるサーヴェイ・コース」こそ、自己の社会的責任を自覚し真理を追求する人格の育成に最適だとしている[1]。東京第一師範学校や東京学芸大学のサーベイ・コースは大学基準協会を通じて教員養成系大学・学部だけでなく大学一般におおよそ認知されていたことを明らかにしていきたい。

第一節　教員養成系大学・学部に関する基準

1 「大学基準」

まず、大学基準協会の概要と「大学基準」について整理しておきたい。

大学基準協会は一九四六年一〇月二九日に文部省主導のもと、和田小六（東京工業大学長）、上原専禄（東京商科大学長）、務台理作（東京文理科大学長）ら一〇名の大学学長などが招集されて成立した「大学設立基準設定に関する協議会」をその発端としている。[2] 一二月二七日、教育刷新委員会（教刷委）が「高等学校に続く教育機関について」を決議し、新制大学設置の方針を明らかにしたことにより、大学基準協会はＣＩＥの指導のもとで新制大学設置基準の作成にとりかかった。[3] こうして四七年七月八日に決定された「大学基準」[4]は、のちに大学設置委員会が大学設置審査基準として準用した。ここでは教員養成系大学・学部のカリキュラムにかかわりの深い部分を整理しておきたい。

大学基準は、授業科目を一般教養科目と専門科目に分け、四年制大学の最低履修単位数を一二〇単位とした。一二〇単位の内訳は、文科系の大学・学部の場合は一般教養科目四〇単位、専門科目八〇単位、理科系の場合はそれぞれ三六単位、八四単位であった。また、一般教養科目は人文科学・社会科学・自然科学の三系列に分けられた。

四七年一二月一五日改訂[5]により「特に音楽、美術等情操教育に役立つ科目」を一般教養科目として開設することが望ましいとされ、最低履修単位数は体育四単位を追加した一二四単位となった。

また、五〇年六月一三日改訂[6]により「教職課程については、教育職員免許法及び同施行令に定められたところに合致するよう考慮されなければならない」という一文が追加された。なお、いままで一般教養科目の一例として「教育学」が挙げられていたが、その名称がなぜか「教育」に変更された。こうした変更は教育（学）に限ったことではなく、たとえば歴史（学）なども同じであった[7]。さらに、従来の専門科目が「専攻科目」「関連する科目」「自由選択科目」の三つに分けられた。最低履修単位数は文科系・理科系どちらも一般教養科目三六単位、専攻・関連・自由選択科目八四単位へ変更された。いままで人文科学関係科目として一般教養科目の中に含まれていた外国語は「一般教養科目の外に二つ以上の外国語について、夫々八単位以上の授業を必ず用意しなければならない」というように、一般教養科目から外された。外国語の最低履修単位数は示されていない。

五一年六月一二日改訂[8]により、「一般教養科目」が「一般教育科目」に変更された。

2 「学芸学部基準分科会」設置以前

大学基準協会は医学や家政学など各学問領域の分科教育基準を作成しているが、「いろいろの意味でいちばん問題があったのは学芸学部の基準」とされる[9]。

四八年二月三日に教員養成基準分科会が発足した。この発足は直接的にはＣＩＥのホームズの示唆によるが、ホームズに発足を示唆したカーレーが委員を指名した。委員長は平塚益徳（九州大学）、委員は矢田部達郎（京都大学）、海後宗臣（東京大学）、正木正（東北大学）、石山脩平（東京文理科大学）、森昭（関西学院大学）、皇至道（広島文理科大学）、松田武雄（北海道大学）であった。中心的役割を担ったのは海後・石山といわれている[10]。

教員養成基準分科会は、三月一〇〜一一日の審議を経て「新制大学に於ける教職的教養基準設定に関する提案」[11]を決定した。これは五月二五日の大学基準協会第三回総会で「高等学校の教員に対する教職的教養の基準」として「中間的に承認され」[12]たが、「中学校及び小学校の教員に対する教職的教養に関しては単位の総数及び教育実習の単位数につき別に考慮する」とされた。[13] このように、四八年五月の段階で小・中学校の教員養成に関する基準は実質的に何も決まっていなかった。「大学における教員養成」といった場合、「大学における高校教員養成」は構想できても「大学における小・中学校教員養成」は具体的に構想するのが難しかったことがうかがえる。

一カ月後の六月一五日以降、大学基準協会は各基準分科会を総括する基準委員会において、学芸大学の基準に関する審議を始めた。[14] 大学設置委員会から案が送られてきたからである。たとえば「専門教養」を「一般教養学科に属する一科目」とした大学設置委員会案に対して「一系列」とするなど、基準委員会はいっそう幅広い分野にわたる「専門教養」を求める案を作成しようとしたが、こうした基準は「教員養成を主とせざる学芸大学」に限定されていた。理由は、「教員の養成は、教育大学又は教育学部においてのみ行なわれるとの風評があり、教員養成問題については委員長から当局の意向を確かめることとし」たためである。

七月六日、CIEは文部省に対し、「少くとも都道府県の一つの大学に於いては文理科（リベラルアーツ）と教育科（エデュケイション）の学部が別個に組織されるべきこと」[15]という案を、新制国立大学設置の一一原則の一つとして示した（第6章で詳述）。一般教養と教員養成を別々の学部とするというこの方針に加え、教育学部に「少なくとも六講座」を置くという方針も示された。これに対し大学基準協会は「本協会がとってきた方針に根本的変更を加えるもの」と反発し、二〇日の基準委員会で「学芸大学基準案の決定を保留する」ことを決めた。

四カ月後の一一月二九日の基準委員会で「教員養成を主とする学芸大学基準（案）」（九月一七日付で大学設置委員会が作成）など文部省・大学設置委員会作成の案が配布されたのを機に再び、[16] 教員養成系大学・学部や教員養成に関する基準を独自に作成すべきという意見が出た。翌三〇日も同様の意見が出されたが、結局、「各地区の人を集めて開かれた」教員養成基準分科会の再開が「困難」なこと、「基準委員会も大学院基準設定の仕事に追われていたこと」などを理由に、具体的な審議をすることはなかった。

すでに七月末には新制国立大学の設置認可申請書が一応出揃い、設置審査が始まっていた。他の学部の設置審査基準は大学基準協会作成の基準が準用されたにもかかわらず、教員養成系大学・学部の設置基準は大学設置委員会が直接作成することになった。各大学・学部は卒業に必要な最低履修単位数一二四単位に教職専門科目も含んで発足したが、これは前述の大学設置委員会作成「教員養成を主とする学芸大学基準（案）」の方針に即してのことである。教職専門科目の単位を卒業必修の単位として認める文部省・大学設置委員会の方針に対し、基準委員会はとくに高校教員の場合「専門的素養が不充分になる」[17]と懸念していた。こうした懸念を文部省も把握しており、たとえば上野芳太郎（学校教育局師範教育課文部事務官）は四八年六月に「教職教養については、特に中学校、高等学校教諭の場合には、これを百二十四単位のほかに要求すべきであるという見解についても、なお検討すべきである」[18]と記している。

基準委員会は小学校教員養成の場合教職専門科目の単位を卒業必修の一二四単位に含んでもよいとしたが、それはたとえば小学校教員の専門性は教職専門にあるといった積極的な主張ではなく、小学校教員の専門性とは何か、それを大学でいかに養成するのかが具体的に考えられなかったためといえる。教職専門科目の単位数について高校教員養成の場合は卒業必修一二四単位に認めない、小学校教員養成の場合は認めてよいという考えだったが、中間の中学校教員養成の場合はどのように考えていたのかははっきりしない。

結局、教職専門科目を一二四単位に含むことを認めるかどうかの問題は、教員養成系大学・学部が発足した直後の四九年七月二六日の基準委員会で「文部省と設置委員会の間で解決すべきこととし、これに触れない」と決められた[19]。一〇月一八日、「教育職員免許法は制定されてその大綱は決定している」[20]ことを理由に教員養成基準分科会の廃止も決定した[21]。

ここで大学基準協会の教員養成系大学・学部に関する審議はいったん終わったようにみえながら、一カ月後の一一月一五日の評議員会で新たに「教職課程基準分科会」を設けるべきとの意見が出された[22]。しかし、一二月二日、元教員養成基準分科会委員の海後・石山と和田小六（大学基準協会会長）、橋本孝（同副会長）、加藤一雄（基準委員会委員長）が懇談した結果、「教職課程の基準は特別に設けず大学基準の趣旨中に教職課程は教員免許法及び同法施行規則に合致するようにすべき旨を挿入するを可とするという結論に達し、教職課程基準分科会は設けられないことになつた」。これをふまえ、前述のとおり五〇年六月一三日大学基準改訂[23]で「教職課程については、教育職員免許法及び同施行令に定められたところに合致するよう考慮されなければならない」という一文が追加されることになった。

3　「学芸学部基準分科会」設置以後

前述のとおり、教員養成系大学・学部や教職課程についても基準を作成すべきという意見が出されながらも、四九年一二月二日の懇談によって、「教職課程基準分科会」[24]は設けないことが決定した。直後の二〇日に評議員会が開かれ、「教職課程の問題」を外すかたちで学芸学部基準分科会が設置された[25]。このとき委員長に佐々木八郎（早稲田大学）、委員に石山脩平（東京教育大学）、奥井復太郎（慶應義塾大学）、上村福幸（東京大学）、児玉省（日本女子大学）、多田基（法政大学）、永井順（東京外国語大学）、二方義（東京学芸大学）、吉岡俊亮（千葉大学）、渡辺徹（日本大学）、幹事に中西秀男（早稲田大学）が就いている。

五〇年二月八日の第一回学芸学部基準分科会で、大学設置委員会作成の「学芸学部の審査に関する申合事項」「教員養成を主とする学芸学部の審査に関する申合事項」が審議の基礎に位置づけられ、「教員養成を主としない学芸学部等」（「第一学芸学部」）と「教員養成を主とする学芸学部等」（「第二学芸学部」）に分けて審議された。後者の審議資料とされたのが東京学芸大学・埼玉大学（教育学部）である。第一・第二それぞれの学芸学部基準が作成された後、最終的に一つの「学芸学部基準」[26]にまとめられ、五一年六月一二日の理事会兼評議員会で原案どおり決議された。

学芸学部基準は、学芸学部の目的を「人文科学、社会科学、自然科学の各分野に亘る綜合的研究に重きを置き、一定の領域に於て統一された高い教養を与えること」とし、専門科目の履修については「専攻の領域を構成するが如き科目を各系列にわたって綜合的に履修させる。或は、専攻の領域を構成するため、専攻科目の外にその専攻の属しない他の系列から関連科目を選んで、綜合的に履修させることもできる」というように、幅広い総合性や「統一された高い教養」を重視した。他方で「教員を志望する者には専門科目八十四単位の中その一部を教職課程にあてることができる」というように、教職専門科目の単位数を卒業必修一二四単位に含むことを認めた。すでに教員養成系大学・学部が教職専門科目を卒業必修としている現実に合わせた規定である。「学芸学部」の多くが教員養成系大学・学部にもかかわらず、教員養成に言及したのはこの一文のみであり、それだけ大学基準協会が「大学における小・中学校教員養成」を具体的に構想できなかったといえる。学芸学部基準はその後五三年四月二〇日の基準委員会で一部文言修正された後、二一日の理事会兼評議員会で承認・決定された(27)。

以上みてきたように、大学基準協会は四八年二月に教員養成基準分科会を発足させたにもかかわらず、新制国立大学の設置審査が始まる七月末になっても、教員養成系大学・学部や小・中学校教員養成の基準が作成できなかった。「大学における高校教員養成」はある程度イメージできても「大学における小・中学校教員養成」は具体的に構想できなかった。問題は、教職専門科目の単位数を卒業必修単位数に含む文部省・大学設置委員会の案に追従し、学芸大学の専門となるはずの「学芸」すなわち幅広い一般教養を保障するような基準を四八年内に作成しなかったことである。五一年六月に幅広い総合性や「統一された高い教養」を重視する学芸学部基準をまとめたが、すでに発足して三年目の教員養成系大学・学部では一般教養を重視するといった理念は後退しており、できるだけ多くの免許状を取得するという目的のためにさまざまな科目を履修するいっぽうで、統一性や総合性を図ることは後回しにされるような現実が広がっていた。

第二節　サーベイ・コースの位置づけ

1　一般教育研究委員会

一九四八年一月二七日、ＣＩＥのマッグレールの示唆・指導を受けて[28]、「一般教育の目的、方法及び組織等に関する一般的事項を研究するとともにその趣旨を周知徹底させる方策を研究する」[29]ことを目的に一般教育研究委員会が発足した。発足当初、委員長に橋本孝（大学基準協会副会長・慶應義塾大学）、委員に細入藤太郎（立教大学）、奥井復太郎（慶應義塾大学）、弥永昌吉（東京大学）、小林貞一（東京大学）・吉村正（早稲田大学）、小葉田淳（東京文理科大学）、幹事に山本敏夫（慶應義塾大学）が就いた。活動期間は五五年までの約七年間である。少なくとも五〇年九月の段階で小葉田との交替で杉勇（東京教育大学）と新たに木下一雄（東京学芸大学）が加わっただけで[30]、新制大学完成の五二年末まで委員はほとんど変わらなかった。

四八年四〜七月、一般教育研究委員会の下部組織として人文科学・社会科学・自然科学の各部門委員会が東京（関東）地区および関西地区に設けられ、詳細な研究が進められた。それらをまとめるかたちで四九年七月一二日から一般教育研究協議会が東京・京都で各二回、それぞれ三日間の延べ六日間開かれ、一般教育を担当する教授総数約四五〇名が参加した[31]。本協議会について、先行研究では見落とされてきたが一般教養を重視した教員養成という理念に深くかかわる二点を指摘しておきたい。

第一に、東京学芸大学のサーベイ・コースがある程度広く知られていたと考えられる。本協議会の一日目に行われた「一般教育の方法」に関する討議において、東京学芸大学の「サーヴェイ法」がとりあげられている。ここでは米国の方法と日本の方法（東京学芸大学の「サーヴェイ法」と京都大学理学部の「Case history, Problem approach, Broad field approach」）が紹介されているが、「サーヴェイ法」以外は英語で表記されている。第３・４章で述べたとおり「東京第一師範学校案」（四六年一二月三〇日付）は四七年初頭から全国の師範学校に普及していったが、この案が採用したサーベイ・コースは新制大学発足の四九年度までに教員養成系に限らない大学一般である程度注目されていたのではないか。

第二に、カーレー指導の下で教員養成系大学・学部の教員らが一般教養についての研究を組織的に進めていたと考えられる。本協議会開催にあたり、「ＣＩＥカーレー博士指導のもとに、研究を続けてきた、元師範学校の人々より成る『一般教養課程研究会』からの協力もあり、同会刊行の『一般教育の目標』も各会場の出席者に参考資料として配布された」とある。残念ながらこれらの資料は未発見だが、こうした事実は先行研究では明らかにされていない。

２　クーパーの論稿

戦後初期の大学基準協会『会報』には、ＣＩＥ担当官の一般教養に関する講演・論稿としてウィグルスワース「新制大学の概念」[32]（四七年四月）、マッグレール「新制大学と一般教育」[33]（四八年五月）、クーパー「一般教育と社会科学」[34]（四八年一一月）が掲載されている。とくにクーパー（Russell Cooper）は、四八年六〜九月にかけてＣＩＥの一般教育顧問として来日し[35]、前述の社会科学部門委員会の創設にもかかわった人物で、前述の論稿を通してサーベイ・コースを紹介した。

クーパーはサーベイ・コースとあわせて「社会科学の科目を必修とする方法」、古典講読法、社会史的方法、「現代の問題」の分析による方法（問題中心法）の計五つを一般教養の方法として紹介した。

クーパーによれば、サーベイ・コースとは、「社会科学の科目を必修とする方法」の「欠点」を乗り越えようとして登場したものである。「社会科学の科目を必修とする方法」の「欠点」とは「非常に理論的」「抽象的」で「日常生活の実際的具体的な問題に殆ど無関係のもの」となり「重要な社会問題の本質的な複雑な関係を把握することができなかつた」ということである。したがってサーベイ・コースは、日常生活の具体的な問題と関連させながら問題の本質を見極めることのできるような方法ということになる。具体的には、「経済学九週間、政治学九週間、社会学九週間、その他というふうに構成され、一年に亘る」方法をとり、「特殊の一部面だけでなく、社会科学全体に亘つての知識を与えるように工夫されたもの」とされる。重要なのは「コースのあらゆる部面の有機的関連がつかめるように」することとされる。「一年に亘るコースを九週間づつに区切つて授業しようとすると、内容がきわめて抽象的になり、又皮相的にな」り、「複雑な問題を徹底的に考える素養が得られないことになりがち」という「欠陥」も指摘されている。

ちなみに本論稿を訳した山本敏夫はサーベイ・コースに「綜合科目」という訳を当てたが、「綜合科目」は四九年頃から“integrated course”の訳語として用いられるようになった。

3　第六期IFEL

五〇年九月一八日〜五一年三月三一日、第五・六期IFELが開かれ、一般教育に関する講習が人文科学・社会科学・自然科学の部門別に開催された。三部門とも一回六週間、各期で二回ずつ、計四回開催された。各回とも米国人講師一名、日本人講師二名の計三名からなる講師団が組織された。人文科学講師団はマッグレール（CIE高等教育班）、佐藤信彦（慶應義塾大学）、山口諭助（法政大学）、社会科学はウォーナー（ルイヴィル大学）、佐々木吉郎（明治大学）、杉山逸男（日本大学）、自然科学はフレンチ（コルゲート大学）、金沢寿吉（慶應義塾大学）、佐藤金治（東京大学）から組織されている。大学基準協会は日本人講師を全員推薦したのに加え、特別講師として上原専禄（一橋大学）、山本敏夫（慶應義塾大学）、橋本孝（慶應義塾大学）、奥井復太郎（慶應義塾大学）、佐々木重雄（東京工業大学）を派遣した[36]。

第六期第二回の受講者らが「第六回　教育指導者講習研究集録　I・II・III　一般教育[37]」をまとめているが、

ここから次の二点に注目しておきたい。

第一に、サーベイ・コースについてである。マッグレールによってさまざまな一般教養の方法が紹介されたが、その一つとしてサーベイ・コース（概観法：survey course）が紹介された。マッグレールは、「最も普通であり最近はあまり好ましく思はれていない方法」で「コースを構成している重立ったいくつかのトピックが普通は年代順に挙げられて一つ一つ簡単に研究される」[38]と低く評価している。他方で受講者は、専門科目への基礎として役に立つ点を高く評価するのとあわせて、とにかく沢山のテーマをとりあげるため、「広く浅くなる感がある」という問題点を指摘している。[39]

第二に、教職専門科目や教職課程が大学教育に位置づいていないことである。受講者らは専門教育も含んでさまざまなコース・プランを作成しているが、教職専門科目は「夏期学校」すなわち夏休みに短期集中で履修するという案が作成されたり、[40]教職課程の存在が「一般教育を脅かす」と報告されたりしている。[41]受講者の多くは、文理学部の教員である。文理学部は一般教養と教科専門教育を通して教員養成の大部分を担っていたが、教職専門教育や教職課程は一般教養などを圧迫しないように短期集中で履修すればいいといった考えを示していた。

第三節　小括

大学基準協会は、一九四八年二月三日に教員養成基準分科会を設置し、五月に「新制大学に於ける教職的教養基準設定に関する提案」を「中間的に承認」した。ところが、これは「高等学校の教員に対する教職的教養の基準」であった。大学基準協会は「大学における教員養成」といったときに「大学における高校教員養成」はおおよそ構想できても、「大学における小・中学校教員養成」は具体的に構想できなかった。

新制大学の設置審査が目前に迫った四八年六月、大学基準協会は学芸大学の基準を審議しようとしたが、すぐに検討対象とする「学芸大学」について、教員養成を主としない学芸大学に限定した。七月末頃から新制国立大学の設置審査が始まったが、大学基準協会は教員養成系大学・学部や一般教養を重視した教員養成の基準については、何も決められないままだった。教職専門科目の単位数を卒業必修単位数一二四単位に含むことによりとくに高校教員の「専門的素養が不充分になる」という懸念を示したが、文部省・大学設置委員会が直接作成した設置基準に基づいて四九年度に発足した教員養成系大学・学部は、教職専門科目の単位数を卒業必修単位数に含んだ。五一年六月にようやく幅広い総合性や「統一された高い教養」を重視する学芸学部基準をまとめたが、すでに教員養成系大学・学部は発足して三年目で、一般教養を重視するといった理念は後退していた。このように、大学基準協会は一般教養を重視した教員養成という理念を支持しながらもそれを保障しうる基準を作成しなかった。

大学基準協会の一般教養の普及・啓蒙活動をみると、東京学芸大学の一般教養（サーベイ・コース）や「元師範学校の人々より成る『一般教養課程研究会』」や「同会刊行の『一般教育の目標』」などもある程度注目されていたことがうかがえる。東京学芸大学や前身校の一つである東京第一師範学校（四六年一二月二〇日付「東京第一師範学校案」）が採用していたサーベイ・コースは、大学基準協会の活動を通して大学一般に知られていたと考えられる。とくに社会科学部門を担当したCIEのクーパーが四八年一一月にまとめた論稿によれば、サーベイ・コースは日常生活の具体的な問題と関連させながら問題の本質を見極めることのできるような方法であった。第1章で述べたとおり、小学校教師に社会科学的教養を求める主張が三〇年代末頃にもあったため、社会の具体的な問題を社会科学関係科目から幅広く考えるというサーベイ・コースの特徴は、師範学校や教員養成系大学・学部で受け入れられやすかったのではないか。その後、五〇年度頃になるとIFELでマッグレールや受講者らが指摘しているように広く浅くなるといった欠点が目立つようになっていったのかもしれない。

注

（１）木下一雄「教養の課題――新学芸論の構想」教育技術連盟編『教育技術』小学館、一九四九年八月、八～一五頁
（２）田中征男『戦後改革と大学基準協会の形成』大学基準協会、一九九五年、一五頁
（３）同右、四二頁
（４）近代日本教育制度史料編纂会編『近代日本教育制度史料』第二四巻、大日本雄弁会講談社、一九五七年、三四八～三五三頁
（５）同右、三五五～三五七頁
（６）同右、四二〇～四二一頁
（７）ちなみに、この大学基準改訂より一年ほど前の一九四九年八月に大学設置審議会が決定した「短期大学基準」でも、「教育」や「人文地理」など、いままでの大学基準で付けられていた「学」が削除されている分野がある（同右、三九四頁）
（８）同右、四三六～四三七頁
（９）大学基準協会十年史編纂委員会編『大学基準協会十年史』大学基準協会、一九五七年、一二九頁
（10）大学基準協会年史編さん室『大学基準協会55年史　通史編』大学基準協会、二〇〇五年、一八八～一八九頁
（11）海後宗臣編『戦後日本の教育改革８　教員養成』東京大学出版会、一九七一年、二二七～二二八頁
（12）同右、一七五頁（執筆者は山田昇）
（13）「第三回総会議事録抄録」大学基準協会『会報』第三号、一九四八年一一月、一一～二八頁
（14）一九四八年六月一五日～七月二〇日までの記述は、特記しない限り前掲『大学基準協会十年史』一三〇頁、前掲『戦後日本の教育改革８　教員養成』一七六～一七七頁（執筆者は山田）に基づく。
（15）「日本の国立大学編成の（再考せられたる）原則」（「戦後教育資料」Ⅵ‐15、国立教育政策研究所所蔵）。日付の特定は、羽田貴史『戦後大学改革』玉川大学出版部、一九九九年、一〇二頁に基づく。
（16）一九四八年一一月二九日～三〇日の記述は、特記しない限り前掲『大学基準協会十年史』一三〇～一三一頁に基づく。また、このとき配布された「教員養成を主とする学芸大学基準（案）」「大学に於ける教職課程の基準（案）」（ともに一九四七年九月一七日付で「決定」と書き込まれている）などは「戦後教育資料」Ⅴ‐10所収
（17）前掲『大学基準協会十年史』一三一頁
（18）上野芳太郎「うごき　教員免許法と教員養成の方向」『文部時報』第八四九号、一九四八年六月、四頁
（19）前掲『大学基準協会十年史』一三一～一三二頁

(20) 同右、一三二頁
(21) 「昭和二十四年度業務年次報告」(大学基準協会『会報』第五号、一九五〇年五月)二七頁
(22) 一九四九年一一～一二月の記述は、特記しない限り前掲「昭和二十四年度業務年次報告」二七頁、前掲『大学基準協会十年史』一三二頁に基づく。
(23) 前掲『近代日本教育制度史料』第二四巻、四二〇～四二一頁
(24) 前掲『大学基準協会十年史』一三二頁
(25) 一九四九年一二月二〇日～五三年四月二一日の記述は、特記しない限り前掲『大学基準協会55年史　通史編』二三六～二三八頁に基づく。
(26) 前掲『戦後日本の教育改革8　教員養成』二三一頁
(27) 一九五三年四月二一日決定「学芸学部基準」大学基準協会『大学教育における分科教育基準集』(大学基準協会資料第一二号)一九五三年五月、二二頁
(28) 橋本孝「一般教育研究協議会について」大学基準協会『会報』第五号、一九五〇年五月、三三頁
(29) 前掲『大学基準協会55年史　通史編』一八六頁
(30) 『大学に於ける一般教育――一般教育研究委員会第二次中間報告』(大学基準協会資料第九号)一九五〇年九月、三五頁
(31) 以下、一般教育研究協議会に関する記述は、特記しない限り前掲「一般教育研究協議会について」三三～三七頁に基づく。ちなみにこのとき討議資料にするために『大学に於ける一般教育――一般教育研究委員会中間報告』(大学基準協会資料第六号、一九四九年七月)がまとめられている。
(32) エドウィン・ウィグルスワース「全国連合協議会に於ける講演　新制大学の概念」大学基準協会『会報』第一号、一九四七年四月、四～一三頁
(33) トーマス・エッチ・マツグレール「新制大学と一般教育」大学基準協会『会報』第二号、一九四八年五月、一～九頁
(34) ラッセル・クーパー、山本敏夫訳「一般教育と社会科学」大学基準協会『会報』第三号、一九四八年一一月、一～一〇頁。以下、クーパーの論稿の引用は同じ資料による。
(35) 前掲『大学基準協会55年史　通史編』二四五頁
(36) 杉山逸男「教育指導者講習会(一般教育部門)について」大学基準協会『会報』第七号、一九五〇年一二月、一五～二一頁
(37) 昭和二十五年度教育指導者講習会編「第六回　教育指導者講習研究集録　Ⅰ・Ⅱ・Ⅲ　一般教育」(アルヒーフ編集・制作、高

橋寛人解題『ＣＤ－ＲＯＭ版　占領期教育指導者講習研究集録　昭和25年度』第Ⅰ期、すずさわ書店、二〇〇五年、ＤＩＳＣＩ所収）

(38)　前掲「第六回　教育指導者講習研究集録　Ⅰ・Ⅱ・Ⅲ　一般教育」二一頁

(39)　同右、二二二頁

(40)　同右、三八頁

(41)　同右、一八五頁

第6章　文部省・大学設置委員会の構想

本章では、文部省の制度構想と、教員養成系大学・学部の審査にあたった大学設置委員会の構想を検討する。とくに文部省は教育刷新委員会（以下、「教刷委」と表記）発足と同時期の一九四六年八月、「アメリカ教育使節団報告書に基く教育対策」[1]をまとめ、以後、制度構想を具体化させていった。それをふまえてここでは、四六年八月以降、教員養成系大学・学部の設置が認可される四九年三月を対象に、文部省と大学設置委員会の構想において一般教養を重視して師範タイプを克服するという理念が顧みられなくなっていく過程を描き出していきたい。

第一節では小・中学校教員養成を義務教育教員養成としてまとめて行う方針や一般教養の位置づけについて明記されている案を中心に文部省の制度構想について、第二節では新制大学の設置申請をめぐって各大学向けにまとめられた文書や通牒などを通して文部省の指示について、第三節では大学・学部の設置基準や教員審査基準を中心に大学設置委員会の構想について、検討していきたい。

第一節　文部省の制度構想

１「アメリカ教育使節団報告書に基く教育対策」

一九四六年八月、文部省師範教育課は「アメリカ教育使節団報告書に基く教育対策」を作成した。この文書の「師範学校の教育」という項目に、教刷委で審議すべき事項が挙げられている。それらは、大きく「㈠制度に関して」「㈡教科、教授に関して」「㈢教授団の資格水準の向上」の三つに分けられているが、それぞれの中から戦後教員養成の理念や制度にかかわる重要な箇所を指摘しておきたい。

まず、「㈠制度に関して」では、次の六つが審議すべき事項として挙げられている。

1　師範学校、青年師範学校の存廃。存するとすれば専門程度か大学程度か、女子部独立するか男女共学か。
2　師範学校予科の存廃。
3　実業教育専門学校を地区毎に設け、農、工、商、水産等の科を置くことの可否。
4　高等師範、臨時教員養成所等の存廃、中等教員養成機関として教育大学新設の可否。
5　給費制の改善か、育英奨学制の確立か。
6　服務義務制の検討。

師範学校は存続させるのか、存続なら専門学校程度にするか大学程度にするか（第1項）、高等師範学校は存続させるのか、中等教員養成機関として教育大学を新設するか（第4項）というように、初等教員養成と中等教員養成を分けて考えている。新たな師範学校（専門学校程度か大学程度）、教育大学のほかに実業教育専門学校の設置も審議すべき事項として挙げられた（第3項）。師範教育を支えてきた予科や給費制、服務義務制は残して改善するか廃止するかも挙げられた（第2・5・6項）。

次に、「㈡教科、教授に関して」では、「1　高等普通教育と専門教育と教職的教育とを調和せしめる教科課程の設定」を含む五つが挙げられている。一般教養・教科専門教育・教職専門教育の三つを調和させたカリキュラムの設定が課題とされたことがうかがえる。

最後に、「㈢教授団の資格水準の向上」では、「1　師範学校の廃止に伴ふ廃官と新教師養成学校設置による適任者の新規採用」を含む三つが挙げられた。師範学校の教員全員をそのまま「新教師養成学校」に移行させるのは難しいと考えていたことがうかがえる。

2　一九四六年八月〜四七年一〇月の案

次に、四六年八月〜四七年一〇月までの文部省構想について、①四六年八月二二日付「学校教育法要綱案」[2]、②四六年九月付「教員養成制度整備方針」[3]、③四六年一〇月二七日付「学校教育法要綱案」[4]、④四六年一二月付「義務教育に於ける教員（六三三案に於ける六三の教員）の養成」[5]、⑤四六年一二月末〜四七年一月頃に作成された「教員養成大学」[6]（学校教育法施行規則検討資料の一つ）、⑥四七年五月二三日公布の「学校教育法施行規則」、⑦四七年七月二八日付「教員養成学校整備要綱案」[7]、⑧四七年八月二六日付「米国教育使節団報告書中師範教育課関係事項に関する処置」[8]、⑨四七年一〇月二一日付「教員養成制度刷新要綱案」[9]から整理しておきたい。

①四六年八月二二日付「学校教育法要綱案」

高等教育は複線型であり、「専門学校」「高等学校」「大学」と並んで「教育専門学校」が挙げられている（第二項）。そして「国は各都道府県の区域内に一校以上教育専門学校を設置」し（第二三項）、「小学校」と「下級中学校」あわせて九年間の「義務教育を施す学校の教師を養成する」学校とされ、修業年限は四年、また、「入学料及授業料を徴収しない」とされた（第二九項）。

このように、小・中学校の義務教育教員はまとめて、官立の教育専門学校という特別な学校で養成し、入学料・授業料を徴収しない案であった。師範学校を支えてきた予科や服務義務制などについては言及がない。

②四六年九月付「教員養成制度整備方針」

四七年度の方針として七項目が示されている。その中に「4、青年師範学校教職員の刷新充実を図る」とあるいっぽう、師範学校の教（職）員には言及していない。そのため、教（職）員の刷新充実は師範学校以上に青年師範学校のほうがより深刻な課題とされていたと考えられる。また、「5、各学校とも学科課程に修正を加へる」というように、カリキュラムの改革が課題に挙げられたが、それ以上の具体的な記述はない。

③四六年一〇月二七日付「学校教育法要綱案」

大枠は先の八月二二日付「学校教育法要綱案」と同じで、修業年限四年の官立教育専門学校で義務教育教員養成を行う案である（第二九～三二項）。あわせて「学資の給与及卒業後の服務等に関しては命令の定めるところによること」（第三三項）というように、給費制や服務義務制を維持する方向も示された。なお、一二月二四日付「学校教育法要綱案」[10]では「教育専門学校」が消えている。教刷委の審議をふまえてのことだろう。

④四六年一二月付「義務教育に於ける教員（六三三案に於ける六三の教員）の養成」

義務教育教員養成を教育専門学校で行う案のため、前述の一二月二四日付「学校教育法要綱案」より前に作成されたと考えられる。

カリキュラムに関する記述はいままでの案より具体化されており、「文科（主として男子部を利用）理科（主として女子部を利用）実業科（主として青師を利用）を設け」（第二項）、「教科目は一般教養を主とし教職的教科及教育実習を行ひ、必須科目の外に選択科目制を大幅に実施する」（第五項）といった方針が示された。ここにあるように師範学校では実際に文科・理科が設けられ、一般教養科目がカリキュラムの半分以上を占め、選択科目も増やされていった。なお、「教科目」は「一般教養」と「教職的教科及教育実習」と表現されていることから、この「一般教養」には教科専門教育も含まれていると考えてよいだろう。「教職的教科及教育実習」とは教職専門教育である。

師範教育を支えてきた予科や服務義務、学資支給制、給費制については、「授業料を徴収しない」（第九項）かわりに「指定に従ひ一ヶ年就職せしめることとするが服務義務年限制はつくらない」（第八項）、「現行予科制度、給費制度、服務義務制度、他の専門学校への転学禁止制度等はすべてこれを廃止する」（附1）というように、一部廃止する方針が示された。これに関連して、「現行給費予算額を振替へて大いに之〔教育専門学校の設備〕が充実を図る」（附2）方針も示されている。

卒業後の進路は「好むところに従って下級中学校の教員にも初等教育の教員にもなり得る」ようにする（附6）、「男女共学を認める」（第六項）、教育専門学校は師範学校・青年師範学校から再編される官立だけでなく、「施設及課程の整備せるものについては公立及私立」も認める（第七項）といった方針も示された。「上級中学校」（のちの新制高校）の「教員の養成については別途考究する」（附5）とされた。

⑤四六年一二月末～四七年一月頃作成「教員養成大学」

前述のとおり、一二月二四日付「学校教育法要綱案」では「教育専門学校」が消え、二七日には教刷委が大学における教員養成原則を決議した。

この「教員養成大学」は、「第一章　教育大学（第一部第二部）」「第二章　実業教育大学」の二つから構成される。小学校・中学校だけでなく高等学校の教員も修業年限四年の教育大学で行う案である。第一部では小学校・中学校教員養成（義務教育教員養成）、第二部では中学校・高等学校教員養成（中等教員養成）と分けられており、両方に含まれる中学校教員養成の位置づけの曖昧さがうかがえる。「単科ノ教育大学第二部ヲ設ケルコトガ出来ル」（第二項）とあることから、すべての教育大学に第一部を置くほか、一部の教育大学にはあわせて第二部も置くことが構想されていたと考えられる。「授業料ヲ徴収シナイ」（第五項）はいままでの案と同じである。実業教育大学は中・高の実業科教員養成を担うとされた。

第4章で述べたように文部省は四七年一月一八日付通牒によって、小・中学校教員養成をまとめて行うべきか、全国の師範学校に意見を出すよう求めていた。ところがここまでみてきた①~⑤より、四六年八月以来一貫して二つをまとめて養成する方針だったことがうかがえる。

⑥四七年五月二三日公布「学校教育法施行規則」

「師範学校は、小学校及び中学校の教員たるべき者を養成することを目的とする」（第八五条）というように、師範学校の目的に中学校教員養成も加わった。師範学校が小・中学校教員養成を義務教育教員養成としてまとめて行うようになったことを引き継ぎ、四九年度発足の教員養成系大学・学部も小・中学校の教員養成をまとめて行うようになった。

⑦四七年七月二八日付「教員養成学校整備要綱案」

⑤の「教育大学第一部」「教育大学第二部」「実業教育大学」が「第一学芸大学」「第二学芸大学」「職業（又は実業）教育大学」に改称され、具体化されている。「教育大学」という名称も残っているが、おおよそ「教育大学」から「学芸大学」へ改称している。その背景には、教刷委が四七年五月九日「教員養成に関すること（其の一）」を決議し「学芸大学」の名称を採用したことがある。第一学芸大学は「小学校教員及び中学校教員の育成」、第二学芸大学は「中学校教員及び高等学校教員の育成」を目的としている。

⑧四七年八月二六日付「米国教育使節団報告書中師範教育課関係事項に関する処置」

「カリキュラムの決定及変更の自由カリキュラムの改善充実（実施中）昭和二二、一、㈡八発学一七号を以て各校毎に東京第一師範学校案（報告書の趣旨に副い研究作製されたもの）を参考として研究報告せしめ研究案を二十二年度実験的に実施せしめている。又将来もこの趣旨によつて実施する予定」とある。第3章で述べたとおり、四七年一月一八日付通牒に対する回答にみられたような大学レベルの案を、各師範学校は四七年度の実際のカリキュラムにある程度反映させていったと考えられる。師範学校は、文部省通牒によって大学レベルの案を作成し実際に運営する過程で、この頃から大学レベルに「昇格」することはほぼ間違いないだろうと受け止めていたのではないだろうか。

⑨四七年一〇月一二日付「教員養成制度刷新要綱案」

⑦の「学芸大学」の名称が「教員養成大学」に戻った。さらに、「小学校、中学校、高等学校、幼稚園、特殊学校の教員及び校長並びに視学の養成は原則として四年制の大学で行う」「教員養成大学の学科課程は、小学校、中学校、高等学校其の他の教員の別によって定めるが同一大学において二種以上の教員を養成することも出来る」というように、義務教育教員養成と中等教育教員養成という区分が曖昧になった点に注目しておきたい。なお、「教授陣の強化については特に注意し、委員会を設けて優秀なる者を選衡《ママ》する」というように、教員組織の強化が課題として挙げられた。

第二節　大学設置申請に関する文部省の指示

1　一九四八年三〜七月の指示

一九四八年三月一五日の国立総合大学事務局長会議以降、文部省は高等教育諸学校に対し、「官公立大学、高専、師範二百八十三校を七十校程度に整理統合」する具体的な方針を説明していった。[11] 三月二八〜二九日に開かれた高等師範学校長会議および師範・青年師範学校長会議では、こうした方針とあわせて、「新文芸《ママ》大学（仮称）六基本方針[12]」が示された。ここには、「学業及び訓育の点で小さく固まり再び師範型に陥ることを避ける」という方針のほか、「小中学校教員の各府県における需給関係とにらみ合せ計画養成を引受ける」「小学校教員養成に関する限り全教科を担当できるよう学科体系を準備する」という方針が含まれていた。師範タイプ批判を展開するいっぽう、「新文芸大学」（「新学芸大学」と考えられる）を小・中学校教員の目的養成機関と位置づけた。

また、小学校教員養成は全教科を担当できるように幅広く学科目を用意すること、したがって小学校は全科担任制を原則とすることが確定している。こうした方針が、四八年三月末には教員養成諸学校に伝えられたことがうかがえる。

四月一四日、文部省は新制大学設置に関する手引書である「日本における高等教育の再編成」[13]を各道府県知事・官公私立大学高等専門学校長・教員養成諸学校長宛に送付し、大学設置認可申請書の作成を指示した。[14]五月、文部省は各新制国立大学に再編される予定の高等教育諸学校長を都道府県単位で招集し、大学に再編される学校や再編後の学部など具体的な計画を示した。[15]あわせて、七月末日までに設置認可申請書を提出するよう指示している。このとき富山大学や鹿児島大学などを除き、[16]多くの教員養成系大学・学部には原則として学芸大学・学芸学部になるよう指示したと考えられる。実際には前身校に旧制高校を含む場合、旧制高校を文理学部（一般教養を担当する学部で、一部の大学に置かれた法文学部、人文学部、理学部を含む。以下、同じ）に、師範学校・青年師範学校を教育学部に再編することになるが、この方針が確定したのは以下で述べるとおり八月一八日頃と考えられる。

2　新制国立大学設置の一一原則

六～七月頃、文部省はＣＩＥと折衝しながら新制国立大学設置に関するいわゆる一一原則をまとめた。先行研究が明らかにしてきたとおり、一一原則は①六月二二日に文部省が発表した「新制国立大学実施要綱（抄）」[17]、②七月六日にＣＩＥが文部省に示した「日本の国立大学編成の（再考せられたる）原則」[18]に示されている。

二つを比べると、①は「各都道府県には、必ず教養及び教職に関する学部若しくは部をおく」として一般教養の（学）部と教員養成の（学）部を分けなかったいっぽう、②は「文理科（リベラルアーツ）と教育科（エデュケイション）の学部が別個に組織されるべき」と二つに分けた。[19]②の方針に即して前身校に含む場合、旧制高校を文理学部、師範学校・青年師範学校を教育学部に再編することになるが、こうした再編方針が全国に徹底されたのは八月一八日頃と考えられる。たとえば弘前大学、山形大学、茨城大学、新潟大学、静岡大学、島根大学、愛媛大学、高知大学は旧制高校と師範学校・青年師範学校をあわせて学芸学部にする方針で七月末までに設置申請書をまとめていたが、八月一八日頃になって文理学部と教育学部を分けて再申請するように指示されたといわれている。[20]

3　一九四八年一二月一六日付文部省通牒

九月六日、新潟大学は文部省師範教育課から、教育学部に「文理科の関係の専門課程は含まぬ[21]」ことが伝えられた。このように人文科学・社会科学・自然科学に関する一般教養科目・教科専門科目は教育学部でなく文理学部が担当するという案が、九月頃には文部省で検討されていたと考えられる。

この方針が全国に周知徹底されるのは、一二月一六日付文部省学校教育局長発学芸学部・文理学部・教育学部を含む新制大学事務責任者宛通牒[22]によってである。これは、「部・講座組織の改訂を必要とする向は、改訂案を作製し」、四九年一月一五日までに設置申請書を再提出するよう指示するものである。参考資料として添付された大学設置委員会作成の「教員養成を主とする学芸学部の学科及び講座（試案）[23]」（一二月付）には、文理学部（学芸学部の場合は学芸部）と教育学部（教育部）のそれぞれに置く講座が具体的に示されているが、それを要約するかたちで通牒は次のように指示している。

一、学芸大学または学芸学部は学芸部と教育部とに分け、文理学部をもつ場合は教育学部とする。

二、文理学部または学芸部は、人文、社会、自然の諸科学について一般教養及び専門教養を担当する。教育学部又は教育部は、教育基礎学、教育技術学、教育行政学、各科教育研究に属する諸学科について教職教養を担当する。

三、音楽、美術、家政、職業、体育の諸科は当分の間、教職教養を中心として、教育学部又は教育部にまとめる。将来においては、これらの諸学科の一般教養及び専門教育の担当講座は、文理学部又は学芸部に設けることを希望している。

教員養成カリキュラムの大部分、すなわち人文科学・社会科学・自然科学に関する一般教養科目・教科専門科目は文理学部が担い、残りの科目と教職専門科目は教育学部が担う、という指示だった。これにより、教育学部を置いた大学の多くは計画変更を迫られ、さらに発足後は教科専門科目とそれを担当する文理学部教員の位置づけをめぐり、さまざまな問題に直面することになった（第８章で詳述）。

第三節　大学設置委員会の構想

１「教員養成を主とする学芸大学基準（案）」

教員養成系大学・学部の設置基準となったのは、大学設置委員会作成の四八年九月一七日付「教員養成を主とする学芸大学基準（案）」である。[24]「教員養成を主とする学芸大学学芸学部其他名称は異なっていてもその目的に於て異ならない場合にはこの基準が同じように適用される」とあるように、すべての教員養成系大学・学部（学芸大学・学芸学部・教育学部）に適用された。この基準について次の三点を指摘しておきたい。

①「第二　基準」の三に、教員養成系大学・学部の科目は「一般教養科目」「専門科目」「教職科目」から構成されるが、「１　一般教養科目については他の大学と同様」と明記された。学芸大学の特色であったはずの一般教養科は他の大学と同様ということになり、一般教養を重視するといった理念の実現をカリキュラムにおいて保障するような基準ではなかったといえる。

②三に「４　学芸学部においては、他の学部の授業科目を以て専門科目に代えることが出来る」というように、

一般学部の授業科目を教科専門科目として読み替えても構わないという方針がうかがえる。

③六に「大学基準九学士号に対する最低要求基準の中、専門科目は教職科目を含むものとする」とあり、教職専門科目を卒業必修として認める方針がうかがえる。同じ方針はこの案と同時期にまとめられた「小学校教員養成最低基準（案）」「中学校教員養成最底《ママ》基準（案）」（ともに四八年九月）[25]にも示されている。こうした大学設置委員会の方針に即して、教員養成系大学・学部は教職専門科目を卒業必修に含み、さらには免許状取得に必要な単位を卒業に必要な単位と重ねて、発足することになった（第7章で詳述）。

ところで教員養成系大学・学部の基準作成に大きな役割を果したと考えられる「教員養成を主とする学芸大学小委員会」について述べておきたい。

七月一五日、大学設置認可の基本方針関係について審議するために、第一特別委員会会合が開かれている。このとき、木下一雄委員（東京学芸大学初代学長）より、「学芸大学小委員会経過報告」がなされた[26]。この「学芸大学小委員会」の正式名称は「教員養成を主とする学芸大学小委員会」であり、七月一五日以前に六月一七、二三、三〇日、七月七、一四日の計五回会合を開いている[27]。ただし、具体的な活動や委員、設置されていた期間などは明らかでなく、七月一五日の記録を最後に本委員会の記録が残されていない。

山田昇は「学芸学部、教育学部の基準検討、及び審査に携わった」のは「第五特別委員会」としているが、発足の時期などは明らかにしていない[28]。少なくとも四八年七月半ばまでは学芸大学小委員会が活動していたが、何らかの理由で「第五特別委員会」に再編されたと考えられる。

2　教員養成系大学・学部の教員審査に関する基準

（1）「教員養成を主とする学芸大学の教員について（案）」

大学設置委員会は、二月七日以降、新制大学の教員予定者に対する審査基準として、「大学基準運用要項[29]」「大学基準運用要項中「教授の資格」の項に関する解説（案）[30]「教員の資格についての申合（案）[31]」を作成し、おもに教授・助教授の学問業績や教育歴について定めた。ただし、「大学基準運用要項中「教授の資格」の項に関する解説（案）」は、「著書論文報告等」のない者を教授候補者とする場合、「当該申請大学での銓衡において専攻学科につき又は教授上につき知識識見があると判定された」経緯を明らかにすること、「例えば銓衡のための委員の選出方法銓衡の基準はこれを大学設置委員会に報告しなければならない」としている。条件さえ満たせば「著書論文報告等」がなくても教授として認められる場合があった。

実際に審査を始めると、とくに教員養成系大学・学部の教員予定者として申請された者の合格率が低いことが問題になった。そこで一〇月二一日、教員養成系大学・学部の教員のみに適用される基準として「教員養成を主とする学芸大学の教員について（案）[32]」が作成された。山田が明らかにしたとおり、「教授上工夫創意があること」「特殊の能力」「教育的影響力があること」といった評価基準が新たに設けられ[33]、師範学校・青年師範学校の教員が大学、とくに教員養成系大学・学部に移行できるようある種の配慮がされた。実際の教員養成系大学・学部は、より多様で曖昧な評価基準を設けて師範学校・青年師範学校の教員をできる限り新制大学に移行させようとした（第8章で詳述）。

（2）教育学をめぐる問題

大学設置委員会の第四特別委員会が新制大学の教員審査を担当した。二月頃作成の「新制大学の教員組織審査のための特別委員会要綱（案）[34]」によれば、第四特別委員会は「常任分科会」と「専門分科会」に分けられ、「審査は先づ常任分科会でこれを実施し、常任分科会で留保された者は、これを専門分科会にかける」とされた。

九月一二日付「大学設置委員会専門委員会氏名[35]」によれば、専門分科会の構成は表6－1のように構想されていた[36]。ただし、「教育」担当の第一四専門分科会は、九月一四日に会合が予定されていたにもかかわらず、当時、

表6-1　専門分科会の構成案（1948年9月12日）

専門分科会	担当領域
第1専門分科会	法政
第2専門分科会	経商
第3専門分科会	文
第4専門分科会	理
第5専門分科会	工
第6専門分科会	農
第7専門分科会	医
第8専門分科会	歯
第9専門分科会	薬
第10専門分科会	家政
第11専門分科会	音楽
第12専門分科会	美術
第13専門分科会	体育
第14専門分科会	教育

備考）1.「大学設置委員会専門委員会氏名」より作成。
　　　2. 担当領域名は資料のままとした。

実際に会合や審査をした記録がない。四九年三月になっても、第一四専門分科会（教育）は第七・八専門分科会（医・歯）とともに委員さえ決まっていなかった[37]。五一年八月の段階でも第一四専門分科会は発足した記録さえない[38]。

少なくとも四九年度発足の新制大学の場合、教育学担当教員の審査は歴史学、心理学、社会学などの区分に即し、主として第三専門分科会が担当した[39]。教育学は大学設置委員会においても他の学問（家政学など旧制大学では学部を組織できない分野を含む）と比べて一つの審査領域さえ組織できず、低位にあったことがうかがえる。

（3）理科系をめぐる問題

四八年一二月九日、理科系の教員審査を担当した第四専門分科会は、いったん不適格となった教員に対し、「各科教授法」（小学校教員養成の教材研究、中学校教員養成の教科教育法のことで、それぞれ教科専門科目、教職専門科目に位置づいている）に担当を限定して適格判定を出すことを決議した[40]。

各専門学科に大学教員として不適格と審査決定されし向も若し是の各科教授法の担任者として適任の場合は或る程度まで講師として或は場合によりては助教授、教授として承認するの用意あり右は最后の修正時に一括して再審査のことこうした決議をしなければならなかった背景には、とくに理科系の教員の合格率が低かった問題がある。たとえば一二月二五日付文部省学校教育局長発国公私立新制大学創設事務責任者申請者宛通牒「新制大学申請書類について」(41)により、すでに審査請求済の教授・助教授候補者について、必要な場合は「教授上の業績（講義内容の大要）教育上の経歴」に関する修正・追加の書類を四九年一月一四日までに提出することを求めた。その際、とくに「理科学の教員」は、「業績、学力の審査材料の不足しているものがあるように思われるので特に御留意の上書類を作成」するよう促している。また、この頃「人文又は社会」「理科」「教育」「其他」の四分野に分けて、教員養成系大学・学部九校（香川・愛媛・徳島・岩手・山梨・京都・奈良・福島・和歌山・三重）の教授・助教授予定者に対する審査の結果がまとめられている。申請者に対する合格率について各分野の平均は教授が五五％、助教授が六四％である。これに対し理科系はそれぞれ三一％、二六％ともっとも低い合格率である。(42)

3　大学設置審査日程

最後に、設置審査の日程を確認しておきたい。

大学設置委員会は、新制国立大学設置認可申請書の提出期限を原則四八年七月末日としたが、「第九の四　教員個人調」など一部の書類のみ「八月二十日迄位」に延期した。(43) 八月二四日、大学設置委員会は二一九校（国立は六九校）の審査を四九年二月末日までに済ませると発表した。(44)

大学設置委員会は四八年二月七日の第二回総会において、審査手続きや方法を定めた「新制大学審査内規」(45)を決議し、審査会を設けることを決めている。審査会は「委員長より常任委員会に諮つて指名」された「審査委員」のほかに「必要あるとき」に加える「臨時委員」から構成されること、「審査委員」と「臨時委員」は「六つの審査会に分属指名され審査に当る」こと、六つの審査会に主査を置くこと、「審査会は先づ書類上において全般的の審査をし、実地視察の委員を定めて視察審査する」ことを決議して、一三日に文部大臣に答申した。(46) 四

表6-2　各審査会の担当校（教員養成系大学・学部に限定）

第1審査会	横浜《〔横浜国立〕》大学、千葉大学、浦和《〔埼玉〕》大学、鳥取大学、島根大学、大阪学芸大学
第2審査会	福岡学芸大学、佐賀大学、長崎大学、熊本大学
第3審査会	岩手大学、水戸《〔茨城〕》大学、神戸大学、岡山大学、山口大学
第4審査会	和歌山大学、滋賀大学、福井大学、金沢大学、富山大学
第5審査会	福島大学、山形大学、秋田大学、弘前大学、静岡大学、三重大学、岐阜大学、名古屋学芸大学
第6審査会	北海道学芸大学、栃木《〔宇都宮〕》大学
第7審査会	香川大学、愛媛大学、高知大学、徳島大学、東京学芸大学、山梨大学、長野大学、新潟大学、群馬大学
第8審査会	京都学芸大学、奈良学芸大学、大分大学、宮崎大学、鹿児島大学

備考）「審査会」「委員名」「臨時委員名」「担当学校名」が入っている表（表題なし、「戦後教育資料」Ⅴ-10所収）より作成。

月二〇日の第四回総会において、審査会を一二に増やすことを決めた後[47]、結局、八つに再編している[48]。担当校は「審査上の便宜を図り且つ委員の実地視察の労の軽減を計る建前から地区別を旨とし東京及びその附近の学校は各審査会に適当に按配する」[49]とされ、教員養成系大学・学部は表6－2のように振り分けられた。

八月三一日、各審査会の主査が決定し、三日間の予定で書類審査が始まった[50]。審査の過程で各校は、追加・訂正の書類として、大学予算編成および旧制から新制へ切り替えるのに必要な経費に関する「概算書」[51]（提出期限は八月一五日）、教員について学外からの補充予定者の同意書および学内の選考手続きに関する書類[52]（八月三〇日付通牒）、講座編成に関する書類（前述の一二月一六日付通牒により提出期限は四九年一月一五日）、教員の個人審査に関する書類（前述の四八年一二月二五日付通牒により提出期限は四九年一月一四日）なども提出していった。

実地審査はおおよそ四八年一一月〜四九年一月初頭に行われた。たとえば愛知学芸大学は一一月一六〜一八日[53]（担当は第五審査会）、静岡大学は一二月二〇〜二五日[54]（第五審査会）、岡山大学は一二月二八〜三〇日[55]（第三審査会）、東京学芸大学は四九年一月六〜一〇日[56]（第七審査会）であった。なお、委員会の当初の予定では、一月一一日に「審査報告書作成終了」を迎える予定だった[57]が、前述のとおり、一月以降も各校に書類提出を求めなければならない状況だった。そのため予定を変更し、一月一八〜二一日に第四特別委員会専門分科会、二五〜二七日に審査会、二月二二〜二三日・二五〜二六日に第四特別委員会専門分科会を開き、三月五日に「審査報告書作成終了」を迎えるとされた(58)。

以上の審査を経て、三月一四〜一六日の第八回総会において、一七三校（国立は六九校）が認可された。

第四節　小括

文部省は新しい教員養成機関を教育専門学校、教育大学、学芸大学のいずれにするか、時期によって二転三転した。ただし、すでに一九四六年八月二二日の「学校教育法要綱案」において、小・中学校教員養成を義務教育教員養成としてまとめ、同一機関（教育専門学校）で目的養成する案が示された。こうした文部省の方針が、第2章で述べた教刷委の審議に影響を及ぼした可能性がある。さらに、一二月には「義務教育に於ける教員（六三三案に於ける六三の教員）の養成」がまとめられ、教育専門学校で小・中学校教員養成を行うこと、教育専門学校に文科・理科・実業科を設けること、教育内容については一般教養科目を主とし、教職専門科目と選択科目を置くとされ、一般教養と教科専門教育が未分化であった。こうした文部省の方針が師範学校のカリキュラム改革にもある程度影響したと考えられ、師範学校では実際に文科・理科が設けられ、一般教養科目がカリキュラムの半分以上を占め、選択科目も増やされていった。

また、四六年一二月末〜四七年一月頃作成の「教員養成大学」や、四七年七月二八日付「教員養成学校整備要綱案」には、義務教育教員養成と中等教員養成に分ける方針が示されており、両方に含まれる中学校教員養成の位置づけの曖昧さがうかがえる。

四七年八月二六日付「米国教育使節団報告書中師範教育課関係事項に関する処置」には、一月一八日付文部省通牒「学科課程案の研究について」によって全国の師範学校が作成した大学レベルのカリキュラム案を、四七年度の師範学校において実験的に実施していると明記された。こうした文部省の方針もあって、大学レベルの案は実際の師範学校のカリキュラムに大きな影響を及ぼしたと考えられる。さらに、この頃から師範学校は大学レベルに「昇格」するのはほぼ間違いないだろうと受け止めていたのではないか。

　遅くとも四八年三月二八～二九日の高等師範学校長会議および師範・青年師範学校長会議において「新文《〔ママ〕》芸大学（仮称）六基本方針」が文部省から示されたときには、小学校は全科担任という方針が明らかになっていた。しかし、これ以前もこれ以降も、全科担任の小学校教員と教科担任の中学校教員をまとめて養成できるのかという点が追究された形跡はない。小・中学校教員が義務教育教員として括られ、漠然とあわせて養成するといった仕組みができていったことがうかがえる。

　文部省は四八年三月以降、旧制高等教育諸学校に対して新制国立大学の設置（旧制高等教育諸学校の再編）に関する方針を具体的に伝えていった。五月には、各新制国立大学に再編される予定の高等教育諸学校長を都道府県単位で招集し、七月末日までに設置認可申請書を提出するよう指示した。このとき、教員養成系大学・学部の多くは学芸大学・学芸学部となることを指示されたと考えられる。ところが、設置認可申請書が提出されて数週間後の八月一八日頃になって、文部省は旧制高校を前身校に含む大学に対し、学芸学部を文理学部と教育学部に分離して申請書を再提出するよう指示した。

　九月頃から文部省では、人文科学・社会科学・自然科学に関する一般教養科目・教科専門科目は教育学部でなく文理学部の担当とする案が検討されていたと考えられる。九月一七日付で大学設置委員会が作成した「教員養成を主とする学芸大学基準（案）」により、文理学部をはじめとする一般学部の授業科目を教科専門科目に読み替えられるといった方針が明らかになっていた。ただし、教科専門教育を文理学部が担うという方針が全国的に周知徹底されるのは、一二月一六日付通牒によってであった。これを機に、多くの大学が計画の変更を迫られ、また発足後も教科専門科目とそれを担当する文理学部教員の位置づけをめぐってさまざまな問題に直面することになった（第8章で詳述）。

また、前述の四八年九月一七日付「教員養成を主とする学芸大学基準(案)」は、一般教養を重視した教員養成という理念を保障するものではなかった。一般教養科目を他の大学以上に重視しているわけでもなく、教職専門科目を卒業必修に含んでいった。こうした設置基準の下で発足した教員養成系大学・学部は、免許状取得に必要な単位を卒業に必要な単位と重ねており、多くの大学が免許状取得を卒業要件とすることになった（第7章で詳述）。

新制大学の教員予定者に対する審査が始まると、他の学部と比べて教員養成系大学・学部の教員予定者の合格率が低いことが問題になった。これに対し大学設置委員会は一〇月、教員養成系大学・学部の教員予定者にだけ適用される基準として、「教員養成を主とする学芸大学の教員について（案）」を新たに作成し、師範学校・青年師範学校の教員ができるだけ新制大学（とくに教員養成系大学・学部）に移行できるよう、ある種の配慮をした。さらに一二月九日、理科系の教員について、いったん審査に不合格となっても小学校教員養成の教材研究および中学校教員養成の教科教育法の担当者としてなら合格させるという方針を新たに決めた。この方針は師範学校・青年師範学校の教員を救済することになっただけでなく、教材研究や教科教育法をその分野の専門科目より低位に位置づけ、さらには教員養成系大学・学部を一般大学・学部より低位に位置づける根拠にもなった。幅広い一般教養を担う教員組織を新たに形成することより、師範学校・青年師範学校の教員をできるだけ新制大学に移行させることを優先していった（しなければならなかった）実情がうかがえる。

なお、大学設置委員会による新制大学の教員予定者に対する審査は、学問領域別に設けられた専門分科会で進められた。四八年九月一二日の段階で教育学の教員を審査する第一四専門分科会が設けられる予定だったが、実際には設けられなかった。教育学は大学設置委員会においても、他の学問（家政学など旧制大学では学部を組織できなかった分野を含む）と比べて低位にあったこと、教育学あるいは教職専門教育を中核とするようなカリキュラムを構想することがきわめて難しい当時の状況がうかがえる。

注

(1) 師範教育課作成、「戦後教育資料」Ⅴ-3、国立教育政策研究所所蔵
(2) 学校教育局作成、日本私学教育研究所編集発行『調査資料（教育制度等の研究（その10）――春山順之輔資料）』第一〇六号、一九八四年三月、二四～二八頁。同編集発行『調査資料（教育制度等の研究（その9）――学校教育要綱《ママ》案（昭21・8・22）その他春山順之輔資料より）』第七八号、一九八一年三月、二～六頁も同じ
(3) 「戦後教育資料」Ⅴ-4
(4) 前掲『調査資料』第一〇六号、二八～三二頁
(5) 師範教育課作成、同右、五頁
(6) 同右、五五～五六頁
(7) この案は一九四七年七月二五日付「教員養成学校整備要綱案」（もとの表題「教員養成機構整備要綱案」から修正された形跡あり）が文言修正されてまとめられたもの。二五日付と二八日付の案はともに「戦後教育資料」Ⅴ-9所収
(8) 「戦後教育資料」Ⅴ-9所収
(9) 同右
(10) 前掲『調査資料』第一〇六号、三三～四二頁
(11) 一九四八年九月二日付「新制大学への展望」『時事通信内外教育版』
(12) 学校教育研究所編集発行『復刻版　新教育日本年記』第一巻、一九九七年、一〇六頁。なお、本文中の「新文芸大学」について、東京学芸大学二十年史編集委員会編『東京学芸大学二十年史――創基九十六年史』東京学芸大学創立二十周年記念会、一九七〇年、九頁では、「新学芸大学」となっている
(13) 「戦後教育資料」Ⅵ-6
(14) 羽田貴史『戦後大学改革』玉川大学出版部、一九九九年、七一頁
(15) 同右、七二～七三頁
(16) 同右、九八頁

(17)海後宗臣・寺崎昌男『戦後日本の教育改革９　大学教育』東京大学出版会、一九六九年、一〇二～一〇三頁
(18)「戦後教育資料」Ⅵ-15。日付の特定は、前掲『戦後大学改革』一〇二頁に基づく。
(19)海後宗臣編『戦後日本の教育改革８　教員養成』東京大学出版会、一九七一年、七五～七八頁（執筆者は寺崎昌男）
(20)静岡大学10年史編集委員会編『静岡大学10年史』静岡大学、一九六二年、一五頁、茨城大学三十年史編集委員会編『茨城大学三十年史』茨城大学、一九八二年、一六頁、作道好男・作道克彦編著『愛媛大学教育学部百年史』教育文化出版教育科学研究所、一九八四年、四六六頁
(21)新潟大学二十五年史編集委員会『新潟大学二十五年史　部局編』新潟大学二十五年史刊行委員会、一九八〇年、一〇四～一〇五頁
(22)表題なし、「戦後教育資料」Ⅴ-10所収、国立教育政策研究所所蔵
(23)「戦後教育資料」Ⅴ-10所収
(24)この案には「決定」との書き込みがある。また、一九四八年一二月には同じ内容の「教員養成を主とする学芸学部の審査に関する申合事項（案）」がまとめられている。二つの案はともに「戦後教育資料」Ⅴ-10所収
(25)ともに「戦後教育資料」Ⅴ-10所収、Ⅵ-129も同じ。
(26)「大学設置委員会第一特別委員会日程」（「戦後教育資料」Ⅴ-10所収）
(27)「大学設置委員会会議経過表（第四回総会以後）」（「戦後教育資料」Ⅴ-10所収）
(28)国立教育研究所編『日本近代教育百年史６』教育研究振興会、一九七四年、五五四頁。ここでは委員は務台理作、木下一雄、大泉孝、小池敬事、日高第四郎、鈴木桃太郎の六名とされている。ちなみに一九五〇年一〇月付「大学設置審議会要覧」（「戦後教育資料」Ⅵ-200）によれば、「第五特別委員会（学芸学部、教育学部等の基準関係）」の委員は木下一雄、小林敬事、鈴木桃太郎、務台理作、大泉孝、稲田清助、糸魚川祐三郎、七沢甚喜、原田実の九名であった。
(29)「戦後教育資料」Ⅵ-128
(30)「戦後教育資料」Ⅴ-10所収
(31)「戦後教育資料」Ⅴ-10所収、Ⅵ-251も同じ。
(32)「戦後教育資料」Ⅵ-248
(33)前掲『日本近代教育百年史６』五五四～五五五頁
(34)「戦後教育資料」Ⅵ-192
(35)「戦後教育資料」Ⅵ-203所収

(36)「申請大学審査日程表（九、十月）」（「戦後教育資料」Ⅴ－10所収）

(37)一九四九年三月付「大学設置委員会要覧」（「戦後教育資料」Ⅵ－195）の「大学設置委員会各委員会」の「五、大学設置委員会第四特別委員会委員（教員組織審査等）」

(38)一九五一年八月付「大学設置審議会要覧」（「戦後教育資料」Ⅵ－201）

(39)「大学設置委員会第四特別委員会（第四回専門分科会）審査報告書（二）」（「戦後教育資料」Ⅵ－307）、「大学設置委員会第四特別委員会（第五回）報告書《（ママ）》（三）」（「戦後教育資料」Ⅵ－308）

(40)「第四専門分科会十二月九日決議」（「戦後教育資料」Ⅵ－253）

(41)「戦後教育資料」Ⅴ－10所収

(42)「大学教官審査結果一覧表（学芸又は教育関係）」（「戦後教育資料」Ⅵ－252）

(43)一九四八年度付「新制大学設置認可申請書の提出期限について」（「戦後教育史料」Ⅴ－10所収）

(44)岡山大学二十年史編さん委員会編『岡山大学二十年史』岡山大学、一九六九年、四六頁

(45)「戦後教育資料」Ⅴ－10所収。日付の特定は、前掲『戦後大学改革』六六～六八頁に基づく。

(46)『復刻版　新日本教育年記』第一巻、学校教育研究所、一九九七年、一〇〇頁

(47)「大学設置委員会運営方法（案）」（「戦後教育資料」Ⅵ－194）。日付の特定は、前掲『戦後大学改革』七〇頁に基づく。

(48)「審査会組織の方針（案）」（「戦後教育資料」Ⅴ－10所収）

(49)「昭和二十三年度における申請大学の審査方針（案）」（「戦後教育資料」Ⅴ－10所収）

(50)「各審査会日程」（「戦後教育資料」Ⅴ－10所収）

(51)愛知教育大学史編纂専門委員会編『愛知教育大学史』愛知教育大学、一九七五年、一〇一頁

(52)同右

(53)同右

(54)前掲『静岡大学10年史』二一～二二頁

(55)前掲『岡山大学二十年史』四六頁

(56)前掲『東京学芸大学二十年史』一九頁

(57)前掲「申請大学審査日程表」、「大学設置委員会　日程表　昭和二十四年一月　二月　三月」（「戦後教育資料」Ⅴ－10所収）

(58)同右

第Ⅲ部

教員養成系大学・学部における カリキュラムと教員組織の形成過程

福岡第一師範学校(久留米)の男女共学発足頃の学生:1948年頃
(『福岡県教員養成史研究　戦前編』より)

第7章

カリキュラムの形成過程

本章では発足当初の教員養成系大学・学部のカリキュラムに注目し、一般教養を重視して師範タイプを克服するという理念が教員養成系大学・学部において実質をともなわなかったことを明らかにする。

第一節では新制大学設置申請時にみられた「上級一般科目」「高級一般教養」の構想に注目し、小学校の教科専門教育が程度の高い一般教養という側面を持っていたことを明らかにする。

第二節では東京学芸大学のカリキュラムに注目し、小・中学校両方の免許状や複数教科にわたって中学校の免許状を取得させるという効率的な養成において、一般教養を重視して師範タイプを克服するという理念が顧みられなかったことを明らかにする。

第三節では五〇年三月の日本教育大学協会報告書から、全国の教員養成系大学・学部が発足当初におおよそ共通して直面した問題や運営したカリキュラム、改革の方向性について明らかにする。

第四節では戦後初期に複数の大学において設けられた文科・理科といった学科区分や免許状取得を義務づけないいわゆる学芸課程について検討する。これらは名称だけに注目すれば一般教養（文科・理科、学芸）を重視した教員養成の一形態のようにみえるいっぽう、実際には一般教養を重視して師範タイプを克服するという理念の実質化には結びついていなかったことを明らかにする。

　第五節では岡山大学の事例から、小学校教員養成と中学校教員養成の関係として、小学校教員養成のほうが中学校教員養成より低位にあるといった認識があったことについて検討していきたい。

第一節　大学設置委員会案と各大学案にみる小学校教員養成と中学校教員養成の関係性

1　大学設置委員会案

　大学設置委員会は一九四八年九月付で「小学校教員養成最低基準（案）」「中学校教員養成最底〔ママ〕基準（案）[1]」（以下、まとめて「大学設置委員会案」と表記）を作成した。これらは、表7－1のとおり、小学校教員養成四年課程・二年課程、中学校教員養成四年課程の履修基準を示したものだが、教員免許状取得に必要な単位を卒業に必要な単位と重ねている。この点は第6章で述べたとおり、ほぼ同じ時期の九月一七日付で大学設置委員会がまとめた「教員養成を主とする学芸大学基準（案）[2]」と同じであり、教員養成系大学・学部を小・中学校教員の目的養成機関と規定することになった。

　大学設置委員会案についてとくに注目したいのは、教科専門科目を「上級一般科目」「教科関係科目」「専門科目」の三つに分けている点である（表7－1）。

　三つのうち「上級一般科目」「教科関係科目」は小学校教員養成、「専門科目」は中学校教員養成の科目である。とくに小学校教員養成の上級一般科目は一般教養（人文科学・社会科学・自然科学の三系列からなる）との連続性、教科関係科目は教えるという目的性が強調された。教科関係科目は二年課程だろうと四年課程だろうとどちらも一四単位で小学校教員養成に必須とされている。ところが上級一般科目は四年課程のみに置かれている。

表7-1　大学設置委員会案（1948年9月）

		小学校教員養成 4年課程	小学校教員養成 2年課程	中学校教員養成 4年課程
一般教養科目		40	20	40
教科専門科目	上級一般科目 （一般教養科目から選択）	18		
	教科関係科目	14 • 教科課程の構成原理 • 教授法（国語・社会・数学・理科・美術・家庭・音楽・体育）	14 • 教科課程の構成原理 • 教授法（国語・社会・数学・理科・美術・家庭・音楽・体育）	
	専門科目			• 社会・理科・職業の場合、主免なら36、副免なら18 • 国語・国史・数学・音楽・図画工作・習字・体育・外国語の場合、主免なら24、副免なら12
教職専門科目		22	16	20
選択必修科目		26	10	24 ～ 36
計		120	60	120

備考）1.　1948年9月付「小学校教員養成課程最低基準（案）」「中学校教員養成課程最底《〔ママ〕》基準（案）」より作成。
2.　数字は最低履修単位数。
3.　中学校教員養成2年課程は「本案ニ準ジ別ニ定メル」とされている。

小学校教員養成を大学で四年かけて行うときに何を重視すべきか。それが明らかになっていなかったからこそ、上級一般科目という程度の高い一般教養科目を置いて卒業必修単位数を満たそうとしたと考えられる。教科専門科目三二単位のうち半分以上にあたる一八単位が上級一般科目で占められているこうした案から、小学校の教科専門教育は程度の高い一般教養を含むとみなされていたことがうかがえる。こうして、形式上は一般教養が重視されているかのような案が作成された。一般教養科目（四〇単位）と上級一般科目（一八単位）の計五八単位は、卒業必修一二四単位から体育四単位を引いた一二〇単位の約半数も占めた。

大学設置委員会案が作成されたのと同じ頃、一部の教員養成系大学・学部が大学設置委員会案を参考に同じようなカリキュラム案を作成している。ここではとくに、大阪学芸大学、福岡学芸大学、静岡大学につ

表7-2　大阪学芸大学案（1948年9月頃）

	小学校教員養成 4年課程	小学校教員養成 2年課程	中学校教員養成 4年課程	中学校教員養成 2年課程
一般教養科目	40	20	40	20
高級一般教養科目	18			
教科専門科目	24	14	48	24
教職専門科目	22	16	20	16
選択科目	16 （一般・高級一般・教職から選択）	10 （一般6・教職4）	12	
計	120	60	120	60

備考）1.「大阪教育《〔ママ〕》大学教科課程案」より作成。
2. 数字は最低履修単位数。

いて検討していきたい。

2　大阪学芸大学案

大阪第一師範学校・大阪第二師範学校を再編して発足した大阪学芸大学は、設置認可申請書の再提出もしくは追加書類と考えられる「大阪教育《ママ》大学教科課程案」(3)に「高級一般教養」を置いただけでなく、発足直前までこの科目を実際に置こうとした形跡がある。

四八年九月二九日の大阪第二師範学校教官会議において、「大学教科課程報告」として、二一～二三日開催の「西日本師範協議会」の報告がされた(4)。会議録には、前述した大学設置委員会案と同じ最低履修単位数が書かれているため、大学設置委員会案について説明されたと考えられる。その直後、大学設置委員会案を参照しながら作成されたと考えられるのが「大阪教育大学教科課程案」であり、科目や単位数は表7－2のように設定された。

表7－2をみると、大学設置委員会案と同様小学校教員養成四年課程のみに「高級一般教養科目」が置かれており、四年制大学における小学校教員養成は一般教養を中心に行えると現実的に考えられていたことがうかがえる。「大阪教育大学教科課程案」をみると、この高級一般教養には、学芸部が担う「人文科学科」「社会科学科」「自然科学科」の科目だけでなく、教育部が担う「各科教育科」（音楽・美術・家政・体育）の

科目も含まれており、幅広さと技能教科に関する知識・技術を高級一般教養として身につけさせようとしたと考えられる。

大学発足直前の四九年四月二七日、池田分校（元大阪第二師範学校）教官会議において、「高級一般教養の単位数を約半減する。（中学コースとは一応別箇に作る）[5]」と報告されているように、実際に高級一般教養科目を小学校教員養成課程に九単位程度置こうとしたことが確認できる。高級一般教養といった名称は翌五〇年度には消滅したいっぽう[6]、小学校教員養成の教科専門教育は程度の高い一般教養を含んでいるという意識がその後も連続していったと考えられる。

なお、表7－2にあるように中学校教員養成四年課程の教科専門科目最低履修単位数が四八単位にも上っているのは、二教科以上の免許状取得を義務づけているためである。

3　福岡学芸大学案

福岡第一師範学校・福岡第二師範学校・福岡青年師範学校を再編して発足した福岡学芸大学は、大阪学芸大学と同様、設置認可申請書の再提出もしくは追加書類として四八年九月頃に作成したと考えられる「大学設置要項説明書[7]」に表7－3のような案を載せている。

教科専門科目は「高級一般教養科目」「カリキュラムコース」「専門科目・選択科目」に分けられているが、それぞれ大学設置委員会案の上級一般科目・教科関係科目・専門科目にあたる。とくに高級一般教養は、前述の大学設置委員会案や大阪学芸大学案と同様、小学校教員養成四年課程の学生しか履修しないことから、「四年制大学における小学校教員養成」の体裁を整えるために置かれた面があるといえる。教員養成系大学・学部でさえ、小学校教員養成を四年制大学で行うための教科・教職専門教育を具体的に構想することが困難だったのだろう。そのため、程度の高い一般教養で卒業に必要な最低履修単位数を満たさなければならなかったと考えられる。小

表7-3　福岡学芸大学案（1948年9月頃）

小学校教員養成４年課程					
	1年	2年	3年	4年	計
一般教養科目	15	5	15	5	40
高級一般教養科目（一般教養科目から選択）			9	9	18
カリキュラムコース	6	10			16
教職専門科目	9	9	6	6	30
選択科目（一般教養科目以外から選択）		6		10	16
計	30	30	30	30	120

中学校教員養成４年課程					
	1年	2年	3年	4年	計
一般教養科目	15	5	15	5	40
専門科目 選択科目 （一般教養科目以外から選択）	8	18	9	25	60
教職専門科目	7	7	6	5	25
計	30	30	30	35	125

備考）１．「大学設置要項説明書」より作成。
２．数字は最低履修単位数。

学校教員志望者が大学で四年間も学ぶのであれば、程度の高い一般教養科目を幅広く修得させ、同時にある程度深く学問的教養を身につけさせようとする案であった。

また、教職専門科目は小学校教員養成四年課程で三〇単位、中学校教員養成四年課程で二五単位というように、大学設置委員会案より増やされ、教職専門教育を重視する姿勢がうかがえる。

4　静岡大学案

静岡高等学校・静岡第一師範学校・静岡第二師範学校・静岡青年師範学校・浜松工業専門学校を再編し、文理学部・教育学部・工学部で発足した静岡大学は、四八年九月三〇日付で再提出の「静岡大学設置申請書[8]」をまとめ、上級あるいは高級一般教養科目に相当する科目を置いた。

教科専門科目として置かれたのは表7－4のとおり、一般教養科目との連続性を強調した「教職的でない普通専門科目」、教えるという目的性を強調した「教科課程科目」、文理学部の専門科目と近接的に捉えられていたと考えられる「専門科目」である。それぞれ大学設置委員会案の「上級一般科目」「教科関係科目」「専門科目」にあたる。

大学設置委員会案や大阪学芸大学案・福岡学芸大学案と異なり、静岡大学は「教職的でない普通専門科目」を小学校教員養成四年課程だ

表7-4　静岡大学案（1948年9月30日）

		小学校教員養成 4年課程	小学校教員養成 2年課程	中学校教員養成 4年課程	中学校教員養成 2年課程
一般教養科目		40	20	40	20
教科専門科目	教職的でない普通専門科目（一般教養科目から選択）	18	4		
	教科課程科目	14	14		
	専門科目	26 （選択）	16 （選択）	• 社会・理科・職業・家政の場合、主免なら36、副免なら18 • 国語・国史・数学・音楽・図画工作・習字・体育・外国語の場合、主免なら24、副免なら12	• 社会・理科・職業・家政の場合、主免のみ30 • 国語・国史・数学・音楽・図画工作・習字・体育・外国語の場合、主免なら20、副免なら12
教職専門科目		22	16	20	12
体育		4	2	4	2
計		124	72	〔ママ〕100	64

備考）1.　1948年9月30日付「静岡大学設置申請書」より作成。
　　　2.　数字は最低履修単位数。

けでなく二年課程にも置いた。ただし、四年課程一八単位に対して二年課程では四単位だけでさほど重視されていない。

大学設置委員会案は中学校教員養成のみに置いた専門科目を、静岡大学案は小学校教員養成にも置き選択とした。大学設置委員会案にも選択科目が設けられているが、おそらく一般・教科・教職のすべての科目からの選択である。これに対して静岡大学案は専門科目（中学校の教科専門科目）の中からの選択である。小学校免許状とあわせて中学校免許状も取得することを原則として考えているからであろう。

こうした静岡大学案に対し、一一月二五日付『静岡新聞』は「後半二年間は広く一般的教養が与えられ授業内容も文理学部と共通するところが多い」[9]と述べている。設置申請書をみると後期二年で履修するのは教科・教職専門科目だが教科専門科目のほうが圧倒的に多いこと（小学校は教科四四・教職一六、中学校は教科四六・教職一四）から考えて、『静岡新聞』の意見はとくに教科専門教育に向けられているといえる。したがってこの意見は、教科専門教育は広い「一般的教養」であって「文理学部と共通するところが多い」授業内容だというものだった。このように教科専門教育が一般教養や文理学部の専門教育とどのように異なるのかよくわからないというのが、当時の率直な世論だったと考えられる。

第二節　一九五二年度「東京学芸大学カリキュラム」の形成過程

1　「大泉分校カリキュラム再検討委員会（第一）」

教員養成系大学・学部に限らず新制国立大学が発足初年度の一九四九年度に抱えた学生は第一学年のみであった。その後、年次計画で整備が進められ、五二年度になってはじめて第四学年までの学生が揃った。したがって、全学年の学生が揃うという意味において新制国立大学の完成年度は五二年度であった。発足初年度の四九年度から完成年度の五二年度にかけて、各教員養成系大学・学部はカリキュラムの検討を重ね、完成させていった。以下ではこうした形成過程において、一般教養を重視して師範タイプを克服するという理念が発足当初から顧みられず、実質をともなっていなかったことを、東京第一師範学校・東京第二師範学校・東京第三師範学校・東京青年師範学校を再編して発足した東京学芸大学の事例から明らかにしていきたい。

四九年一〇月初頭、大泉分校に「学科課程再検討委員会」が設置された。その直後、一〇～一一月頃に全学組織の「学科課程再編成委員会」（委員長日下部智教授ほか二四名の委員から構成された）が設置された。そこで大泉分校の学科課程再検討委員会は、全学の学科課程再検討委員会への「協力委員会のつもりで」討議を進め、一一月七日付で「大泉分校カリキュラム再検討委員会（第一）」[10]（以下、「第一報告」と表記）をまとめた。「第一報告」は、後述する「第二報告」とともに四九年度の現状と今後の方向性について示している。

ここでは「第一報告」について次の三点に注目しておきたい。

①「4年制大学の本来の姿は殆んど埋没しようとするに至つた」現状として、できるだけ多くの免許状取得がめざされるいっぽう、学力の充実が後回しにされている問題を指摘している（傍点は資料のまま）。

> 現在の学科課程においては、学生は2ヶ年間に3種の免許状を自由に取得することが出来るように組まれている。従つて乏しい時間の中から、主専攻とは全く独立した所謂副専攻に、相当数の時間を割いているものも少くないのであつて、到底学力の充実を期待することを得ない。

二年課程だけでなく四年課程の学生もできるだけ多くの免許状をとることを優先した履修をしており、「極端なものは、週に30数時間の講義をきき、20数単位を1学期間に得ようとしている」が、「是では学力の充実も、自由にして公正な判断力の養成も、自主的活動能力の涵養も期待することは殆ど不可能ではないか」と懸念している。「教員免許法に準拠する免許状授与学校であつてはならない」と述べるいっぽう、「免許状授与学校」になってしまっているのが現状であった。

こうした現状を改善し、「4年制大学たることの再確認」をするために、「2年課程を正規の課程から除いて、4年課程による学科課程のみを組」む、もしくは「2年課程と4年課程とは全く別個の組織として設け」ることを提案している。

②「多数の免許状を与えること」は必ずしも望ましくないが、就職のために認めざるをえないとしている。具体的には、「多くの小・中学においては、教員に専攻の1科目だけでなくて他の科目を持たせなければならぬ実情であり、従つて就職の要件としても数種の免許状を持つている事が有利となる場合が多い」という現実を考慮する必要があるが、「これは決して望ましい教育者のあり方を示すものではない」ことをふまえ、「大学基準による1専攻学科を履修することを根本とし、この枠外に於て2ヶ年に約12単位、4ヶ年に24単位程度で他の科目の免許状を取得することを認めたい」としている。複数免許状取得が就職のために有利となっている現実を考慮し

て二種類程度の免許状取得を認めるが、単位の上限は「4年間に体育を含めて148単位」程度としたいとする。

複数免許状取得を認めざるをえない背景には、深刻な教員不足という現実があった。さらに深刻だったのは、教員養成系大学・学部の入学者不足である。四九年度の場合、全国の定員二万四二三五名に対し、入学者は一万四一〇六名（五八・二％）しかいない。その後も五二年度は定員二万三二〇〇名に対し入学者二万六六一名（八九・一％）、五六年度は二万一二六〇名に対し一万八四五三名[11]（八六・八％）といったように、定員割れが続いた。こうした現実において、各大学・学部は小学校教員免許状と中学校教員免許状をあわせて取得させる、あるいは中学校教員免許状を二教科以上取得させるといったように、効率的な養成を行わせざるをえなかった。

③学生は「深い学問的教養」を得るために「主専攻」を持つべきだが、「小学教員たる者の専攻を如何に設定するか」は今後の研究課題としている。また「学問的教養」は重要だが、『学者』『学問の専門研究家』たらしめる様なアカデミックなもの」とは異なるべきだと主張している。「よき小・中学校の教員養成を目的とする大学」で必要なのは、「甚しく分化した学問の末端的問題を口にする事を以て学問と考える様な専門教育」ではなく、「事物の根底を深く把握し、その教える児童生徒をして自ら思考し解決する力を啓発する事の出来る様な、専門教養」であると述べ、一般学部の専門教育とは違う、教えるという目的に即した教科専門教育の重要性を強調した。

細分化された学問に対する批判に立脚して、教えるために必要だからという文脈で教科専門教育に幅広さや総合性が求められている。こうした主張は師範タイプ批判に立脚して、師範タイプやそれを生み出してきた師範教育を克服するために一般教養を重視するといった戦後初期の理念とは異なるものであった。

2　大泉分校学科課程再検討委員会「第二報告」

「第一報告」に続き、五〇年二月一日付「大泉分校学科課程再検討委員会『第二報告』[12]」がまとめられた。主旨は「第一報告」とおおよそ同じであるが、カリキュラムを改善する方向性や専攻をどのようなものにするかについて、より具体的に述べている。また、専攻について述べるなかで一般教養を重視した教員養成という理念を明確に否定した。こうしたことが読み取れる記述として、次の三点に注目しておきたい。

①「小学校、中学校の両免許状」や「中学校における2教科以上の免許状」といった「多くの免許状を取得しようとする功利的態度」により、「総単位数（120）から免許規定に要求する単位数を引去った残り（特に専門科目）」の「空白部分を多数の免許状の取得にあてようとしている」、つまり、自由選択の部分を複数免許状取得のための教科専門科目で埋めているのが現状だと指摘している。こうした現状を「極力防止」するために「専攻制度を確立」して、特定の分野を深められるようにすること、二年課程と四年課程のカリキュラムを別々に定めることを提案している。

②「専攻制度」を考える際にモデルとするのは、「リベラル・アーツ・カレッジの型（アカデミズム・専門学科主義）」（「学問分類に従った学科式」）ではなく「ティーチャーズ・カレッジの型（プロフェショナリズム・職能主義）」だと明記している。このようにリベラル・アーツ・カレッジを否定するのとあわせて、一般教養を重視した教員養成という理念も否定した。学生は「アカデミックな高い調子とリベラルな精神とを持つ事が望しい」が、『学者』『学問の専門研究家』たらしめる様なアカデミックなもの」であってはならないとされ、「事物の根底を深く把握しその教える児童生徒をして自ら思考し解決する力を啓発する事の出来る様な専門教養」とすることが重要だと主張している。師範タイプやそれを生み出した師範教育を克服するといった課題意識はなく、教えるという目的に必要な専攻制度を確立するべきという主張であった。

③専攻制度として考えられているのは、「小学校コース」と「中学校の各教科コース」である。ここで「小学校コース」の内容を「いかなる性質のものにするかは困難な問題」とされた。小学校の全科にあわせて幅広く学び、同時に「更に1―2ヶの小学校教科を特に重く修める制度を定める必要がある」としているが、特定の教科

を深く学ぶことが全科担任の小学校教員にとってどのような意味を持つのかは曖昧なままである。

「第二報告」が出された後の五〇・五一年度実施の暫定カリキュラム[13]をみると、教科専門科目の最低履修単位数は小学校教員養成四年課程で五五単位（最低履修単位数計一二四単位から体育四単位を引いた残り一二〇単位の四五・八％、教育職員免許法は二四単位）、中学校教員養成四年課程で六〇単位（一二〇単位の五〇％、教育職員免許法は甲教科三〇単位・乙教科一八単位）にも上る。このように、カリキュラムの約半分を占め、教育職員免許法の規定を大きく上回っているため、選択で満たす単位数が非常に多い。一見自由度の高いカリキュラムだが、「第一報告」「第二報告」をふまえると、学生が興味・関心のある分野を主体的に選択して特定の分野を深められたとは考えにくい。むしろ、できるだけ多くの免許状を取得するために必要な科目を詰め込んでいったと考えられる。

3　一九五二年度「東京学芸大学カリキュラム」

「第一報告」「第二報告」をふまえ、大学完成年度を迎えた五二年四月一日、正式なカリキュラムとして「東京学芸大学カリキュラム」[14]が制定された。二年課程と四年課程の履修基準が別々に定められたが、そのうち四年課程は表7－5のとおりである。四年課程の特徴として次の三点に注目したい。

①最低履修単位数を一三六単位とするのとあわせて、一四六単位という履修上限を設け、また教科専門科目に「専攻必修科目」を設けて他専攻の学生が履修できないようにした。これらは、むやみに多数の免許状を取得しないようにし、また、特定の分野をある程度深められるようにするための措置であった。ただし、就職のことを考えると二種類程度の免許状（おもに小・中学校の両方もしくは中学校の二教科）は取得できるよう配慮せざるをえず、「初等教育学科に於ては小学校教諭一級免許状（小免一級と略称する。以下同様）の外、中免一級又は幼免二級が取れるように、授業科目を用意する」「中等教育学科に於ては、中免一級の外、小免二級又は他教科の中免二級或は幼免二級が取れるように、授業科目を用意する」とされた。

表7-5　東京学芸大学における4年課程の履修基準（1952年度）

<table>
<tr><th colspan="2" rowspan="2"></th><th colspan="3" rowspan="2">小学校教員養成4年課程</th><th colspan="4">中学校教員養成4年課程</th></tr>
<tr><th colspan="2">甲教科</th><th colspan="2">乙教科</th></tr>
<tr><td colspan="2">一般教養科目</td><td colspan="3">36</td><td colspan="2">36</td><td colspan="2">36</td></tr>
<tr><td colspan="2">一般体育科目</td><td colspan="3">4</td><td colspan="2">4</td><td colspan="2">4</td></tr>
<tr><td rowspan="5">専門科目</td><td>一般外国語科目</td><td colspan="3">12</td><td colspan="2">12</td><td colspan="2">12</td></tr>
<tr><td rowspan="2">専攻必修科目</td><td>教材研究18</td><td rowspan="2">計24</td><td rowspan="3">計54</td><td rowspan="2">40</td><td rowspan="3">計50</td><td rowspan="2">36</td><td rowspan="3">計44</td></tr>
<tr><td>技能実習 6</td></tr>
<tr><td>選択必修科目</td><td colspan="2">30</td><td>10</td><td>8</td></tr>
<tr><td>教職科目</td><td colspan="3">25</td><td colspan="2">20</td><td colspan="2">20</td></tr>
<tr><td colspan="2">自由選択</td><td colspan="3">5</td><td colspan="2">14</td><td colspan="2">20</td></tr>
<tr><td colspan="2">計</td><td colspan="3">136</td><td colspan="2">136</td><td colspan="2">136</td></tr>
</table>

備考）1.「東京学芸大学カリキュラム」1952年4月1日より作成。
2. 履修上限は146単位とされた。

②中学校教員養成課程は「主として中学校の教科に従つて」社会科、理科、家庭科、職業科、国語科、書道科、数学科、音楽科、図画工作科、保健体育科、英語科の一一専攻に分けられたいっぽう、小学校教員養成課程はそれ自体「一つの専攻」とされた。小学校教員養成課程は、「小学校の8教科の1を単に選択履修せしめる」ことにしている。このように特定の教科に関する知識を深めることは、中学校の免許状をあわせて取得するには好都合だが、それがはたして小学校教員の専門性につながるのか、きわめて曖昧である。小・中学校の二つの免許状を取得しやすくするために、「中等教育学科〔中学校教員養成課程〕の専攻必修科目は、初等教育学科〔小学校教員養成課程〕の選択必修科目と、内容に於て大差はない」としなければならなかったといえる。小学校教員の専門性をたとえ教育学や心理学といった教職専門教育に見出していたとしても、できるだけ少ない履修で小・中学校の二つの免許状を同時に取得させるためには、教科専門教育重視のカリキュラムを作らざるをえなかったと考えられる。こうした小学校教員養成課程の特徴は、「教材研究を重視し、更に技能実習科目を置いた」点にあるとされた。

③最低履修単位数が一三六単位にまで増やされているのは外国語（英・独・仏）の最低履修単位数が従来の四から一二に増やされたからである。以前は外国語一つを必修としていたが、「外国語は軽視さる

べきでない」として英語を必修とし、あわせて第二外国語（独・仏）も選択必修とした。ただし、第4章で述べたとおり、五二年度ＩＦＥＬの報告書が「少くとも一般大学同様、二ヶ国語、十六単位を必修させる」べきだと主張していることと比べれば、一二単位で外国語を重視したとはいえないだろう。

こうした五二年度カリキュラムについて、山田昇[15]は「教員種別による教員養成の系統性は追求されたが、自由の範囲は狭められ」たと指摘した。以前のカリキュラムは学生が自身の興味・関心のある分野をある程度自由に深められたかのような指摘である。しかし、前述のとおり、一見自由度の高い以前のカリキュラムにおいても学生は、できるだけ多くの免許状を取得するという目的に縛られて必要な科目を詰め込むような履修をしていたと考えられる。つまり、以前から複数免許状取得という目的からは自由でなかった。

なお、この時期に「教員種別による教員養成の系統性」を「追求」していったのは東京学芸大学に限らず、全国的に共通していたと考えられる。「昭和二六年度教員養成の大学学部の学生募集及び附属学校について」（五一年一月一九日付文大教大九一号）などを通じて文部省は全国の教員養成系大学・学部に「課程別・免許教科別の入学定員を定めること」を強く求めている[16]ため、全国的にそうしたカリキュラムを作成せざるをえなかったのだろう。

第三節　日本教育大学協会第二部「カリキュラム研究全国集会報告書」

一九四九年一一月一五日に発足した日本教育大学協会（以下、「教大協」と表記）には、「主として教育の理論及び実際に関する研究、教授内容及び学生の補導に関する調査研究、並びにこれが改善に当る」ことを目的に「大学の教授、助教授、講師、助手（大学に包括された旧制教員養成諸学校の教官を含む）」から構成される「第二部」が設けられた。第二部は五〇年二月五日付で「カリキュラム研究資料の作成」を会員校に依頼し、このときの提出資料をもとに三月二八〜二九日、東京学芸大学にて「第二部カリキュラム研究全国集会」を開催した[17]。この集会の報告書である「カリキュラム研究全国集会報告書[18]」から、当時の教員養成系大学・学部におおよそ共通する傾向や課題として、次の四点を指摘しておきたい。

①いわゆる「小中兼修」「中免2教科主義」をほとんどの大学が認めている。「積極的根拠に立つて支持する主張は殆んどなく」「実状止むを得ない」という意見が主流であった。ただし、一部の大学からは「なるべく広い範囲に亘つて履修させ、それに従つて免許状が自然に取得出来るように指導すればよいという意見も」出された。また、「奈良大学〔奈良学芸大学〕のみが、中学校以上の如何なる教員も小学校教員になる実力をそなえないでは教員となる資格がないから、凡てのものに必ず小学校教員の免許状をとらせる必要があるという頗る積極的な意見を提出したが、この意見は必ずしも他の参加者によつて肯定されはしなかつた」と報告されている。小学校教員養成を中心に据えて教員養成のあり方を考えるべきだという意見は、当時必ずしも多数派とはいえなかったことがうかがえる。

②教科専門科目については、「時間がなかつたので、つつこんだ討議のできなかつた」と前置きしたうえで、「小学校教諭養成課程の専門科目をどうすべきかについては、まだ一般に考えが熟していない」と報告されている。「中学校教諭養成課程の専攻は教科別によるべきであろう」と確認されたいっぽうで小学校教員養成課程の専攻や教科専門科目をどのような内容とするのか、全国的に考えが熟していない様子がうかがえる。

③「どの程度の単位を用意するかということも、教官の数によつて規定されて来る」が、「完成年度における適確な教員数の分らない」点に問題があると述べている。新しいカリキュラムに合わせて教員組織を形成するより、実際に確保できる教員組織にカリキュラムをある程度合わせざるをえない大学が多かったと考えられる。

④とくに文理・教育学部の講座編成にかかわることだが、第６章で述べた四八年一二月一六日付文部省通牒によって徹底された文部省方針（人文科学・社会科学・自然科学に関する一般教養・教科専門科目は文理学部が担うとい

う方針）には、否定的な意見が主流を占めた。「専門科目を文理学部で受持つ際における連絡の困難が指摘され、教育学部でも、できるだけ専門科目を受持つべきだという論がかわされた」と報告されている。ちなみに『日本教育大学協会　50年のあゆみ』[19]には、五〇年初頭のこの時期、「教育学部では、人文科学、社会科学、自然科学関係の講座を六〜一〇講座おくところが多く、教育学部においても一般教養や専門科目を開講する傾向が指摘された」とあることから、文部省の方針とは異なり、一般教養・教科専門科目を開講していた教育学部が相当数あったと考えられる。

なお、とくに①と関連して、小中兼修・中免二教科にとどまらず、いくらでも免許状が取得できた大学の学生は、大学基準が定める最低履修単位数一二四単位を大きく上回る履修をしていた。

たとえば静岡大学の場合、最初の四年課程卒業者をみると、小学校教員養成課程に在籍した全七一名[20]のうち六八名（九五・八％）が中学校教員免許状（あわせて同じ教科の高等学校教員免許状）を取得している。さらに、六八名のうち六名は中学校教員免許状を二〜三教科にわたって取得した。小学校教員免許状とあわせて国語・数学・理科の中学校教員免許状（理科のみ二級）、つまり四種類の免許状を取得したある学生は、全部で二一七単位も修得している。二一七単位の内訳は、一般教養科目四七単位（全体の二一・七％。外国語七・体育四を含む）、教科専門科目一〇五単位（四八・四％）、教職専門科目六五単位（三〇・〇％）で、複数免許状取得のために教科専門科目を多く取得しなければならなかったことがうかがえる。ただし、四九年一二月制定「教育学部規程」[21]で定められた最低履修単位数は一二四単位、その内訳は一般教養科目三六（一二四の二九・〇％）、教科専門科目二四（一九・四％）、教職専門科目二五（二〇・二％）、残りは自由選択科目であった。

学生が自分の興味・関心のある分野を絞って文字どおり「自由」に選択したのではなく、免許状をできるだけ多く取得するという必要性に縛られて選択していた様子がうかがえる。

第四節　文科・理科区分と学芸課程設置の意味

1　北海道学芸大学

（1）教育組織

ここでは発足当初、複数の大学において設けられた文科・理科といった学科区分や免許状取得を義務づけないいわゆる学芸課程について検討していく。

まず、文科・理科といった学科区分を設けた北海道学芸大学について検討していきたい。北海道学芸大学は一九四九年度、北海道第一師範学校・北海道第二師範学校・北海道第三師範学校・北海道青年師範学校を再編して発足している。

発足当初の学則[22]により、二年課程は「小中学校教員養成」とされたいっぽう、四年課程は「学士課程及び教職員養成課程」とされた（第四条）。ただし、四年課程も二年課程と同様に小・中学校教員養成を目的としており、学生は「小学校コース」「中学校コース」のいずれかに所属し、それぞれ小学校免許状・中学校免許状の取得が卒業要件であった（第九条別表）。

北海道学芸大学は四つの分校と一つの分教場（札幌分校・函館分校・旭川分校・釧路分校・札幌分校岩見沢分教場）に分かれて発足した。後期二年の教育は「たてまえ上」札幌で行うことになっていたが、実際には各分校が担った。そのため、具体的な教育組織は各分校の「独自性に委ねられた」という[23]。

たとえば札幌分校（元北海道第一師範学校）は四九〜五五年度まで、中学校コースに文科・理科・芸能体育科・職業家庭科を置いたが、五六年度から「一層細分して、国語科・英語科・社会科という教科別」に再編し、「教員需給のバランスを考えるように」したというように[24]、五〇年代半ばからより目的養成志向を強めたことがうかがえる。

他方で、函館分校（元北海道第二師範学校）をみると、発足当初から目的養成志向の強さがうかがえる。四九・五〇年度は札幌分校と同様に「小学科」（小学校コース）および「文科・理科・芸能体育科・職業家庭科」という「大まかな区分」を採用したが[25]、これは一般教養を重視した教員養成を追究しようとしてのことではない。最大の理由は「師範学校が二年間残っている現実をも踏まえ[26]」たことにあった。師範学校はおそらく小学科・文科・理科・芸能体育科・職業家庭科という編成をとっており、それに大学も合わせたほうが好都合だった。文科・理科等の区分の意義は師範学校に合わせて効率的に養成することにしか見出されていなかったからこそ、師範学校が廃止された直後の五一年度から免許教科別に専攻するよう変更している。

函館分校では五一年度から、三年次以降の学生は国語・社会・英語・教育・数学・理科・音楽・図工・体育・職業・職業指導・家庭といった免許教科に合わせたいずれかの教室に所属するよう変更された。その直後、五一年一一月一二日の函館分校教官会で一年次から教室に所属し、特定の教科を専攻することを決定した。さらに五二年二月二六日の同教官会で小学校コースの学生も八教科に対応した教室に所属し、特定の教科を専攻することを決定している[27]。

実際に五二年度に設けられた専攻は小学校コース・中学校コースともに、免許教科に対応した国語・英語・社会・数学・理科・音楽・美術・保健体育・家庭・職業のほかに、教育学や心理学からなる教育であった[28]。ただし、大部分の学生は教科を専攻したと考えられる。そのほうが小・中学校両方の免許状をとるには効率がよい。「現実に要請される教員は、小学校中学校両方の免許状を持った者であったから、その養成を主とする本学としても、大学基準通りの履修単位では、教員の実質的養成にふさわしくないとする見地に立って、ガイダンスによる履修単位増をはか[29]」るというように、北海道学芸大学は履修指導を通じて両方の免許状取得を推奨していた。

表7-6　北海道における教員所要数・現在数・不足数（1950年4月30日）

	所要数	現在数	不足数	不足率（%）
小学校教員	20,092	15,788	4,304	21
中学校教員	10,998	9,237	1,761	16
計	31,090	25,025	6,065	20

備考）1.「北海道学芸大学要覧」1951年10月より作成。
2. 教員1名に対して小学校は児童約30名、中学校は生徒約25名の計算とされる。

表7-7　北海道における教員資格別数（1950年4月30日）

	一級免許状	二級免許状	仮免許状	無資格	無資格率(%)
小学校教員	34	4,214	4,645	6,895	44
中学校教員	66	4,692	1,829	2,650	29

備考）「北海道学芸大学要覧」1951年10月より作成。

（2）選択科目

先行研究では、選択科目は学生が免許状取得という目的に縛られず、自主的に興味・関心のある特定の分野を深めることを保障するものであり、教育刷新委員会（以下、「教刷委」と表記）の理念を実現する重要なものとして位置づけられてきた。ところが教員養成系大学・学部では、できるだけ多くの免許状取得を可能にするために選択科目を多くするという実態があった。

北海道学芸大学は発足当初、大学基準に即して最低履修単位数を一二四単位としたが[30]、前述のとおり履修指導によってより多くの単位を修得し、小・中学校両方の免許状を取得する学生が多かったと考えられる。両方の免許状取得に困らないよう、五二年度函館分校履修基準[31]には、「小学コース専攻で中学コースを副免とする」もしくは「中学コース専攻で小学コースを副免とする」場合の基準も明記された。さらに、両方取るために専攻科目でさえ「副免に当てることもできる」とされており、特定の分野を深めることより小・中学校両方の免許状取得が優先されていることがうかがえる。

複数免許状取得のためには、選択科目の単位数が多い履修基準を定めたほうが好都合である。そのため五三年度、最低履修単位数を一二四〜一三六単位（コース・専攻によって異なる）へ増加させた際、従来は二〇単位とされていた選択科目の最低履修単位数も増加させ、小学校コースでは二一

〜三三単位、中学校コースでは二六〜三八単位となった[32]。

北海道学芸大学が専攻の一部や自由選択を副免取得のための科目の履修に充てて小・中学校両方の免許状取得を推奨した背景には、表7－6、表7－7に示したような、深刻な教員不足に対応しなければならなかった現実があった。

（3）「学芸学士」か「教育学士」か

四九年度に発足した教員養成系大学・学部は、五二年度、最初の四年課程卒業生を輩出した。このとき教育学部に限らず、学芸大学・学芸学部も大部分の学生に学芸学士でなく教育学士を授与したと考えられる。

大学基準では四九年五月二四日の改訂[33]により、「学士号の種類」は「原則としてその出身学部名によるもの」、ただし「一学部の中にある一学科が他の学部に準ずる内容を有するときは、該当学部の名称を冠することができる」とされていた（「第二　基準」の八）。したがって大学基準に即していえば、学芸大学・学芸学部は原則として学芸学士を授与するはずだった。

ところが文部省は、最初の四年課程卒業者が出る直前の五三年二月二六日付で各大学に「学士号の種類およびこれに関する基準[34]」（文大大第八号）を通知し、学芸大学・学部の場合「小学校・中学校教員養成課程は教育学士」を授与し、「教職課程を修得しない者は学芸学士」を授与するとした。あわせて教育学部の場合は「教育学士　但し教職課程を修得しない者は学芸学士」を授与するとした。

この通知により、学芸大学・学芸学部であっても在籍学生の圧倒的多数を占める小・中学校の教員免許状取得者は教育学士、ごくわずかに免許状を取得しなかった者は学芸学士が授与されることになった。「学芸」すなわち一般教養を重視した教員養成という理念がこの頃には文部省でまったく顧みられず、実質をともなっていなかったことがうかがえる。

北海道学芸大学の場合、四九年六月一日制定の学則[35]で「学芸学士」としていたものを、五三年六月一七日改正[36]で「教育学士又は学芸学士」に変更した。ただし、前述のとおり発足当初から小学校免許状・中学校免許状を卒業要件としているため、学則改正前の五二年度卒業生に対してもほぼ全員に教育学士を授与したと考えられる。たとえば旭川分校（元北海道第三師範学校）は全員に教育学士を授与している[37]。

2　京都学芸大学

一部の大学は、養成課程のほかに、免許状取得を卒業要件としないいわゆる学芸課程を設けた。そうした大学の典型として、ここでは京都学芸大学について検討したい。京都学芸大学は四九年度、京都師範学校・京都青年師範学校を再編して発足している。

発足当初、「幼稚園・小学校教員養成課程」「中学校・高等学校教員養成課程」といった目的養成課程のほかに「学芸専修課程」を、四年課程だけでなく二年課程にも設けた。学芸専修課程は教職専門科目を必修としていない[38]。

こうした三つの課程別の履修基準とあわせて、次の四つの志望別の履修基準も示された（傍点は筆者による）。

㈠学芸専修志望　所属学科の授業科目について履修することを本体とする。
㈡小学校教員志望　小学校教員課程のための専門教育科目について、第一部（四年課程）は二四単位、第二部（二年課程）は一二単位を履修する。
㈢中学校教員志望　所属学科の授業科目についてさらに履修を重ねるか、他の教科の免許状を副免許状として取得するための履修をする。
㈣高等学校教員志望　所属学科の授業科目の履修に専念することを本体とする。

㈠の傍点のとおり学芸専修志望者は「所属学科の授業科目について履修する」と規定された。同じような規定は中学校教員志望者と高校教員志望者にも共通に設けられたいっぽうで、小学校教員志望者にだけない。学科の学問領域を深める必要性が小学校教員志望者にはあまり見出されていないことがうかがえる。

なお、学科として設けられたのは、教育学科・社会科学科・国文学科・英文学科・数学科・理学科・保健体育科・音楽科・美術科・家政科・職業科で、学生は入学当初からいずれかの学科に所属した（ただし二年課程の学生は教育学科には所属できない）。

このように京都学芸大学は発足当初学芸専修課程を設け、「学芸」大学、すなわち一般教養を中核とする大学であることを可視化しようとしたが、実際の学生の履修をみると学芸専修課程はきわめて例外的な課程であった。それは、五二年度の四年課程卒業者（最初の四年課程卒業者）一七六名中、学芸を専修して学芸学士を授与された者はたった三名（一・七％）しかいないこと、五三年度以降学芸専修課程が廃止される五五年度までの四年課程卒業者五六七名中、学芸学士は六名（一・一％）しかいないことに顕著である。[39]

京都学芸大学は五六年度に教育組織の再編や履修基準の改訂を行った。[40]その際、四年課程を「初等教育の研究を主とするもの」（第一類課程）と「中等教育の研究を主とするもの」（第二類課程）の二つに分け、学芸専修課程を廃止した。第二類課程で「学芸専修としての履修」も認めるとしたが、五六～六三年度に学芸学士を授与された者は一九名（年度ごとにみると〇～六名）、第一類・第二類卒業者二二七五名に対して〇・八％しかいない。[41]五五年度以前も廃止された五六年度以後も、「学芸」すなわち一般教養を主として修めた学生はごくわずかしかおらず、教員養成において一般教養を主とする理念が実質をともなっていなかったことがうかがえる。

いわゆる学芸課程は他の大学にも置かれたが、五〇年代に入ってすぐ文部省の指導もあって廃止となったところが多い。たとえば福井大学は「昭和二六年一二月二七日文大教大九八八号に基づき」五二年度入学生から「教養科」を廃止し、[42]大阪学芸大学は五三年度に「学芸課程」を廃止した。[43]

和歌山大学は発足当初から六二年度まで入学定員一五〜二〇人程度と小規模ながら「文理課程」を置き続けたが、六三年度、やはり文部省の行政指導によって廃止した。廃止は六六年度の学芸学部から教育学部への名称変更とあわせて、教員養成という目的を明確化する政策の一環であった。ただし、その後も免許状取得を希望しない者は哲学専攻、文学専攻といったように免許教科とは異なる特定の専門領域を専攻して学芸学士を授与された(44)。

山田昇はこうした和歌山大学の「文理課程」について「もともと学芸学部の性格形成、新しい教員養成の内実の形成（教師の教養の探求）と結合して追究されるべきであったし、その意味で育成されるべきものとして存在していた」にもかかわらず、「初めから免許状の取得を排除した専攻課程となって」いるという意味で「教員養成カリキュラムの質的変革からは分離されたものとなっている」と指摘し、また、「教員免許状の取得を希望しない学生などは、年々減少している。その意味では、制度的には教員養成大学化への抵抗の意思表示ではあっても、その実態を喪失しつつある」と指摘している(45)。

これは和歌山大学だけでなく、いわゆる学芸課程一般にもあてはまろう。学芸課程が免許状を取得しないごくわずかで例外的な学生のための課程として置かれている限り、一般教養を重視して師範タイプを克服するという教員養成の理念の実質化には結びつかないという指摘であった。

第五節　岡山大学教育学部にみる小学校教員養成と中学校教員養成の関係性

最後に、岡山大学の事例から、小学校教員養成と中学校教員養成の関係性（具体的には、小学校教員養成のほうが中学校教員養成より低位にあるといった認識）について検討していきたい。岡山大学は一九四九年度、岡山医科大学・第六高等学校・岡山師範学校・岡山青年師範学校・岡山農業専門学校を再編し、医学部・法文学部・理学部・教育学部・農学部で発足している。

表7-8　岡山大学教育学部における履修基準（1952年度）

<table>
<tr><th colspan="4">小学校教員養成課程</th><th colspan="4">中学校教員養成課程</th></tr>
<tr><th colspan="2">科目</th><th colspan="2">最低履修単位数</th><th colspan="2">科目</th><th colspan="2">最低履修単位数</th></tr>
<tr><td rowspan="3">一般教養科目</td><td>人文科学</td><td>12</td><td rowspan="3">36</td><td rowspan="3">一般教養科目</td><td>人文科学</td><td>12</td><td rowspan="3">36</td></tr>
<tr><td>社会科学
（憲法2単位必修）</td><td>12</td><td>社会科学
（憲法2単位必修）</td><td>12</td></tr>
<tr><td>自然科学</td><td>12</td><td>自然科学</td><td>12</td></tr>
<tr><td colspan="3">外国語（英語・独語・仏語から1つ）</td><td>8</td><td colspan="3">外国語（英語・独語・仏語から1つ）</td><td>8</td></tr>
<tr><td rowspan="4">教科専門科目</td><td>3教科以上
（各2単位）</td><td>6</td><td rowspan="4">24</td><td rowspan="4">教科専門科目</td><td colspan="2" rowspan="2">甲教科の場合</td><td rowspan="2">40</td></tr>
<tr><td>教材研究7教科以上
（図工、体育
各2単位必修）</td><td>14</td></tr>
<tr><td>初等音楽</td><td>2</td><td colspan="2" rowspan="2">乙教科の場合</td><td rowspan="2">35</td></tr>
<tr><td>選択</td><td>2</td></tr>
<tr><td rowspan="4">教職専門科目</td><td>教育心理</td><td>7</td><td rowspan="4">30</td><td rowspan="5">教職専門科目</td><td>教育心理</td><td>5</td><td rowspan="5">20</td></tr>
<tr><td>教育原理</td><td>7</td><td>教育原理</td><td>5</td></tr>
<tr><td>教育実習</td><td>5</td><td>教科教育法</td><td>4</td></tr>
<tr><td rowspan="2">選択</td><td rowspan="2">11</td><td>教育実習</td><td>5</td></tr>
<tr><td>選択</td><td>1</td></tr>
<tr><td colspan="3" rowspan="2">自由選択科目</td><td rowspan="2">22</td><td rowspan="2">自由選択科目</td><td colspan="2">甲教科の場合</td><td>16</td></tr>
<tr><td colspan="2">乙教科の場合</td><td>21</td></tr>
<tr><td colspan="3">体育</td><td>4</td><td colspan="3">体育</td><td>4</td></tr>
<tr><td colspan="3">計</td><td>124</td><td colspan="3">計</td><td>124</td></tr>
</table>

備考）1.　岡山大学教育学部「学生の手引」1952年4月より作成。
2.　甲教科：社会・理科・家庭・職業、乙教科：国語・数学・音楽・図画工作・保健体育・保健・職業指導・外国語。

四八年七月二九日付「岡山大学設置認可申請書」[46]の一つの特徴は、教科専門科目を「専門科目」「教材研究」の二つに分けたこと、小学校教員養成課程の学生は「専門科目」（たとえば哲学、国文学、数学など）の単位を「教材研究のみ又は教職の単位を以て代ふることを得」としたことにある。小学校教員養成では、「専門科目」の履修を通じて特定の教科にかかわる学問領域を深める意義があまり見出されていないことがうかがえる。もちろん発足後、実際には教育職員免許法施行規則に即し、教材研究だけでない教科専門科目（設置申請書でいう「専門科目」）も履修させている（表7－8）。

学生は、小学校教員養成四年課程（第一類）、小学校教員養成二年課程（第二類）、中学校教員養成四年課程

（第三類）、中学校教員養成二年課程（第四類）のいずれかを選択して入学した。五二年度制定の教育学部規程[47]では、入学後に小学校教員養成課程から中学校教員養成課程への変更もその逆の変更も「原則としてこれを認めない」（第二二条）とされたが、「当分の間」に限り中学校教員養成課程から小学校教員養成課程への変更のみ「認めることがある」とされた（附則）。

表7－8のとおり、小学校教員養成課程と中学校教員養成課程で履修科目がもっとも異なってくるのは教科専門科目である。異なっていても中学校教員養成課程から小学校教員養成課程への変更は認めるいっぽうでその逆は認めないとした背景には、中学校教員養成より小学校教員養成のほうが低位にある、あるいは中学校教員養成の教科専門教育より小学校教員養成の教科専門教育のほうが低位にあるといった認識があったのではないだろうか。

さらに、第8章で述べるとおり、岡山大学の教科専門教育は、五〇年代半ば以降になってもなお、中学校教員養成のための教科専門科目を法文・理学部が開講するいっぽう、法文・理学部と重複する科目を教育学部では開講させないという原則を徹底していた点に、他の大学にはない特徴があった。こうした原則の背景には、法文・理学部の専門教育は中学校教員養成の教科専門教育を兼ねられるいっぽう、その逆はできないという認識があったと考えられる。

なお、前述の五二年度制定の教育学部規程によると、中学校教員養成課程の学生が国語・社会・数学・理科・音楽・美術・保健体育・家政・職業・英語の教科から「一を主として専攻」するいっぽう、小学校教員養成課程の学生は「専攻することができる」だけであった（第九条）。小学校教員養成では特定の教科の専攻も教育学や心理学といった教職専門領域の専攻も義務づけられておらず、大学教育を通じて何を深めるのか曖昧だったことがうかがえる。

第六節　小括

一九四八年九月頃に作成された複数の大学の設置認可関係書類に小学校教員養成の教科専門科目の一領域として、「高級一般教養」（大阪学芸大学、福岡学芸大学）、「教職的でない普通専門科目」（静岡大学）といった、一般教養科目との連続性を強調した科目を置こうとする案がみられた。こうした案は、九月付の大学設置委員会案（「小学校教員養成最低基準（案）」「中学校教員養成最底《〔ママ〕》基準（案）」）に倣ってまとめられたと考えられる。

大学設置委員会案は小学校教員養成、しかも四年課程に限定して教科専門科目の一部を「上級一般科目」とするとした。教科専門科目は全部で三二単位だが、そのうちの半分以上にあたる一八単位が上級一般科目で占められていた。また、一般教養科目（四〇単位）と上級一般科目（一八単位）をあわせると五八単位にも上った。卒業に必要な一二四単位から体育四単位を引いた一二〇単位の約半分を一般教養・上級一般科目にあてる案である。こうした大学設置委員会案から、小学校の教科専門教育は程度の高い一般教養を含むとみなされていたことがうかがえる。

大阪学芸大学の場合、発足直前の四九年四月時点でも「高級一般教養」を置こうとしていた。実際に「上級一般科目」「高級一般教養」といった名称の科目を置いた大学はほとんどなかったと考えられるが、小学校の教科専門教育は「上級」「高級」な一般教養を含むといった意識はその後も教員養成系大学・学部へ引き継がれていったと考えられる。

発足した教員養成系大学・学部の大部分は、小・中学校教員養成を効率的に行う目的養成機関であった。深刻な教員不足のために小・中学校両方の免許状や複数教科の免許状を取得することが求められている現実において、多くの大学・学部が複数免許状取得を効率的にできるようなカリキュラムを用意したと考えられる。

大学は複数免許状取得のために選択科目の単位数を増やし、学生も複数免許状取得のために自由選択の枠を使って複数教科にわたる多くの教科専門科目を履修した。学生が興味・関心のある分野を主体的に選択して特定の分野を深めるのではなく、できるだけ多くの免許状を取得するために必要な科目を詰め込んでいくといった実態において、幅広く教科専門科目を履修する意義が強調された。幅広い学修の目的は小・中学校両方の免許状を取得する、あるいは中学校の複数教科の免許状を取得することにあり、そうした実態は幅広い一般教養を通じて師範タイプを克服するといった教刷委の示した理念とはかけ離れていた。

東京学芸大学は早くも五〇年二月に大泉分校がまとめた報告書において、「リベラル・アーツ・カレッジの型（アカデミズム・専門学科主義）」を否定し、「ティーチャーズ・カレッジの型（プロフェショナリズム・職能主義）」を追究すると明記した。教員養成では「学者」となるような「アカデミックなもの」とは異なる教科専門教育が必要だと主張するなかで、師範タイプやそれを生み出した師範教育を克服するといった課題意識は急速に後退していった。教科専門教育に幅広さや総合性が求められたが、これらの主張は師範タイプ批判ではなく、戦前の教員養成とは異なる文脈にあったはずの旧制大学のアカデミズム批判に立脚するようになっていった。

一部の学芸大学・学部は、いわゆる学芸課程を置いて教員養成大学化への抵抗を可視化したが、文部省の指導によって廃止されていった。ただし、廃止以前から学芸課程は免許状を取得しないごくわずかな学生のために設けられた例外的な課程というように、養成課程とは切り離されており、一般教養を重視して師範タイプを克服するという教員養成の理念の実質化には結びつかなかった。

とくに小学校教員養成では、大学教育を通じて何を深めるのか、きわめて曖昧だった。特定の教科専門を深めることは、中学校の免許状をあわせて取得するために必要だったが、それがはたして小学校教員の専門性につながるのかはよくわからないままだった。岡山大学設置認可申請書にあるように、小学校教員養成では教材研究以外の教科専門を深める意義があまり見出されていなかったが、かといって教育学や心理学の教職専門を深める意義もほとんど強調されなかった。

このように発足当初の教員養成系大学・学部では、小学校教員養成の教科専門教育は程度の高い一般教養を含み、幅広く学修しながら中学校の免許状をあわせて取得するために特定の教科についても修める、中学校教員養成の専門教育は特定の教科の学問領域を深めながらも同時に幅広く行って副とする教科や小学校の免許状もあわせて取得するといった方法で効率的な養成が行われるようになっていった。その過程において、一般教養を重視して師範タイプを克服するといった理念は顧みられなくなっていった。

注

（1）ともに「戦後教育資料」Ｖ－10所収、Ⅵ－129も同じ、国立教育政策研究所所蔵

（2）「戦後教育資料」Ｖ－10所収

（3）簿冊表題「大阪教育大学」国立公文書館所蔵

（4）「昭和二十三年度　教官会議録」大阪教育大学所蔵。出席者をみると、大阪第二師範学校教官会議録であることがわかる。

（5）「昭和二十四年度　教官会議録」大阪教育大学所蔵。出席者をみると、池田分校（元大阪第二師範学校）教官会議録であることがわかる。

（6）一九五〇年度起「講義分担表綴」大阪教育大学所蔵

（7）簿冊表題「福岡教育大学」国立公文書館所蔵

（8）簿冊表題「自昭和24年4月至昭和27年3月　静岡大学　第1冊」国立公文書館所蔵

（9）一九四八年一一月二五日付『静岡新聞』「三学部制で各校連合　静岡大学の構想　最初の二年、文、理二本建」

（10）一九四九年一一月七日付「大泉分校カリキュラム再検討委員会報告（第一）」（東京学芸大学創立五十周年記念誌編集委員会編『東京学芸大学五十年史　資料編』東京学芸大学創立五十周年記念事業後援会、一九九九年、三三九～三四三頁所収）。以下、本報告書の引用は同じ箇所からによる。

（11）国立教育研究所編『日本近代教育百年史６』教育研究振興会、一九七四年、五七九頁（執筆者は山田昇）

（12）一九五〇年二月一日付「大泉分校学科課程再検討委員会「第二報告」」（前掲『東京学芸大学五十年史　資料編』三〇〇～三〇

九頁所収）。以下、本報告書の引用は同じ箇所からによる。
(13) 東京学芸大学「学生便覧」一九五一年四月。五六頁に明記されているように「昭和二十五年度から実施されている暫定案」が示されているが、「昭和二十六年度も大体この案によつて」実施されていた。
(14) 前掲『東京学芸大学五十年史　資料編』三〇九～三二五頁所収。以下、一九五二年度「東京学芸大学カリキュラム」の引用は同じ箇所からによる。
(15) 海後宗臣編『戦後日本の教育改革8　教員養成』東京大学出版会、一九七一年、一九五頁（執筆者は山田昇）
(16) 愛知教育大学史編纂専門委員会『愛知教育大学史』愛知教育大学、一九七五年、一五六頁
(17) 50年史編集委員会編『日本教育大学協会　50年のあゆみ――活動の記録』日本教育大学協会、二〇〇二年、一三～一九頁
(18) 一九五〇年三月付日本教育大学協会第二部「カリキュラム研究全国集会報告書」（前掲『東京学芸大学五十年史　資料編』三三三～三三八頁所収）。以下、本報告書の引用は同じ箇所からによる。
(19) 前掲『日本教育大学協会　50年のあゆみ』一七頁
(20)「昭和二八年三月十五日卒業（但し単位未修得等により昭和二八年九月三十日までに卒業した者を含む）学籍簿　小学校教員養成課程（修業年限四年）」静岡大学所蔵
(21)「評議会議事録　昭和二十四年」に一九四九年一二月二一日評議会決定事項として綴じられている。静岡大学所蔵
(22) 一九四九年六月一日制定五一年九月一八日最終改正「北海道学芸大学学則」（「北海道学芸大学要覧」一九五一年一〇月所収、北海道教育大学所蔵）
(23) 北海道教育大学函館分校創立六十年史編纂委員会編「北海道教育大学函館分校創立六十年史」北海道教育大学函館分校、一九七五年、二一二～二一四頁
(24) 北海道学芸大学札幌分校創立七十周年記念事業協賛会編集発行『北海道学芸大学札幌分校七十年小史』一九五六年、四四頁
(25) 前掲『北海道教育大学函館分校創立六十年史』二一二頁
(26) 同右
(27) 同右、二一二～二一四頁
(28)「北海道学芸大学函館分校履修基準」一九五二年四月、北海道教育大学所蔵
(29) 前掲『北海道教育大学函館分校創立六十年史』二一六頁
(30) 前掲「北海道学芸大学要覧」一九五一年一〇月、「北海道学芸大学要覧」一九五二年一〇月、北海道教育大学所蔵

(31) 前掲「北海道学芸大学函館分校履修基準」一九五二年四月
(32)「北海道学芸大学要覧」一九五三年一〇月、北海道教育大学所蔵
(33) 近代日本教育制度史料編纂会編『近代日本教育制度史料』第二四巻、大日本雄弁会講談社、一九五七年、三六六頁
(34)「学生便覧」福井大学、一九五三年度に抜粋が掲載されている。
(35) 前掲「北海道学芸大学要覧」一九五一年一〇月
(36) 前掲「北海道学芸大学要覧」一九五三年一〇月
(37) 北海道教育大学旭川分校創立六十周年記念誌編集委員会編『北海道教育大学旭川分校六十年史』北海道教育大学旭川分校創立六十周年記念事業実行委員会、一九八四年、一〇六頁
(38) 京都学芸大学開学十五周年誌編集委員会編『開学十五年誌』京都学芸大学、一九六四年、三三一～三四頁
(39) 同右、一一二頁
(40) 同右、四一～四二頁
(41) 同右、一一二頁
(42) 前掲「学生便覧」福井大学、一九五三年度
(43) 大阪教育大学120周年記念誌編纂委員会編集発行『大阪教育大学120年のあゆみ』一九六九年、三一頁
(44) 山田昇「学芸学部の歴史と性格（覚書）――和歌山大学教育学部の場合」日本教育学会教育制度研究委員会教員養成研究小委員会編『教員養成の諸問題』一九七一年九月、二四～二六頁
(45) 同右、二六頁
(46) 岡山大学所蔵
(47)「学生の手引」岡山大学教育学部、一九五二年四月、岡山大学所蔵。

第8章

教員組織の形成過程

本章では、教員養成系大学・学部の教員組織に注目し、一般教養を重視して師範タイプを克服するという理念が教員養成系大学・学部において実質をともなわなかったことを明らかにする。言い換えれば、理念の追究より師範学校・青年師範学校の教員を新制大学に移行させることが優先されたこと、そうした中で師範学校・青年師範学校の教員組織におおよそ合わせてカリキュラムを考えざるをえず、新しいカリキュラムの充実が後回しにされていったことを明らかにしていきたい。

なお、従来の研究では師範学校・青年師範学校の教員をとりあげる際、本科の教授・助教授と予科の教諭が区別されてこなかった。しかし、本科は専門学校程度、予科は中等学校程度であって、新制大学に移行する対象となっているのは原則として本科の教授・助教授に限定されるはずである。それをふまえて本章では、できる限り本科の教授・助教授に限定したい。

第一節では発足当初の学内審査に焦点を絞って、師範学校の教員組織がおおよそ新制大学へ移行していく過程を描き出す。

第二節では教育学部に焦点を絞り、養成カリキュラムを文理学部とともに担うがゆえに直面した課題を明らかにしていきたい。

第一節　設置申請から発足初期の教員組織

1　神戸大学

大学設置委員会へ申請する以前に各大学（前身校）で行われる学内審査は、師範学校・青年師範学校のみから再編された学芸大学の場合、当然、師範学校・青年師範学校の水準に合わせて進められた。他方、総合大学の場合は再編される旧制高等教育諸機関の中でもとくに学問業績においてもっとも水準の高い機関に合わせて進められる傾向にあったと考えられる。ただしそうした大学であっても、師範学校・青年師範学校の教員をできるだけ新制大学へ移行させなければ学部や大学の発足が危ぶまれるであろう。教員養成系大学・学部を発足させなければその都道府県内の義務教育教員が大量に不足することになる。そのため、師範学校・青年師範学校の教員の多くは新制大学へ移行していったと考えられる。

ここでは前身校に旧制大学も含まれたため非常に厳しい学内審査が行われた事例として神戸大学をとりあげ、厳格な審査が行われたとしても結果として師範学校・青年師範学校の教員の多くが新制大学へと移行していったことを沿革史に基づいて確認しておきたい。

なお、沿革史で対象となっている兵庫師範学校・兵庫青年師範学校の教員は、本科の教授・助教授に限定されていると考えられる。神戸経済大学が両校の教員に対して「大体に於て大学教授たるの資格なし」(1)といったきわめて厳しい評価をしていることなどから、予科の教諭が含まれているとは考えにくい。

神戸大学は一九四九年度、神戸経済大学・神戸経済大学附属経営学専門部・神戸経済大学予科・姫路高等学

校・神戸工業専門学校・兵庫師範学校・兵庫青年師範学校から再編され、文理学部・教育学部・法学部・経済学部・経営学部・工学部の六学部で発足している。

四八年四月三〇日、神戸経済大学（以下、「経大」と表記）の「学制改革委員会」において、文部省の「兵庫大学」案が検討された。このとき田中保太郎学長（のちに神戸大学初代学長になる）が「師範を入れる事によつて水準《レベル》の低下することを憂慮」する発言をし、別の委員が「師範の教授は大体に於て大学教授たるの資格なしの建前から、師範は之を附属的に吸収し得ぬかと提案」している。[2] このように、経大は「兵庫大学」の母体に師範学校・青年師範学校も入れることに強く反発していたが、文部省・CIEが決めた一府県一大学の原則に沿って県内の官立高等教育機関は一つの国立大学へ再編されることになった。

なお、四月末の「兵庫大学」案は兵庫師範学校・兵庫青年師範学校を「学芸学部」にする案だったが、五月三一日に経大・兵庫師範学校・兵庫青年師範学校間で開かれた「師範学校問題研究会」（各校代表者計一三名が参集）では「教育学部」になっている。[3] 当初は学芸学部を置くとしていた文部省が四月末から五月末のあいだに教育学部へ方針を変更し、神戸大学へ伝えたと考えられる。

六月一二日、経大教授会において、兵庫師範学校・兵庫青年師範学校も大学に再編することが「十三対十の比較的僅少差」で承認された。[4] 経大には「師範学校は三段とびの成り上り者と見えたにちがいな」く、したがって経大の本音としては両校の「予算・定員・施設はほしいが、スタッフはほしくなかった」[5] と考えられる。

七月一八日、各前身校の校長を中心に構成された「神戸大学設置準備委員会」において、「各学部担当教授・助教授・助手・講師編成（申請書用仮決定）の確認及び追加・変更」が行われた。このとき、教育学部に再編される兵庫師範学校・兵庫青年師範学校から「非難」が出されている。「非難」とは、福富正吉（兵庫師範学校長）からの「学識・伎倆ある者が、助手・講師に転落して居る」という問題の指摘、三宅義一（兵庫青年師範学校長）からの「師範には残つた者（教官）が多数ある」ので「講座を変更して人員を収容して戴きたい」という要求である。とくに三宅の要求に対して経大は「講座の変更は論外」（坂本弥三郎第二学部長）だとし、「各部の担当教員編成を一応完了」する（田中学長）といったん打ち切った。(6)

しかし、この「仮決定」の直後の七月二六日から「人事選考の機構、基準、方法について」の審議が再び始まった。同日、福富師範学校長は「師範は教員養成の特殊事情を考えてほしい。高専になつてから四年〔ママ〕にしかならぬ」と要求した。これに対し、田中経大学長は「教授たる者は教えるより先ず研究者たるを要す」「審査は学問的水準からやる」と主張した。こうした厳しい状況下で、現員の「少くとも八〇％」を大学へ移行させたいと考えていた兵庫師範学校は、八月二三日の神戸大学設置準備委員会で要求を「六五％以上」に引き下げざるをえなかった。(7)

一二月七日時点での移行予定者数（割合）をみると、兵庫師範学校は六八％、兵庫青年師範学校は八三％であった。八月の要求より上回っているが、経大（専門部・予科を除く）九五％、姫路高等学校九〇％と比べるとかなり低い。

こうした厳しい状況は兵庫師範学校・兵庫青年師範学校だけでなく、六四％にとどまっている神戸工業専門学校も同じだったと考えられるが、(8)とくに師範学校・青年師範学校にとって厳しく、降格者を多く出したのは間違いない。旧制諸学校の教授のうち五三年度までに神戸大学の教授になった者の割合をみると、経大（専門部・予科を除く）九六・四％（旧制の教授二八名中二七名）、姫路高等学校二九・〇％（三一名中九名）、神戸工業専門学校二一・九％（三二名中七名）に対し、兵庫師範学校は三・四％（五九名中二名）、兵庫青年師範学校は八・三％（一二名中一名）にとどまった。(9)

兵庫師範学校・兵庫青年師範学校の教員（四八年度時点で一二七名）は、このように多くが降格させられても、ほとんどが大学へ移行できた。移行先を教育学部に限定してしまうと五三年度までに移行できた者は四六・五％（五九名）にとどまる。しかし、他の学部も視野に入れると七六・四％（七七名）(10)にも上る。このように、きわめて厳しい学内審査を行った神戸大学でさえ、師範学校・青年師範学校の教員の八割近くが新制大学へ移行できた。なお、教育学部以外の学部に移った教員の大部分は文理学部に移行した。それは、四八年一二月一六日付文部省通牒などによって文理学部が一般教養・教科専門教育を原則として担うとされたため、当然といえる。兵庫師範学校・兵庫青年師範学校から神戸大学へ移行した七七名を所属学部別にみると、教育学部五九名（七六・六％）、文理学部一五名（一九・五％）、工学部・経済学部・法学部に各一名であった。[11]

2　東京学芸大学

次に、師範学校・青年師範学校のみから再編されたため、教員養成諸学校の水準に合わせて学内審査を進めることができた学芸大学の一つとして、東京学芸大学について検討していきたい。東京学芸大学は四九年度、東京第一師範学校・東京第二師範学校・東京第三師範学校・東京青年師範学校を再編して発足している。

東京学芸大学（前身校）は四八年五月頃「大学設置準備委員会」を発足させている。委員の一人だった岩下富蔵（東京第一師範学校）は、大学設置にあたって最大の問題となったのは第一・第二・第三師範学校のどこを大学の本部にするかということであり、「教官数、教官の選考方針」などを含む「一般的な問題」は「大体予定通り順調」に審議が進んだと回想している。[12]学芸大学を含む他の多くの大学と違って、師範学校の教員をいかに新制大学へ移行させるかという問題がさほど深刻ではなかったことがうかがえる。ちなみに岩下と同じく委員だった藤本光（東京第二師範学校）も同様にどこを大学の本部にするかということが最大の問題だったと回想している。[13]こうした師範学校間の「覇権争い」は後述する愛知学芸大学などでもみられ、学芸大学でおおよそ共通する問題だったと考えられる。

四八年八月付「東京学芸大学設置認可申請書」[14]は、大学の教員定員として見積もった四一八名（教授、助教授、講師、助手からなる。講座外一〇名を除く）に対し、大学教員候補者一八五名（四一八名の四四・三％）を配置して審査を請求した。おそらく四一八名という定員は、後述する大阪学芸大学や福岡学芸大学などの事例から判断して五一年度か五二年度のものと考えられる。発足初年度は第一学年の学生しかいないため、設置申請の段階では候補者一八五名も確保できればとりあえず十分だったといえよう。

なお、「東京学芸大学設置認可申請書」には、教員候補者のほぼ全員について大学設置委員会の審査結果が記録されている。記録がないのは助手候補者の一部のみである。おそらく助手の中でも授業を担当しない者のみ、大学設置委員会の審査を経ずに採用できたのだろう。

記録は、多くの大学が実地審査前にとりあえずの審査結果を伝えられていることなどから判断して、実地審査が始まる四九年一月六日以前のものと考えられる。表8－1のとおり、結果はA～Dや可、Sで示されているが、一月六日以降の再審査や実際の職位・担当科目と照らし合わせるとA～Cおよび可は合格、Dは不合格、Sも不合格と考えられる。一部の者には「講師ナラ可」「業績なし」というように条件や理由も併記された。

前述のとおり四八年八月に申請された大学教員候補者は全部で一八五名だったが、そのうち少なくとも一七八名（一八五名の九六・二％）は、前身校（東京第一師範学校・東京第二師範学校・東京第三師範学校・東京青年師範学校）の教員であり、さらにその中でも一三〇名（一七八名の七三％）は、前身校の校長（文部教官または文部事務官一級または二級）・教授（文部教官一級または二級）である。残り四八名は当時の職位が文部教官二級または三級と明記されており、おそらくほぼ全員が本科の助教授だと考えられるが、同じく文部教官二級または三級である予科の教諭も含まれている可能性を否定できない。したがって、本科の教員と断定できるのは校長・教授の一三〇名である。

この一三〇名について、（1）四八年八月の大学設置委員会へ設置申請した際の大学で予定されていた職位・担当学科目または講座・任用予定年度と大学設置委員会による審査結果、（2）四九年一～四月まで行われた再審査請求とその結果、（3）東京学芸大学移行直後の職位・担当学科目または講座を表したものが表8－1である。これらについて、次の五点を指摘しておきたい。

①(1)に示したとおり、設置申請書提出当初に東京学芸大学の教授、助教授、講師に任用予定として審査請求された者はそれぞれ四〇名（一三〇名の三〇・八％）、八五名（六五・四％）、五名（三・八％）であった。学内審査で助教授に降格された者は多かったが、講師に降格された者はきわめて少なかったことがうかがえる。助手に降格された者はいない。

②同じ(1)に示したとおり、当初の審査結果をみると、不合格であっても「助教授可」のように降格を条件に東京学芸大学への移行が認められている教員が多い。また、「B　国文学ハ不適当」（国語学科8・9の教員）というように、おそらく科目変更を条件に申請された職位のまま適格判定を出す場合もあった。他方、「業績なし」「教歴業績不充分」にもかかわらず、Cで教授・助教授として合格している教員（国語学科6・11、教育学科1など）もいた。大学設置委員会の審査はできるだけ師範学校・青年師範学校の教員が大学へ移行できるように進められたことがうかがえる。

③(1)に示したとおり、当初は講師に任用予定として申請された者が五名いた。彼らは皆AやBという比較的良好な判定を得たためであろう、五名中四名（国語学科20～22および美術科5）は(2)で教授・助教授に昇格して再審査を請求している。この四名は全員、教授・助教授としてBという良好な判定を得た。残り一名（体育学科3）も再申請さえすれば助教授以上の適格判定を得られた可能性が十分ある。ところがこの一名だけ、教授や助教授で申請されることなく講師にとどめられた。それは、大学設置委員会の審査に合格できないからではなく、大学全体の教員構成など学内事情によるものと考えられる。

④旧制高等教育諸機関の教員が新制大学に移行するためには、大学設置委員会の審査に合格しなければならない。この条件が廃止されるのは五四年度頃である。[15] 大学設置委員会の審査結果に不服がある場合、先の条件が廃止されるまでの期間に再審査請求することもあった。たとえば社会学科1の教員は、(1)で法律学の教授として不

表8-1　東京学芸大学前身校校長・教授の審査結果

学科	教員	(1) 1948年8月申請の職位（担当学科目又は講座・任用予定年度）：審査結果	(2) 再申請（変更後の科目）：審査結果（年月） ＊…記録がないいっぽう、(1)と(3)を勘案すると再審査を受けた可能性が高い。	(3) 東京学芸大学での職位（任用年月） ＊…学科目または講座が(1)(2)と一致しないため、別の機会に再審査を受けた可能性がある。
社会学科	1	教授（法律・1949）：「D助教授ナラ可」	教授（教育〔学〕）：C（1949年2月）	記録なし
	2	教授（社会・1949）：修〔身〕は「不適」・哲〔学〕はC		兼任教授（1949年〔月不明〕）＊哲学
	3	助教授（法律・1949）：「D講師ナラ可」		講師（1949年8月）
	4	助教授（社会倫理・1949）：B		助教授（1950年8月）
哲学科	1	教授（倫理学・1949）：A		教授（1949年5月）
	2	教授（倫理学・1949）：B		教授（1950年4月）
	3	助教授（哲学・1949）：C		助教授（1951年3月）
	4	助教授（哲学・1949）：B		助教授（1950年4月）
	5	助教授（哲学・1950）：B		助教授（1951年3月）
	6	助教授（倫理学・1950）：B		助教授（1951年3月）
地理学科	1	助教授（1949）：A	教授（史学）：A（1949年2月）	教授（1949年8月）＊地理
	2	助教授（1949）：A		助教授（1949年8月）
	3	助教授（1949）：A		助教授（1949年8月）
	4	助教授（1950）：B		助教授（1951年5月）
	5	助教授（1950）：B		助教授（1951年5月）
	6	助教授（1951）：B		助教授（1951年3月）
	7	助教授（1952）：C		助教授（1951年3月）
史学科	1	教授（国史・1949）：A		教授（1950年4月）
	2	教授（東洋史・1949）：「審査記録なし」	＊	教授（1949年8月）
	3	教授（史学・1949）：A		教授（1949年8月）
	4	教授（国史・1949）：B		教授（1951年4月）
	5	助教授（西洋史・1949）：B		助教授（1950年4月）
	6	助教授（東洋史・1949）：A		助教授（1949年8月）
	7	助教授（東洋史・1949）：A		助教授（1951年4月）
	8	助教授（国史・1950）：A		助教授（1950年4月）
	9	助教授（西洋史・1951）：B		助教授（1950年4月）
	10	助教授（東洋史・1951）：B		助教授（1949年8月）
	11	助教授（国史・1952）：B		助教授（1951年3月）
	12	助教授（国史・1952）：B		記録なし

国語学科	1	教授（言語学・1949）：B		教授（1952年8月）
	2	教授（国文学・1949）：B		教授（1950年4月）
	3	教授（国文学・1949）：B		教授（1951年3月）
	4	助教授（国文学・1949）：A		助教授（1950年4月）
	5	助教授（国文学・1949）：B		助教授（1951年3月）
	6	助教授（国文学・1949）：「C　業績なし」		助教授（1949年8月）
	7	助教授（国文学・1949）：B		助教授（1950年4月）
	8	助教授（国文学・1949）：「B　国文学ハ不適当」		記録なし
	9	助教授（国文学・1949）：「B　国文学ハ不適当」		助教授（1950年4月）＊漢文学
	10	助教授（漢文学・1950）：B		助教授（1950年4月）
	11	助教授（国文学・1950）：「C　業績なし」		助教授（1950年4月）
	12	助教授（国文学・1950）：B		助教授（1949年6月）
	13	助教授（漢文学・1950）：B		助教授（1951年3月）
	14	助教授（国文学・1950）：B		助教授（1950年4月）
	15	助教授（国文学・1951）：B		助教授（1951年3月）
	16	助教授（漢文学・1951）：B		助教授（1950年4月）
	17	助教授（漢文学・1951）：「C　業績なし」		記録なし
	18	助教授（国文学・1952）：B		助教授（1952年3月）
	19	助教授（国文学・1952）：B		助教授（1952年3月）
	20	講師（国文学・1949）：A	教授：B（1949年2月）	教授（1951年3月）
	21	講師（漢文学・1949）：B	教授：B（1949年2月）	教授（1950年4月）
	22	講師（国文学・1949）：A	教授：B（1949年2月）	教授（1951年3月）
外国語学科	1	助教授（英文学・1949）：B		助教授（1949年8月）
	2	助教授（英文学・1949）：B		助教授（1950年4月）
	3	助教授（英文学・1949）：B		助教授（1951年3月）
	4	助教授（英文学・1949）：B		助教授（1951年3月）
	5	助教授（英文学・1949）：B		助教授（1950年9月）
	6	助教授（英文学・1949）：B		助教授（1949年8月）
数学科	1	教授（1949）：C		1949年東北大学教授
	2	教授（1949）：B		教授（1951年3月）
	3	教授（1949）：A		教授（1949年8月）
	4	教授（1950）：C		教授（1949年8月・数学科教育）
	5	教授（1950）：「D　助教授」		助教授（1949年8月）
	6	助教授（1949）：C		助教授（1950年4月・数学科教育）
	7	助教授（1949）：C		助教授（1950年4月）
	8	助教授（1949）：B		助教授（1949年8月）

	9	助教授（1949）：C		助教授（1951年3月）
	10	助教授（1949）：C		助教授（1951年3月）
物理学科	1	教授（1949）：「D　助教授C」	＊	教授（1949年8月）
	2	助教授（1949）：C		助教授（1951年3月）
	3	助教授（1949）：C		助教授（1949年8月・理科教育）
	4	助教授（1949）：D		記録なし
化学科	1	教授（1949）：「D　助教授C」		助教授（1949年8月）
	2	助教授（1949）：D	＊	助教授（1951年3月）
	3	助教授（1949）：C		助教授（1951年3月）
生物学科	1	教授（植物学・1949）：B		教授（1951年3月）
	2	教授（動物学・1949）：「D　助教授C」		助教授（1949年8月）
	3	助教授（動物学・1949）：C		助教授（1949年8月）
	4	助教授（植物学・1949）：B		助教授（1950年4月）
	5	助教授（植物学・1949）：C		助教授（1950年4月）
	6	助教授（動物学・1950）：D	＊	助教授（1949年6月）＊理科教育
	7	助教授（動物学・1949）：B		助教授（1950年4月）
	8	助教授（植物学・1950）：C		助教授（1951年3月）
地学科	該当者なし			
音楽科	1	教授（声楽・1949）：A		教授（1949年8月）
	2	教授（器楽・1949）：B		教授（1950年4月）
	3	教授（□□《〔判読不能〕》・1949）：B		助教授（1951年3月）
	4	助教授（□□《〔判読不能〕》・1949）：A		助教授（1950年4月）
	5	助教授（□□《〔判読不能〕》・1949）：B		助教授（1951年3月
美術科	1	教授（美学・1949）：A		教授（1951年3月）＊音楽学
	2	助教授（絵画・1949）：A	＊	教授（1950年4月）
	3	助教授（彫刻・1949）：A	＊	教授（1949年〔月不明〕）
	4	助教授（工芸・1949）：A		助教授（1950年4月）
	5	講師（日本画・1949）：A	助教授：B（1949年2月）	助教授（1950年4月）
体育学科	1	教授（1949）：B		教授（1952年4月）
	2	助教授（1949）：B		助教授（1950年4月）
	3	講師（1949）：B		講師（1950年4月）
家政学科	1	助教授（被服・1949）：C		助教授（1950年4月）
	2	助教授（家政・1949）：C		助教授（1951年3月）
	3	助教授（被服・1949）：C		助教授（1949年8月）

農科	1	教授（植物病理・1949）：A		教授（1949年8月）
	2	教授（畜産・1949）：審査記録なし	教授：C（1949年1月）	教授（1949年8月）
	3	助教授（耕種・1949）：A	教授（一般農業）：「D　原審通り助教授」（1949年4月）	助教授（1949年8月）
	4	助教授（園芸・1949）：A		助教授（1950年4月）
	5	助教授（気象・1949）：A		助教授（1950年8月）
	6	助教授（農業作物・1949）：「S　担任学科作物？」		講師（1951年3月）
	7	助教授（農業一般・1949）：S		助教授（1951年3月）＊職業科教育
工科	1	助教授（機械・1949）：審査記録なし	助教授：C（1949年1月）	助教授（1949年8月）
	2	助教授（応用化学・1949）：審査記録なし	助教授：B（1949年1月）	助教授（1950年4月）
商科	1	教授（簿記・会計・1949）：「D　助教授可」		助教授（1949年8月）
	2	助教授（商業通論・経済史・1949）：「C経済史　D商業通論」		助教授（1951年3月）
	3	助教授（商法・1949）：「D講師可」	助教授（法政）：「D　講師適格」（1949年1月）	講師（1950年4月）＊法学
	4	助教授（経済政策・1949）：C		記録なし
教育学科	1	教授（教育学・1949）：「C教育学担当者としての業績は不充分」		教授（1949年12月）
	2	教授（教育学・1949）：B		教授（1949年12月）
	3	教授（心理学・1949）：「A哲〔学〕」		教授（1949年8月）
	4	教授（教育学・1949）：「D教育学担当不適当」	＊	教授（1949年8月）＊体育学
	5	教授（教育学・1949）：「D教育学担当としては業績不充分」	＊ただし埼玉大学から申請された可能性あり	1949年埼玉大学教授
	6	教授（教育学・1949）：「A哲〔学〕」		教授（1949年8月・心理学）
	7	教授（教育学・1949）：B		教授（1950年4月）
	8	教授（教育学・1949）：「D助教授A」		助教授（1951年3月）

	9	教授（教育学・1949）：「D 助教授A」		助教授（1949年8月）
	10	教授（教育学・1949）：「D 助教授A」		助教授（1949年8月）
	11	教授（教育学・1949）：「D 助教授A」		助教授（1950年7月）
	12	助教授（教育学・1949）：B		助教授（1950年7月）
	13	助教授（教育学・1949）：B		助教授（1950年4月）
	14	助教授（教育学・1949）：「C 教歴業績不充分」		助教授（1951年3月）
	15	助教授（教育学・1949）：「C 教歴業績不充分」		助教授（1951年3月）
	16	助教授（教育学・1949）：「C 教歴業績不充分」		助教授（1949年〔月不明〕）
	17	助教授（心理学・1949）：C		助教授（1949年8月）
	18	助教授(教育学・1949）：B		助教授（1951年3月）
	19	助教授（心理学・1949）：B		助教授（1951年3月）

備考）1.「東京学芸大学設置認可申請書」（1948年8月）・「教員個人調補足事項」（48年8月以降・日付不明）・「大学設置委員会第四特別委員会（第四回専門分科会）審査報告書（二）」（「戦後教育資料」VI-307）・「大学設置委員会第四特別委員会（第五回）報告書（三）」（（VI-308）・『東京学芸大学二十年史』・官報より作成。

2.「担当学科目又は講座」について、(1)(2)に挙げていない者は上記資料で確認できない。

合格になったが、⑵で担当を教育学に変えて教授として合格している。生物学科6の教員は専門学の動物学の助教授として不合格になったが、理科教育に担当を変えて助教授として任用された。第6章で述べたような、理系科目の場合は専門学で一度不適格判定となった者であっても担当を教材研究・教科教育法に限定すれば適格判定を出すこともありうるといった大学設置委員会の方針が実際に適用されたことがうかがえる。このように科目変更を迫られた教員は東京学芸大学の場合非常に少ないが、後述するとおり大阪学芸大学や福岡学芸大学の場合はこうした教員がかなりの数になったと考えられる。

⑤東京学芸大学の場合、前述のとおり四九年二月までの審査記録をみると、前身校の校長・教授一三〇名のうち講師にまで降格して申請されたのはたった一名であった。言い換えれば教授・助教授へ申請されたのは一二九名である。彼らの審査結果を発足直前の四月までみると、一二五名（一二九名の九六・九％）もの教員が、東京学芸大学の教授・助教授として合格した。その後、五一年度までに一二一名

（一三〇名の九三・一％）が実際に東京学芸大学へ移行した。移行直後の職位は三二名が教授、八五名が助教授、四名が講師であった。

このように、前身校の校長・教授一三〇名のほぼ全員（一二九名）が大学の教授・助教授として大学設置委員会へ申請され、しかもそのほとんど（一二五名）が教授・助教授として合格した。審査の結果、講師まで降格されたのはたった四名、助手にまで降格された者はいない。科目変更を迫られた教員が少なく、合格者のほとんど（一二一名）が申請どおりの科目担当者として東京学芸大学へ実際に移行した。

前身校の校長・教授がおおよそ教授・助教授として東京学芸大学に移行していったことを考えると、おそらく前述のとおり前身校の助教授だったと考えられる四八名も多くは大学の助教授や講師として、担当科目の大きな変更もなく、大学設置委員会の審査に合格し、実際に東京学芸大学へ移行していったのではないか。こうして東京学芸大学の教員組織は前身校の教員組織を引き継いで形成されていったと考えられる。

東京学芸大学は、教員の移行があまり深刻な問題となってはいなかった。東京ゆえに師範学校の中でも学問業績などの面において水準の高い教員が揃っていたためであろう。しかし、深刻でなかったために他の大学・学部以上に師範学校・青年師範学校の教員組織がそのまま移行していくことにもなったと考えられる。

東京学芸大学の事例から、大学設置委員会は新制国立大学の教員候補者に対し、東京学芸大学の前身校の教員程度の水準を満たしていれば、職位も担当領域もできるだけ変更させることなくできるだけ審査請求のあったとおりに適格判定を出そうとしたことがうかがえる。

３　愛知学芸大学

次に、愛知学芸大学に注目したい。愛知学芸大学は四九年度、愛知第一師範学校・愛知第二師範学校・愛知青年師範学校を再編して発足している。

四八年六月一八日付「愛知学芸大学設置申請書」[16]がまとめられた時点で前身校の教授・助教授は一三六名であった。

寺崎昌男[17]によれば、四九年一月九日までに一一二名（一三六名の八二・四％）が愛知学芸大学の教授・助教授候補者として大学設置委員会へ申請され、五八名（一一二名の五一・八％、一三六名の四二・六％、前身校の定員一七四名の三三・三％）が教授・助教授として適格判定を受けた。教授・助教授別にみると、教授候補者として申請された者三五名、助教授候補者として申請された者七七名に対し、教授として適格判定を得た者一七名、助教授として適格判定を受けた者四一名であった（申請時の職位より降格あるいは昇格して適格判定を得た場合もあるだろう）。

先行研究は、こうした一連の数字（たとえば五一・八％や三三・三％）に依拠して、教員養成系大学・学部が発足当初、教員（とくに教授・助教授）不足に直面したことを強調してきた。しかし、愛知学芸大学の発足初年度の大学本体の定員（つまり、包括校・附属学校を除く）は五〇名[18]（学長一、教授一二、助教授一九、講師七、助手一一）である。これに対し、前述のとおり四九年一月九日時点ですでに教授・助教授として適格判定を得た者だけでも五八名（教授一七、助教授四一）と、初年度の定員を上回っていた。これだけ確保できれば人数のうえでは四九年度の発足に大きな支障がなかったといえる。ただし、設置条件の一つに「自然科学関係の教授陣容を強化すること」[19]が挙げられたように、カリキュラムに合わせた教員組織の形成は発足後の課題であった。

発足後、四九年一〇月末時点で「一三〇名（教授二七、助教授六八、講師三五）」の適格者を確保した[20]。この数も五〇年度の大学本体の定員一一九名[21]（学長一、教授二八、助教授五四、講師一七、助手一九）と比べれば、必要な職位の教員数を確保できているといえる。適格者一三〇名のうち一〇二名（七八・五％）は前身校の教員だが[22]、他の大学の例もあわせて考えれば、おおよそ本科の教授・助教授で占められていたと考えられる。

前述のとおり四八年六月の設置申請書によれば、当時の前身校の本科の教授・助教授は一三六名だった。そのうち七五・六％を占める一〇二名が四九年一〇月末までに愛知学芸大学の教員として適格判定を受けたことがわかる。発足当初の愛知学芸大学の教員組織が前身校の教員組織をおおよそ引き継いで発足したことがうかがえる。さらに、先行研究によれば教員養成系大学・学部では発足当初、とくに教授が不足していたといわれてきたが、愛知学芸大学は発足初年度から定員を満たすだけの教授適格者数を確保できていたことがわかる。

ところが、五四年四月一三日付大学学術局長発学長宛通知「大学設置条件中の教員組織に関する部分の解除について(23)」により、「教員組織についてはその充実にいたるまでは本委員会（大学設置委員会）に協議しなければならない(24)」という設置条件の一つが解除された後になると、教授が不足し始めた。五五年は定員五六名に対して実際にいる教授は四三名（七六・八％）、五年後の六〇年には教授不足がさらに深刻となり、定員五八名に対して実際にいる教授は三九名（六七・二％）となった(25)。

このように、大学設置委員会の審査に合格しなければ採用できないという条件がなくなった五〇年代後半から教授不足に陥る。その理由として、「厳正」な学内審査や「助教授以下の教官の多くが師範学校時代からの奉職者」であるために「研究業績に乏しかったこと」も挙げられるが、最大の理由は「岡崎・名古屋両分校」の「勢力均衡がまず考えられなければならなかった」ことにある(26)。愛知第一師範学校・愛知第二師範学校をそれぞれ基盤として置かれた名古屋分校・岡崎分校（五〇年三月まで「豊川分校(27)」）の「覇権争い」は、いわゆる「学大問題(28)」と呼ばれ、「本部・後期の設置の位置のみならず、予算、定員、人事、カリキュラムなどあらゆる事項」が「争いの対象」となった(29)。教員組織の充実を妨げる要因は大学設置委員会の審査ではなく、学内審査において顕在化した師範学校間の対立であったといえる。

4　大阪学芸大学

次に、大阪学芸大学について検討する。大阪学芸大学は四九年度、大阪第一師範学校・大阪第二師範学校を再編して発足している。

　四八年七月二五日付「大阪教育〔ママ〕大学設置認可申請書」(30)をみると、教員定員は「現在の教員総数二百二十二名の二割増」と算出して二六六名としたとある。この二六六名の内訳は教授八八名、助教授八九名、助手八九名であって講師は含まれていない。別に記されている講師五一名（「兼任」を除く）も含むと定員は当時の約四割増の三一七名となっている。ここまで膨れ上がっているため、四九年三月には「教授定員を二割五分方減員すること」が設置条件の一つとされた。(31)ただし、「二割五分方減員」すると定員は二三八名程度（二二二名の一割増）にしかならない。四八年七月の設置申請段階では現員の二割増とするという文部省方針がのちになって変更され、四九年三月の設置認可段階で一割増に抑えられたことがわかる。

　大阪学芸大学に限らず、たとえば静岡大学も設置申請の段階と四九年三月末の段階でそれぞれ同じような方針が伝えられているため、(32)おそらく文部省は当初、新制国立大学の定員を前身校の二割増とする計画だったが、四九年三月頃に計画を変更して定員増を抑えようとしたと考えられる。

　大阪学芸大学は前述のとおり、当初は教員定員を二六六名とする計画だった。前身校の一つである大阪第二師範学校の教官会議では四八年九月五日、次のように人事計画が報告されている。(33)

> 人事問題報告。教授一、助教授一、助手一、全件で二六六名（二割増）案を文部省に提出。教授一、助教授一・五、助手〇・五の比率に訂正、それによつて人員配当を行つた。これは完了年度のことである。〔中略〕来年は、一部新制の教官となり、大部分は旧制に残る。（完了年度の1/4を、来年は新制教官とする）各教官の地位は責任を以て確保する。

　定員二六六名は全教員の移行が「完了」する年度のものであること、初年度は「完了年度の1/4」を移行させることがわかる。

　なお、「完了年度」は五一年度もしくは五二年度と考えられる。五一年度と考えられる理由は二つある。第一に、国立学校設置法施行規則などで大学本体の定員（すなわち、師範学校などの包括校や附属学校などを除いた定員）が四九年度四六名、五〇年度八九名、五一年度二五五名と五一年度まで段階的に増やされたのちにほぼ同数（五二年度は二五四名）で推移しているからである。五一年度まで段階的に増やされているのは東京学芸大学など他の大学でも同じである[34]。第二に、五〇年度をもって師範学校・青年師範学校が廃止されるため、遅くとも五一年度には大学へ移行させなければ失職しかねないからである。

他方で五二年度と考えられる理由は三つある。第一に、全学年の学生がはじめて揃うという意味で新制国立大学の完成は五二年度だからである。第二に、後述するとおり、たとえば福岡学芸大学のように教員の移行計画を五二年度まで明記している設置認可申請書がみられるからである（ただし、五二年度は該当者〇名としている）。第三に、たとえば前述の東京学芸大学の表８−１の国語学科18の教員のように、五二年度に移行予定とされ、実際に五二年度開始直前に移行している教員がいるからである。

このように五一年度か五二年度か断定できないが、この頃までに大阪学芸大学は、できるだけ多くの教員を師範学校から大学へ移行させ、しかも降格をできるだけ避けようとしていた。そのため、四八年一一月一七日の大阪第二師範学校教官会議で「教育行政ニ秀デタモノモ教授トスル」と報告されているように[35]、大学設置委員会にはない評価基準を独自に設け、できるだけ高い職位で申請できるようにした。また、一二月一五日の同会議で校長から「現在の教官はすべて完成年度に於ては何れかのポストにつくことになる。完成年度については、教授は人事委員会で決定のもの、あとは助教授になる。若干〔ママ〕ものは完成年度に助手になる。但し助教授の席が余つたならば助手を助教授にする」[36]といったように、原則として大阪学芸大学の教授もしくは助教授として任用する方針が明らかにされている。ここに予科の教諭が含まれているかは資料上の制約からわからないが、できる限り新制大学で助教授以上の身分を保障しようという趣旨なので、本科の教授・助教授に限定されていると考えてよいだろう。

前述の東京学芸大学や愛知学芸大学と比べると、大阪学芸大学の場合は大学設置委員会の評価が非常に厳しかった。玖村敏雄（文部省師範教育課長）の回想によれば、初期の評価は「施設、設備、教授陣容が不十分」であるため、大学の設置さえ「不可」とされた[37]。

四九年一月一二日の大阪第二師範学校教官会議では大学設置委員会の審査結果について、「厳選で助手以外はそのまゝ通らなかつた。そのため再審査を大部分行なわねばならぬ」と報告されている。さらに同日の教官会議で、再審査の方針について、「ポストの都合で専問《ママ》外に廻つた人は不利であつたから、再審査は各教官の専門のポストに入れることにした」ことが明らかにされた[38]。適格判定を得るため、カリキュラムをある程度無視し、師範学校で担当してきたような科目に教員を配置し直し、改めて審査請求するという方針である。さらに、二月九日の同会議において「有能な教官が定員の制限で教授になれぬこともあるので、教官の資格審査をしてほしい旨発言あり、その様にしてもよいことになつた」「本校では、全員再審査を願うことにする」というように、定員も無視して、全教員の再審査を請求すると決めている。

このように、大学における新しいカリキュラムの充実を後回しにし、前身校の教員をできるだけ今までと同じ担当科目に配置して可能な限り大阪学芸大学に移行させようとした。ところが四九年三月一四〜一六日の大学設置委員会第八回総会では、「教員組織は薄弱であつて審査合格教授の数は、教授定員の三分の一程度であり、且《ママ》つての実質も弱く、尚主要科目に担当者の欠けてゐるものがあって教員組織は堅実とはいゝがたい[39]」と報告されている。結局、設置は認可されたいっぽう、「教員組織を大学の目的に添ふよう根本的に改め、且優秀なる教員を以て教授陣容を強化すること[40]」が、設置条件の一つに挙げられた。

発足後も教員の移行をめぐる問題は深刻だった。転出した、あるいは転出予定の教員からの不満や学内からの「人事委員会の厳選方針にも行過ぎがあるとの批判」を受け、「各人の異議の申立てを受け、これを審査し、之等の苦情を処理するため」の「苦情処理委員会」が五一年二月に設けられた[41]。

5　福岡学芸大学

次に、福岡学芸大学について検討していきたい。福岡学芸大学は四九年度、福岡第一師範学校・福岡第二師範学校・福岡青年師範学校を再編して発足している。四八年八月に作成されたと考えられる「福岡学芸大学設置申請書別冊[42]」の「大学教官審査方法」「審査基準」「審査結果一覧表」から、学内審査について明らかにしていきたい。

学内審査にあたり、審査基準が作成された。各校より選出された委員が原案を作成した後、「各校の全教官[43]」に諮って「決定」されている。「一、学歴及資格」「二、研究履歴及業跡《ママ》」「三、職歴」「四、教育者としての人格識見」から構成されたが、とくに四は大学設置委員会の基準にないものであった。具体的には「1．社会に於ける活動」「2．教養広く豊かであること」「3．教育者としての能力及熱意」を評価する項目である。他の項目と比べて曖昧で恣意的な判断が入りやすいため、できるだけ公平性を保つために「全教官の投票による評価」が「有力な参考」とされた。

審査は、「学校長及部長」を含む「数名」が審査委員となり、最初に「全教官」を対象に各校で「校内審査」が行われた。各教員から提出された書類に基づき行われる審査である。審査後、「全教官」が「ＡＢＣの三段階」に振り分けられ、「序列」づけられた。この「序列」と「学科目講座等を勘案」しながら「教授助教授等の人選原案」が各校で作成された。

次いで、各校が原案を持ち寄り、「三校合同審査」が行われた。ここで、「各校現教官数による比率及学科目講座の定員等を勘案しつゝ不均衡を是正し三校通じての教授助教授助手講師等の人選」が行われた。

「校内審査」と「三校合同審査」の結果はどちらも全教員に公表されたが、結果に対して「苦情」も出されたようで「苦情処理委員」が置かれている。

以上の審査結果をまとめた「審査結果一覧表」によれば、在籍する教員計一五九名のうち、「転任其他」八名を除く一五一名（一五九名の九五・〇％）が四九〜五一年度にかけて大学へ移行するとされた。この一五一名について、大学へ移行後の予定されている職位をみると教授二四、助教授四六、講師四七、助手三四と、講師、助手にも多く配置されている。教員の学問業績等が、前述の東京学芸大学や愛知学芸大学よりも大阪学芸大学に近かったのだろう。ただし、大阪学芸大学と違って大学設置委員会に申請する前の学内審査の段階で、多くの教員を講師や助手に降格させたことがうかがえる。このように降格させても、原則として教員全員を大学に移行させようとした。

とくに「三校合同審査」を担当した昇地三郎氏（当時福岡第一師範学校教授、のちに福岡学芸大学教授）の回想[44]によれば、「最も困ったことは、大学としての新カリキュラムによる教官の要求枠」と「現在居る教員の専門科目との需給関係」の調整であった。調整は、前身校の教員組織に合わせるかたちでカリキュラムを作成するという方法で進められた。「カリキュラム委員には、新しいカリキュラム作製に当たり現有勢力を考えて落ちこぼれがないようにお願いしていた」というように、まずは教員の移行を優先し、教員が担当してきた（担当できる）科目にできるだけ合わせて新カリキュラムを作成したことがうかがえる。ところが「どうしても過不足は生じ」、とくに「修身」「農業」「洋裁・和裁」を担当してきた教員の中には科目を変えなければならない者もいた。ほかにも「例えば、物理学の一講座」は「本当は一人で間に合う」にもかかわらず、該当する「先生が四人ぐらいいる」というように、「一部の教科に教員が集中し、それを再配置する方が困難であった」「むしろ教員が余っていた」という[45]。師範学校・青年師範学校の教員のできるだけ多くを福岡学芸大学に移行させようとした（移行させなければならなかった）からこそ、教員組織と新カリキュラムのずれが生まれたといえる。

四八年一二月一一日、大学設置委員会から非常に厳しい結果が伝えられた。「大学教授適格の教授と判定されたのは僅かに六名」、「校長三名部長四名」も「教授適格者は僅かに一名」、「年配の教授が講師と判定され、また師範での助教授が助手に判定される」という結果だった。[46] ただし、一カ月後の四九年一月九日時点で大学の教授として適格判定を得た者は一一名にまで増えた。[47] 前述の東京学芸大学の事例などを勘案すると、福岡学芸大学も、一二月一一日の結果以降、当初の判定より高い職位で適格判定を得た者や、新たに何らかの職位・科目で適格判定を得る者が増えていったと考えられる。その際、「長い間師範学校で化学を教えていたので当然理科の化学科で教授申請したのであるが、何度行ってもパスしない。それで家政科の栄養学で申請したら合格した」[48] というように、科目を変えなければならない教員もかなりいたらしい。

昇地氏によれば大学に移行できない教員も最終的に約二〇名ほどいたという。彼らは「新制高校の教諭」「新制中学校長、教諭」「地方教育委員会の指導主事」「大学の附属中学校の教諭」として、あるいは「私立学校」に転出した。[49]

こうした教員が全国で出ることを文部省も予想していたようで、すでに四八年度内に「師範学校青年師範学校長会議における指示事項（案）[50]」を作成し、「[現職者の中の余剰人員及び不適任者の処置方法] 人事交流について　斡旋委員会、転出希望者調査（大学行政官、教育委員会職員、新制高校の校長教諭等）」（[ ] は削除箇所、傍点は加筆箇所）と記していた。師範学校・青年師範学校から新制大学に移行できない教員については「大学行政官、教育委員会職員、新制高校の校長教諭等」とすることを考えていたことがうかがえる。

また、同じく四八年度内に文部省が作成した「教員斡旋協議会について（案）[51]」や四九年八月二五日付文部省大学学術局長発国立大学長宛通牒「教職員の配置転換等の斡旋について」[52]、五〇年一月一〇日文部大臣裁定「大学教員人事あっ旋協議会規程」[53] などから、師範学校・青年師範学校から再編後の大学に移行できない教員に対し、文部省が積極的に転職先を斡旋しようとしていたことがうかがえる。

ただし、福岡学芸大学から実際に転出した教員や文部省が新制大学に移行できないと考えていた教員の中に予科の教諭が含まれていたのかは資料上の制約からわからない。

第二節　教育学部・文理学部の関係をめぐる問題

1　静岡大学

(1) 学芸学部案から文理・教育二学部案へ

第6章で述べたとおり、教員養成系大学・学部（学芸大学・学芸学部・教育学部）の中でも教育学部を置いた大学は文部省の方針により、人文科学・自然科学・社会科学に関する一般教養・教科専門科目は文理学部が、その他の一般教養・教科専門科目と教職専門科目は教育学部が担当することになった。この方針が一九四八年一二月一六日付文部省学校教育局長発学芸学部・文理学部・教育学部を含む新制大学事務責任者宛通牒[54]で周知徹底されたことにより、教育学部を置いた大学は、教科専門教育を担う教員の所属をめぐる問題（文理学部に所属すべきか教育学部に所属すべきかという問題）に直面することになった。

多くの大学は発足の際にとりあえず、文部省の方針に即して教科専門担当教員を文理学部に所属させた。しかし、教育学部学生のための専門教育を担っている教員が文理学部にいる状況は、学生の教育をはじめさまざまな面で「いちじるしく不都合であるために、やがて単独に専門教育を充足できる教育学部が求められる」ようになった[55]。教科専門担当教員も教育学部に所属していたほうが、教育学部は教員養成を他学部に依存することなく自己完結できる。そのため先の文部省方針が示される以前は教科専門担当教員を教育学部に置こうとしていた大学も多い。しかし、文部省の指導によって文理・教育の二学部に教員組織を分けて発足せざるをえなくなった。

こうした典型的事例として以下、静岡大学について検討していきたい。静岡大学は四九年度、静岡高等学校・浜松工業専門学校・静岡第一師範学校・静岡第二師範学校・静岡青年師範学校を再編し、文理学部・工学部・教育学部の三学部で発足している。

四八年五月六日、静岡大学の前身五校は、県側の代表者も交えて静岡大学の組織案を協議した。その際、県から①法文学部（静岡高等学校を基盤に法・経・文三科とする）、②工学部（浜松工業専門学校を基盤とする）、③学芸学部（教員養成諸学校三校を基盤に師範科・教養科とする）の三学部を置く案が出された[56]。この案は、実際に発足した静岡大学と比べると、旧制高校を文理学部ではなく人文科学・社会科学系のみの法文学部に再編するとした点や、教員養成諸学校を教育学部ではなく学芸学部に再編し、しかも教員養成を主としない教養科まで置くとした点に特徴があった。

五月一三日、文部省は静岡高校と静岡第一師範学校・静岡第二師範学校・静岡青年師範学校（以下、教員養成諸学校三校をまとめて「三師範」と表記）をまとめて学芸学部とし、「一部（一般文理科課程）」と「二部（教員養成課程）」を置くよう指示した[57]。文部省は当時、旧制高校を前身校に持つ多くの大学に対し、旧制高校と師範学校・青年師範学校をまとめて学芸学部とするよう指示している。静岡大学もその一つであった。この指示に従って静岡大学は、①浜松工業専門学校を工学部、②静岡高校と三師範をまとめて学芸学部に再編する設置認可申請書を七月二一日に文部省に提出した。工学部は二四講座、学芸学部は七六講座編成とされており[58]、学芸学部は工学部の約三倍もの講座を抱える大きな組織になっていた。

八月一八日、文部省は「学芸学部ハ文理学部教育学部ノ二学部ニ改組セラレタシ。計画変更ノ追加書類ハ至急提出セラレタシ」と、学芸学部を文理・教育学部に編成し直して再申請するよう静岡大学に指示した[59]。こうした指示の背景には、七月六日に占領軍から「文理科（リベラルアーツ）と教育科（エデュケイション）の学部」を「別個に組織」するよう求められたことがある。これに対して静岡大学の場合、「あまりに厖大となった大学部組織の運営に疑問をいだいていた方面」が「喝采し」たいっぽう、三師範は「教員養成担当の教官を文理と教育の二学部に分離してしまう」ことに強く反対した[60]。

学芸学部を文理・教育学部に分け、人文科学・社会科学・自然科学の講座は「全部文理学部に入れ」るという文部省の指示を受けた後、教科専門科目や担当教員を文理・教育学部のどちらに置くべきか、「三師範の意見がなかなか一致」せず、「三師範だけの会合がかさねられることになった」。結局、教科専門科目や担当教員はすべて教育学部に置くという結論でまとまり、九月三〇日付「静岡大学設置申請書」[61]が提出された[62]。申請書をみると、三師範から静岡大学へ移行する予定の教員一一六名全員が教育学部に配置されている。小・中学校教員養成を教育学部で単独に行おうとする強い目的志向がうかがえる。

（2）教科専門科目担当の一六講座をめぐる問題

前述のとおり、四八年九月三〇日付「静岡大学設置申請書」は文部省の指示に反して、教科専門科目や担当教員を教育学部に配置していた。

ところが、一二月一六日付文部省通牒によって人文科学・社会科学・自然科学の一般教養・教科専門科目は文理学部に置くという方針が全国に周知徹底された。これにより多くの大学と同様、静岡大学も計画の変更を迫られた。

静岡大学は文部省通牒が出された直後の二〇〜二五日に大学設置委員会の実地審査を受け、「教育学部組織の改変と文理科関係講座の文理学部への移管」をするよう勧告された[63]。必要書類の提出期限は四九年一月一五日であった。静岡大学は前日の一四日に書類を提出したが、「姑息的な修正に限られていたので本省の承認するところとなら」なかった。おそらく教科専門科目・教員のほとんどを教育学部に置いた状態だったのだろう。文部省の指導により、「哲学、歴史、国漢、法経、数学、物理、化学〔、〕生物、地学、語学等」[64]に関する「教育学部文理科担当」（教科専門科目を担当する一六講座）を文理学部へ移した申請書を作成し直し、二月一日に再提出した[65]。

三月一六日、他の新制国立大学とともに設置が認可されたが[66]、すぐに教科専門科目と担当教員の位置づけの曖味さや、文理・教育両学部の関係性が問題となっていった。

たとえば大学発足直前の五月二日付『静岡新聞』は、二つの学部が「講座の面でダブる」うえ、「教員たらんとする者は教育者に必要な心理学、教育学、教育史、教授法、教育行政学などの必修科目を定めておけばこと足りよう、同じ文科系統であり隣接地に校舎を建てる教育学部の実情からしても、また有能な教授を有効に活用する面からみても、統合はぜひ必要」という意見を紹介している。[67]文理学部の講座と教育学部の教科専門の一六講座が重複していること、教職志望者は教職専門教育をやりさえすれば十分、施設や教授が余るほど揃っているわけではないことなどを理由に、文理・教育学部の統合を主張する意見であった。

発足直後の静岡大学をみると、四九年六月二九日の教育学部「教官会」において近藤鷲教育学部長は「教育学部担当文理学部教官（十六講座）」を「異様な存在」「不審」と表現している。[68]「異様」「不審」は、たとえば一六講座を文理学部に置くいっぽう、教育学部の教育を担当していることを理由に担当教員を当初から教育学部教授会の構成員としたことに顕れているだろう。[69]また、文部省へ教員の増加を要求するために作成された学内資料[70]をみると、公式には文理学部所属であるはずの一六講座が教育学部所属とされ、一六講座を教育学部に計上して各学部の必要な教員数が算出されていた。

こうした「文理学部教官組織の二重性」[71]は他の大学でも広く問題となっていた。文部省は五一年三月一九〜二〇日の文理学部長会議・教育学部長会議・両学部長合同会議で「文理学部の基準（案）」「教育学部の在り方（案）」を示した後、二つの案を「文理学部運営要領」「教育学部運営要領」としてまとめ、五月二六日に関係大学へ送付し、[72]人文科学・社会科学・自然科学に関する一般教養・教科専門科目は文理学部が担当する方針を再徹底しようとした。

静岡大学の場合、この文部省方針の再徹底を受けて、「教育学部は一部に反対または慎重論もあった」が、五一年四月一八日の評議会で一六講座（担当教員五四名）が公式には文理学部所属のいっぽう、学内措置では教育学部所属という「文理学部教官組織の二重性」を改めると決めた[73]。このように一六講座が公式にも学内措置においても完全に文理学部所属に変更されたことで、一般教養は「実施方法の統一を図る条件を整えることができた」が、教育学部の教員養成において不都合が多くなった。当時、教育学部浜松分校主事であった的場鉄哉[74]は「教育学部に関する一切の議事は、教育学部所属の教官のみによって構成される教授会において決定され」、「様々な問題が続発し」たと回想している。

一六講座と担当教員を完全に文理学部所属としてから一年ほどたった五二年春頃、一六講座の教員の中から「教官会議構成上の難点」や「教育学部学生指導の不十分」などを理由に再検討の要求が出された。文理・教育両学部で検討を重ねた結果、「以前の状態に復するのを適当とする結論を得た」。こうした事情を五三年一月二〇日に文部省に説明したが、一六講座を教育学部所属にすることは認められなかった[75]。

これをふまえて五三年四月三〇日の評議会で「文理学部、教育学部暫定運営要項案」を作成した後、両学部教授会を経て六月一七日の評議会で案を承認した。

これにより、「元の組織に戻す」、つまり一六講座と担当教員は「表向き」では文理学部所属であるいっぽう、「学内措置」では教育学部所属とすることを決定した[76]。

2　山口大学

前述のとおり、文部省は四八年一二月一六日付通牒以降、人文科学・社会科学・自然科学に関する一般教養・教科専門科目は文理学部に置く方針を関係大学へ繰り返し示して徹底しようとした。この方針は、五〇年度後半頃に新制国立大学の設置条件の履行状況を確認するために行われた大学設置委員会の実地審査でも徹底された。その典型的事例として、ここでは山口大学について検討していきたい。山口大学は四九年度、山口高等学校・山口経済専門学校・山口県立山口獣医畜産専門学校・山口師範学校・山口青年師範学校・宇部工業専門学校を再編し、文理学部・経済学部・農学部・教育学部・工学部で発足している。

山口大学は五一年一月二八日に大学設置委員会の実地審査の際、次のような指摘を受けた[77]（傍点は筆者による）。

> 教育学部においては、文理学部の教育を心配せられるだろうが、文理学部に預けてゆけるようにしなければならない。それから人の問題になると、〔中略〕元の師範学校の先生をどうして文理学部に入れるか、〔中略〕ものになる人物は〔中略〕助教授に入れておく必要があると思います。

傍点部は「どうして文理学部に入れないのか」という意味である。山口大学も前述の静岡大学と同様、人文科学・社会科学・自然科学の教科専門科目や担当教員を教育学部に置いて発足したが、文理学部に移すべきと大学設置委員会から指摘された。

それはすなわち元師範学校の教員の多くを文理学部に移すことを意味するが、条件を満たしている者は助教授にするべきとも指摘された。

こうした指摘を受けて、山口大学は五一年二月一日、「文理、教育両学部整備に関する協定事項[78]」をまとめた。次のように第二項、第三項おいて、文理・教育両学部がともに教員養成にあたること、失職者をできるだけ出さないことを確認している（傍点は筆者による）。

> 第二項　教員養成の結果を充分に達成するため、補導及び教科課程に関する常置の委員会を設ける。
> 　この委員会には文理、教育両学部のみならず、他の学部よりもこれに参加する。
> 第三項　失職はなるべくないようにする。転任又は降任も一方的にきめぬようにする。

この協定事項は一一月三〇日に「文理、教育両学部整備委員会申合せ事項[79]」に「改正」され、傍点部は次のように変更された（傍点は筆者による）。

> 第二項　教員養成の結果を充分に達成するため、補導及び教科課程に関する常置の委員会を設ける。
> 　この委員会には文理、教育両学部のみならず、他の学部からもこれに参加する。

第三項　失職はなるべくないようにする。転任又は降任の場合は両学部協議の上で之を決める。

なお、文理学部教授会は、教科専門科目担当教員を教育学部から文理学部に移すことに関連して、次のような方針を一一月二一日にまとめた(80)。

> 教授陣容の強化、学科充実に主き〔ママ〕を置かなければならない現状に□〔判読不能〕しているが、これがためには結局第三項〔上記の第三項〕の失職問題が最大の問題となる。殊に英語、国語、数学は員数過多の実情にあり、困難を生じている〔中略〕文理学部としての在り方も主張しなくてはならない〔中略〕失職の問題については、①教職課程定員増②学科の不均衡是正により考慮する要がある。〔中略〕教育学部の普通学科には教授が少い〔中略〕文理学部を構成する教官定員を文、理科共各一五名増と〔して対応する。〕

文理学部は、教育学部の教科専門担当教員を文理学部に入れるとともに英語・国語・数学を担当してきた教員から失職者が出るかもしれないことを懸念したうえで、失職者を出さないために「教職課程」の定員（学生か教員か判断できない）と文理学部の教員定員を増やすことを決めている。また、現在の教科専門担当教員（教育学部所属）に教授が少ないことも懸念しているが、これは、教育学部の教員を受け入れることで教員組織の質が下がる、教授・助教授・講師・助手などのバランスが崩れるといったことに対する懸念だと考えられる。

こうしたことを経て文理学部・教育学部の調整が図られたが、五四年三月一〇日の文理学部教官会議(81)で改めて「教育学部と併合して学芸学部となることは絶対不可」という決議がされている。これは、文理学部改組に関する審議の中でされたものだが、教育学部との合併を拒絶する理由として挙げられたのは、①文理学部は教員養成と異なる独自の目的を持つこと、②とくに供給過剰となっている英語・国語・数学といった特定の分野で失職者を出しかねないことであった。

このように山口大学は文部省の強い指導によって、教科専門科目や担当教員を教育学部から文理学部へ移すことになった。その際、前身校の教員組織を引き継いだ文理・教育の二つの学部が特定の分野（とくに英語・国語・

数学）に偏って教員を過剰に抱えており、新しいカリキュラムと教員組織の不一致が問題となった。失職者を出さないために「教職課程」の定員を増やすなどの措置をとらなければならなくなったことがうかがえる。

３　岡山大学

教育学部を置いた大学の多くは、前述の静岡大学・山口大学と同様、文部省の強い指導によってやむをえず教科専門担当教員を教育学部から文理学部に移した。それに対し、文部省の指導を受けずに教科専門科目や担当教員を文理学部に置き、しかも五〇年代以降もそうした組織編成を維持した大学がごくわずかにある。その典型としてここでは岡山大学について検討していきたい。岡山大学は四九年度、岡山医科大学・第六高等学校・岡山師範学校・岡山青年師範学校・岡山農業専門学校を再編し、医学部・法文学部・理学部・教育学部・農学部の五学部で発足している。多くの大学が一般教養学部として発足させたのは文理学部だが、岡山大学は法文学部・理学部を発足させた。

『岡山大学二十年史』（一九六九年）によれば、刊行当時においても教員養成は法文・理・教育学部の「ジョイント・ワーク」によって行われ、教育学部の学生に法文・理学部の学生との「切磋琢磨の機会を与え」ていることが強調されている(82)。ただし、ここで対象とされている教員養成は中（等）学校教員養成である。小学校教諭志望者は教育学部にしかいないこともあって、小学校教員養成のための科目や教員は原則として教育学部に置かれた。

岡山大学は文部省の指示によることなく、岡山師範学校・岡山青年師範学校の「定員一〇三名」のうち「四八名」（一〇三名の四六・六％）を設置準備当初から法文・理学部に移すと決めた。その最大の理由は、旧制第六高等学校のみでは法文・理学部で必要な教員が確保できなかったことである。「旧制第六高等学校教官計五五名は、一般教養要員および法文学部文科（哲・史・文）にそのまま移行」させ、「法文学部法科」と「理学部」は「新設」する[83]（旧制第六高校以外から教員を集める）ことにした。ただし、同時期に全国の旧制高等教育機関が新制大学へ再編されていくため、法文・理学部で新たに必要とされた教員の大部分は包括校から確保せざるをえない。そこで、岡山師範学校・岡山青年師範学校から法文・理学部へ多数の教員を移行させることにしたのである。

こうして岡山師範学校・岡山青年師範学校から「大幅な教官供出」をせざるをえない「交換条件」として、「教育学部中等教員養成課程の教科専門科目中、人文系は法文学部、理科系は理学部が担当する」という原則が決められた[84]。

このような特殊な事情を抱えた岡山大学の場合、他の多くの大学と違って人文科学・社会科学・自然科学の教科専門科目は法文・理学部が担当し続けた。たとえば表8－2、表8－3をみると、五一年度の社会、数学に関する教科専門科目は、ほとんどが法文・理学部で開講されている。ところが、小学校教員養成のための科目は一つも法文・理学部で開講されず、教育学部で開講されていることがわかる。中学校教員養成は法文・理・教育学部の「ジョイント・ワーク」によって行われていたいっぽう、小学校教員養成は教育学部が単独に教科・教職専門教育を実施していたことがうかがえる。

法文学部は、結果的に教科専門科目として読み替えられるような科目だろうとそうでなかろうと、人文科学・社会科学関係科目を担うのは教育学部ではなく法文学部だと繰り返し主張している。たとえば五二年二月一四日の法文学部教授会[85]では、「教育学部卒業計画実施要項」の「備考（一）（二）項によると教育学部専門教養の卒論審査に法文学部担当教員が関係しないのはおかしい」という意見が出されている。ここにある「教育学部卒業計画実施要項」の「備考（一）（二）項」とは次に挙げた教育学部「卒業計画実施要項[86]」（五一年一二月制定）の「備考」ⅰとⅱを指している。

ⅰ）修得した単位はその内容の傾向によつて「専門」教養に属するか、「教職」教養に属するかを指導教官の発議により教授会が決定する。

表8-2　岡山大学における社会科の教科専門科目（1951年度）

科目の種類	開講科目	開講学部	小：小学校教員養成のための科目 中：中学校教員養成のための科目
法律学・政治学・社会学・経済学	社会集団論	教育	小・中
	経済学要説	教育	小・中
	憲法	法文	中
	民法総則	法文	中
	行政法総則	法文	中
	行政法各則	法文	中
	政治学	法文	中
	行政学	法文	中
	経済原論	法文	中
	経済政策	法文	中
日本史・外国史	日本史要説（一）	教育	小・中
	日本史要説（二）	教育	小・中
	近世村落史（日本史特殊講義（一））	教育	小・中
	近代社会史（日本史特殊講義（二））	教育	小・中
	日本史演習（一）	教育	小・中
	日本史演習（二）	教育	小・中
	世界史要説	教育	小・中
	世界史特講	教育	小・中
	世界史演習	教育	小・中
	史学概論	法文	中
	古文習字	法文	中
	日本史概説	法文	中
	日本史特講	法文	中
	日本史特講	法文	中
	日本史演習	法文	中
	日本史演習	法文	中
	西洋史概説	法文	中
	西洋史特講	法文	中
	西洋史特講	法文	中
	西洋史特講	法文	中
	西洋史演習	法文	中
	西洋史演習	法文	中
	東洋史概説	法文	中
	東洋史特講	法文	中
	東洋史特講	法文	中
	東洋史演習	法文	中
	東洋史演習	法文	中
地誌学・人文地理学	日本地誌（実習含む）	教育	小・中
	外国地誌	教育	小・中
	地理概説	法文	中
	経済地理	法文	中
	地理特講	法文	中
	地理特講	法文	中
	地理演習	法文	中
	地理演習	法文	中
	地理実習	法文	中
倫理学・哲学	西洋思想史	教育	中
	家族生活と倫理	教育	中
	倫理学特殊講義	教育	中
	哲学概説	法文	中
	哲学史概説	法文	中
	哲学講読	法文	中
	科学思想史	法文	中
	倫理学史	法文	中
	倫理学特講	法文	中
	社会調査の方法	教育	中
公衆衛生学	個人及公衆衛生	教育	中

備考）岡山大学教育学部「学生の手引（試案）」1951年4月より作成。

表8-3　岡山大学における数学科の教科専門科目（1951年度）

科目の種類	開講科目	開講学部	小：小学校教員養成のための科目 中：中学校教員養成のための科目
数学	代数学	教育	小・中
	幾何学	教育	小・中
	幾何学演習	教育	小・中
	微積分学	教育	小・中
	微積分学演習	教育	小・中
	数学	理	中
	代数学	理	中
	代数学演習	理	中
	代数学講義	理	中
	代数学総篇演習	理	中
	幾何学	理	中
	幾何学演習	理	中
	解析学第一	理	中
	解析学第一演習	理	中
	幾何学総篇	理	中
	幾何学総篇演習	理	中
	複素変数函数論	理	中
	複素変数函数演習	理	中
	実変数函数論	理	中
統計・測量・計測	統計学	教育	小・中
	計測通論	教育	中
	測量学	教育	小・中
	測量学演習	教育	中
	確率及統計学	理	中

備考）岡山大学教育学部「学生の手引（試案）」1951年4月より作成。

ii）他学部と関連する教科の専門の場合においても、本学部の教官を指導教官とし、その指導を受ける。しかしてその指導教官の指導により他学部の教官の助言を受けることができる。

教育学部学生の卒業論文であってもテーマが「専門教養」すなわち教科専門に関するものなら、法文学部が当然審査にかかわるべきという主張だった。同日の法文学部教授会で「教育学部専門教養の論文審査に法文学部担当教官が関係しない」という現状に対し、「抗議委員を選び申入れをし若し解決しなければ評議会に」抗議文を「提出する」ことが決議された。教育学部学生の卒論審査という負担をしてでも人文科学・社会科学領域の研究や教育の水準を法文学部が維持すべきという強い主張や、教育学部に任せておけないという不信感が読み取れる。

一一月二〇日の法文学部教官会議[87]では、法文学専攻科と教育学専攻科[88]の設置計画が審議されたが、その際、「専門講義は教育〔専攻科〕で行なわない」「法文と教育と競合するような形で専攻科を設けることを許可しない」という二点を文部省へ申し入れると報告され、法文学専攻科と重複するような科目を教育専攻科に置かないという原則が確認された。

同じような原則の確認は、学部についてもされている。たとえば五五年四月一五日の法文学部教官会議(89)で、「教科に関する専門科目については法文学部の授業科目でなければ認められないことを評ギ会で議決されている」にもかかわらず、「教育学部でも法文学部に開講されている学科についての授業を開いてこれを教職員の免許状に単位を認めている事実があるやに聞く〔。〕これは明かに評ギ会の議決を無視したやり方」だという意見が出された。これを受けて「教務係」で「調査して貰いたい」という要望が出されている。

このように、五五年四月になってもなお、中学校教員養成のための人文科学・社会科学の教科専門科目は法文学部で開講するという原則を維持していた。この原則は法文・教育学部間だけでなく理・教育学部間でもおおよそ徹底されていたと考えられる（資料上の制約から推察しかできない）。ただし、教育学部は法文学部と重複するような科目を独自に開講していたことから、原則を全面的に支持していたとは考えにくい。

法文学部の主張や法文・教育学部間の対立の背景にあることの一つとして、義務教育教員養成であると同時に中等教員養成であるという中学校教員養成の二面性が挙げられる。つまり、中学校の免許状取得者は教育学部だけでなく、法文・理学部にも一定数いたということである。たとえば理学部数学科の場合、五二年度卒業予定者の六名全員が中学校・高等学校教員免許状を取得するのに必要な教職専門科目を修得している(90)。法文・理学部は、自らの学部生に対し学部専門教育を通じて中学校・高等学校の教科専門教育も兼ね行っていたと同時に、教育学部の中学校教員養成課程の学生の教科専門教育も結果的に兼ね行っていた。ただし、小学校教員免許状を取得する学生は法文・理学部には原則的にはいない。そのため、小学校教員養成の教科専門教育は教育学部が担うことになった。

第７章で述べたとおり、中学校教員養成課程から小学校教員養成課程への所属変更を認めたいっぽうでその逆を認めなかった岡山大学には、中学校教員養成の教科専門教育より小学校教員養成の教科専門教育のほうが低位にあるといった認識があったように考えられる。このことと、法・理学部の専門教育が中学校教員養成の教科専門教育を兼ねていたこととあわせて考えると、法文・理学部の専門教育より中学校教員養成の教科専門教育のほうが低位にあり、中学校教員養成の教科専門教育より小学校教員養成の教科専門教育のほうが低位にあるといった認識があったのではないか。こうした認識と、師範学校・青年師範学校の教員を法文・理学部に移行しなければならない特殊な事情という二つが揃っていたため、岡山大学は人文科学・社会科学・自然科学の一般教養・教科専門科目は法文・理学部が担うという文部省方針に即した運営になったと考えられる。

なお、岡山大学の事例から、教育学部の教科専門教育を担うべきは一般学部か教育学部かという問題は、中学校教員養成では論点となるいっぽう、小学校教員養成ではほとんど論点とならないことがうかがえる。

第三節　小括

教員養成系大学・学部が発足するにあたって教員組織を再編する過程で直面した課題は、各大学の事情によってさまざまであった。神戸大学に顕著なように、師範学校・青年師範学校の教員が他の旧制高等教育機関から歓迎されず、多くの者が厳格な学内審査によって降格を免れない例もあった。ただし、降格させたとしても師範学校・青年師範学校の教員を大学に移行させなければ、教育学部だけでなく大学自体の発足が危うくなる。また、たとえ発足初年度には移行できなくても、師範学校・青年師範学校廃止の次年度すなわち一九五一年度頃までに大学へ移行させればよい。実際にはじめて第一～四学年までの学生が揃う五二年度頃までにかけて、師範学校・青年師範学校教員の多くが大学に移行していった。

たとえば神戸大学の場合、五三年度までに教育学部に移行できた師範学校・青年師範学校の教員は四六・五％

にとどまる、文理学部など一般学部に移行した者も含めると、その数は七六・四％にまで増えた。厳格な学内審査を実施したといわれる神戸大学でさえ、師範学校・青年師範学校の教員の約八割が大学に移行したことがわかる。

神戸大学のように文理学部と教育学部を置いた大学の場合、師範学校・青年師範学校の教員の一部は文理学部に移行した。どれくらいの割合で文理学部に移行するのかは旧制高校が抱える教員組織に大きく左右された。岡山大学は旧制高校のみで法文・理学部が組織できなかったため、師範学校・青年師範学校の四六・六％にも上る定員を法文・理学部に移した。このように、師範学校・青年師範学校の教員が教育学部以外の一般学部に移行するのは、一般学部のほうで主として前身となる学校の教員だけでは編成できないなどの深刻な問題に直面した場合に限られたであろう。

人文科学・社会科学・自然科学に関する教科専門教育は教育学部でなく文理学部が担うという文部省方針に従えば、師範学校・青年師範学校教員の多くを文理学部に移さざるをえないはずである。ところが文理学部は、とくに旧制高校の教員でおおよそ学部が組織できる場合、師範学校・青年師範学校の教員を受け入れることを歓迎しなかった。山口大学に顕著なように、一つの大きな理由は旧制高校と師範学校（再編後の文理学部と教育学部）では同じような分野に教員が偏って在籍しているため、失職者を出しかねないことにあった。

師範学校・青年師範学校のみから再編された学芸大学の場合、当然、旧制高校など他の高等教育機関（再編後の他学部）との関係を調整する必要がなかった。学芸大学の中でも、比較的教員組織が充実していたと考えられる東京学芸大学や愛知学芸大学の場合、発足当初に教員の確保がさほど深刻な問題となっていない。そしてとくに東京学芸大学に顕著なように、前身校（本科）の教員組織がそのまま大学の教員組織に引き継がれていった。本科の教授一三〇名のうち一二一名（九三・一％）が実際に五二年度までに大学へ移行した。しかも、ほとんどの教員が師範学校時代に担当してきた領域を変えることなく移行できている。前身校の教員組織をほぼ引き継いで大学を発足させたことがうかがえる。

東京学芸大学の場合、先の一三〇名のうちほぼ全員にあたる一二九名が、四九年四月までに教授・助教授として適格判定を得た。大学設置委員会は、大学の教員候補者として審査請求さえしてくれれば、おおよそ申請どおりの職位で、場合によって申請より高い職位で適格判定を出しており、できるだけ師範学校・青年師範学校の教員を大学に移行させようとしたことがうかがえる。愛知学芸大学も教授適格判定者数が発足初年度から定員を上回っていた。少なくとも東京学芸大学・愛知学芸大学の場合、先行研究で強調されてきたような教員数不足や教授数不足といった事実はなかった。

なお、先行研究は教員養成系大学・学部が発足当初、教員（とくに教授）不足に陥った理由として、師範学校・青年師範学校の教員が大学設置委員会から適格判定を得るのが難しかったことを強調してきた。もちろんそうした実態もあろう。しかし、教授不足は大学設置委員会の審査よりも学内の事情によるところが大きい。神戸大学のように、大学設置委員会に申請する以前の学内審査がきわめて厳しく降格を免れなかった場合もあった。東京学芸大学のように、教授もしくは助教授として適格判定を得る可能性を十分備えていた教員がなぜか講師にとどめられる場合もあった。愛知学芸大学のように教員採用前に大学設置委員会から適格判定を受ける義務がなくなった途端、教授が不足し始める場合もあった。

学内審査については個々の大学で様相が異なる。同じ学芸大学であっても大きく異なっていた。東京学芸大学・愛知学芸大学と違って、大阪学芸大学・福岡学芸大学は旧制から新制へ教員を移行させるという問題がきわめて深刻であった。とくに福岡学芸大学は師範学校・青年師範学校から大学に移行できない者が多くいたが、ここには予科の教諭が含まれていた可能性がある。先行研究では京都学芸大学も転出者を多く出したことが明らかにされているが[91]、ここでも予科の教諭が含まれていた可能性を否定できない。

このように師範学校・青年師範学校の教員が容易には大学へ移行できないという問題に直面した大阪学芸大学や福岡学芸大学は、とにかく教員の移行を最優先せざるをえなかった。言い換えれば新しいカリキュラムを運営できる教員組織を形成することより、前身校の教員組織に合わせてカリキュラムを考えるしかないという状況に直面し、新しいカリキュラムの充実が後回しにされた。「教育行政ニ秀デタモノ」（大阪学芸大学）や「教育者としての人格識見」（福岡学芸大学）といった大学設置委員会の基準にはない評価基準を学内審査基準に設けるなどして、とにかく教員を大学に移行させようとした。こうした過程において、一般教養を重視して師範タイプを克服するという理念は、急速に後退していったと考えられる。

多くの教員養成系大学・学部は、師範学校・青年師範学校の教員組織に合わせてカリキュラムを運営せざるをえなかった。ちなみに四七年一二月一日付で文部省がまとめている全国の師範学校・青年師範学校の「担任教科目別教員数」は、表８－４のとおりである。師範学校規程の教科科目名と一致しない、本科の教授・助教授と予科の教諭が区別されていないなどの限界があるいっぽう、おおよそどのような専門領域にどのくらいの数の教員がいたのかがわかる。農業、家政、外国語、国語漢文、数学など特定の領域に教員が多くいるいっぽうで哲学、地理などの領域で教員が少ない。こうした領域は他の科目から担当替えをしない限り、教員養成系大学・学部で不足することになったと考えられる。

教員養成系大学・学部の中でもとくに教育学部を置いた大学の場合、人文科学・社会科学・自然科学の一般教養・教科専門科目は文理学部が担うというのが文部省の方針だった。静岡大学は設置認可されるためにとりあえず教科専門の一六講座を文理学部に置いたが、発足直後から一六講座や担当教員を公式には文理学部所属とするいっぽうで学内措置では教育学部所属とした。文部省の方針どおりにすると、教育学部の学生指導などの面で困難が多かったためである。静岡大学をはじめ多くの大学は、小学校教員養成だけでなく中学校教員養成も含んで、教育学部単独で専門教育を行えるような組織にしようとしたと考えられる。小学校教員養成と中学校教員養成を漠然と一括りにし、義務教育教員養成に必要な専門教育を単独に行える教員組織を編成しようとする教育学部の強い意識がうかがえる。

表8-4　師範学校・青年師範学校における専門領域別教員数（1947年12月1日）

「担当教科目」	師範学校	青年師範学校	計（人）
修身公民	240	41	281
哲学	149	–	149
歴史	226	33	259
地理	160	25	185
国語漢文	384	28	412
教育	270	91	361
心理	156	–	156
数学	321	64	385
物象	330	27	357
生物	197	–	197
農業	169	348	517
工業	3	56	59
商業	15	29	44
水産	1	37	38
其他実業	–	45	45
家政	297	204	501
体操	254	41	295
衛生	25	–	25
音楽	187	17	204
図画・工作	370	–	370
書道	91	–	91
外国語	332	84	416
計	4177	1170	5347

備考）1. 文部省調査局「昭和22年12月1日現在　学校教員調査報告――大学高等専門諸学校教員」（「戦後教育資料」Ⅴ-76）より作成。
2. 「担当教科目」という名称は資料のままとした。
3. 資料では「本務教員」と「兼務教員」が挙げられている。本表は「本務教員」のみである。「本務教員」に含まれるのは、「校長」「教授」「講師」「助教授及助手」「講師」「授業嘱託」のほか、青年師範学校のみ「その他の教員」である。

新制大学発足前も発足後も、文部省は人文科学・社会科学・自然科学の一般教養・教科専門科目は文理学部に置くという方針を繰り返し徹底しようとした。岡山大学のように師範学校・青年師範学校の教員の多くを受け入れれば文理学部（法文・理学部）が教科専門教育を担えた面もあろう。ただし、こうした岡山大学であっても、法文・理学部が担当したのは中学校（および高等学校）教員養成のみである。義務教育教員養成のうち、中学校教員養成は高等学校教員養成とともに中等教員養成として括られ、法文・理学部が学部専門教育を通して結果的に中等教員養成の教科専門教育も担当することになった。こうして中学校教員養成課程の学生は、法文・理学部の学生と「切磋琢磨」しながら一般教養や専門教育を学ぶことになったいっぽう、小学校教員養成は教育学部でほぼ単独に行われた。とくに小学校教員養成は、教科専門科目を担当する教員の多くが文理学部（法文・理学部）に所属していたとしても、文理学部の専門教育や一般教養を深めながら教員養成を行うといった組織にはなりにくかったといえる。

注

（1）神戸大学教育学部五十年史編集委員会編『神戸大学教育学部五十年史』神戸大学紫陽会、二〇〇〇年、一七四頁
（2）同右、一七三〜一七四頁
（3）同右、一七七頁
（4）同右、一七八頁
（5）神戸大学教育学部沿革史編集委員会『神戸大学教育学部沿革史』神戸大学教育学部、一九七一年、三一九頁
（6）前掲『神戸大学教育学部五十年史』一八一頁
（7）同右、一八二〜一八四頁
（8）同右、一八四頁
（9）同右、一八八頁
（10）同右、一八七頁
（11）同右、一八七頁
（12）岩下富蔵「東京学芸大学発足の経緯」東京学芸大学創立五十周年記念誌編集委員会『東京学芸大学五十年史　資料編』東京学芸大学創立五十周年記念事業後援会、一九九九年、七頁
（13）藤本光「大学への胎動」東京学芸大学二十年史編集委員会『東京学芸大学二十年史――創基九十六年史』東京学芸大学創立二十周年記念会、一九七〇年、一六〜一七頁
（14）簿冊表題「東京学芸大学」。ちなみに一九四八年八月一六日付「東京学芸大学設置認可申請書」（前掲『東京学芸大学五十年史　資料編』一五五〜一八三頁）と同じものと考えられる。なお、岩下富蔵によれば、申請書の大部分は一六日、人事に関する書類

は二三日に提出された（前掲「東京学芸大学発足の経緯」九頁）
(15) 京都学芸大学編集発行『開学十五年誌』一九六四年、二八頁、北海道教育大学函館分校創立六十年史編集委員会編『北海道教育大学函館分校創立六十年史』北海道教育大学函館分校、一九七五年、一七六頁
(16) 簿冊表題「愛知教育大学」国立公文書館所蔵
(17) 海後宗臣編『戦後日本の教育改革8　教員養成』東京大学出版会、一九七一年、九六頁
(18) 大学学術局大学課「国立大学定員表　昭和25年度」（「戦後教育資料」Ⅵ-185、国立教育政策研究所所蔵）
(19) 一九四九年五月三一日付文部省学校教育局長発愛知学芸大学創立事務責任者宛通牒「新制国立大学設置について」（簿冊表題「愛知教育大学」国立公文書館所蔵）
(20) 愛知教育大学史編纂専門委員会『愛知教育大学史』愛知教育大学、一九七五年、一六八頁
(21) 前掲「国立大学定員表　昭和25年度」
(22) 前掲『愛知教育大学史』一九七五年、一六八頁
(23) 同右、一六八頁
(24) 前掲一九四九年五月三一日付文部省学校教育局長発愛知学芸大学創立事務責任者宛通牒「新制国立大学設置について」
(25) 前掲『愛知教育大学史』一九三頁
(26) 同右、一九四頁
(27) 同右、一一五頁
(28) 同右、一〇五頁
(29) 同右、一二三頁
(30) 大阪教育大学所蔵。国立公文書館所蔵の申請書は一部欠けている。
(31) 一九四九年六月三日付文部省学校教育局長発大阪学芸大学創立事務責任者宛通牒「新制国立大学設置について」（簿冊表題「大阪教育大学」国立公文書館所蔵）
(32) 静岡大学は文部省から一九四八年六月一九日に「大学の教官定員」を「五校の現在定員の二割増以内」とする方針が伝えられたが、四九年三月三一日の新制国立大学創立事務責任者協議会において「経済九原則の影響で新制大学関係の予算が大巾にけずられ」たため、「教官についても現定員の二割増という計画は全く見込がなくなったこと、したがって現定員の範囲で考えること」というように方針変更が伝えられたという（静岡大学10年史編集委員会編『静岡大学10年史』静岡大学、一九六二年、一三、

三一頁)
(33)「昭和二十三年度　教官会議録」大阪教育大学所蔵
(34)国立学校設置法施行規則(一九四九年六月二二日)、国立学校設置法施行規則改正(五〇年五月二四日)、国立学校設置法施行規則改正(五一年八月二五日)、国立学校設置法施行規則改正(五二年一〇月一三日)、前掲「国立大学定員表　昭和25年度」。東京学芸大学の場合、四九年度六二名、五〇年度一六二名、五一年度三二八名、五二年度三二八名である。
(35)前掲「昭和二十三年度　教官会議録」
(36)同右
(37)玖村敏雄「あの頃の回想」大阪学芸大学教育研究所編『教員養成制度問題――論説と資料』(『おおさか教育』第三巻第一六号継続発行完成記念　贈呈誌)一九五九年六月、三六頁
(38)前掲「昭和二十三年度　教官会議録」
(39)「昭和二十四年三月　第八回総会提出　申請大学審査報告書要領」(「戦後教育資料」VI－319)
(40)前掲「新制国立大学設置について」(大阪教育大学)
(41)大阪学芸大学編集発行『大阪学芸大学15年史』一九六四年、六～七頁
(42)簿冊表題「福岡教育大学」国立公文書館所蔵
(43)「全教官」に予科の教諭が含まれているか否かは、資料上の制約からわからない。
(44)以下、昇地三郎氏の回想は特記しない限り、昇地三郎「大学の生みの悩み」福岡教育大学創立40周年記念行事実行委員会編『福岡教育大学　四十年の歩み』福岡教育大学、一九八九年、一二頁に基づく。
(45)二〇〇八年一一月二〇日の聞き取り調査
(46)前掲「大学の生みの悩み」一二頁
(47)「新制大学学芸学部(又は教育学部)教員審査状況(一月九日調査の分)」(「戦後教育資料」V－10所収)
(48)前掲「大学の生みの悩み」一二頁
(49)同右、一三～一四頁
(50)「戦後教育資料」V－10所収
(51)同右
(52)「戦後教育資料」V－11所収

(53)「戦後教育資料」Ⅵ-182
(54)表題なし。「戦後教育資料」Ⅴ-10所収、国立教育政策研究所所蔵
(55)前掲『戦後日本の教育改革8　教員養成』二〇三頁（執筆者は山田昇）
(56)前掲『静岡大学10年史』九〜一〇頁
(57)同右、一〇頁
(58)同右、一四頁
(59)同右、一五頁
(60)同右、六頁
(61)簿冊表題「自昭和24年4月至昭和27年3月　静岡大学　第1冊」国立公文書館所蔵
(62)前掲『静岡大学10年史』一六〜一七頁
(63)同右、二一〜二三頁
(64)一九四九年二月二八日付『静岡新聞』「静岡大学は三学部制　法経系統は独立とせぬ」
(65)前掲『静岡大学10年史』二一〜二四頁
(66)同右、二七頁
(67)一九四九年五月二日付『静岡新聞』「文理教育　両学部に統合説　静大七月上旬に発足」
(68)静岡大学教育学部同窓会編『静岡大学教育学部同窓会記念誌』静岡大学教育学部同窓会、一九六五年、一七二頁
(69)一九四九年九月一四日評議会提出資料「文理学部　昭和廿四年八月拾六日訂正」および「教育学部」（「評議会議事録　昭和二十四年」所収、静岡大学所蔵）、前掲『静岡大学10年史』三八頁
(70)一九四九年七月三一日付学内資料（前掲『静岡大学10年史』三八頁）および八月一六日付学内資料（前掲「文理学部　昭和廿四年八月拾六日訂正」および「教育学部」）。どちらも各学部の講座数を文理学部二六、教育学部三七、工学部二四としている。しかし、設置認可されたときの講座数は文理学部四五、教育学部二一、工学部二一である。とくに文理学部の四五講座は①「文理科担当」二六、②「教育学部担当」一六、③「工学部一般教養」の三種類に大きく分けられる（前掲『静岡大学10年史』二九頁）。四九年七月と八月の申請書は、②を教育学部に、③を工学部に計上した。
(71)静岡大学50周年記念誌編集委員会通史編小委員会編『静岡大学の五十年　通史』静岡大学、一九九九年、一一五頁
(72)同右、一一五頁

(73) 同右、一一五〜一一六頁
(74) 的場鉄哉（元教育学部浜松分校主事）「難問に直面して」（前掲『静岡大学10年史』）一八九頁
(75) 前掲『静岡大学10年史』五四頁
(76) 同右、前掲『静岡大学の五十年　通史』一一七頁
(77) 一九五一年一月二八日「大学設置委員《〔ママ〕》会第九特別委員会実地視察懇談会記録」（山口大学文理学部庶務係「山口大学設置に関する書類綴」所収、山口大学所蔵）
(78) 前掲「山口大学設置に関する書類綴」所収
(79) 「山口大学一覧　自昭和24年度　至昭和28年度」山口大学所蔵
(80) 「教授会　26・7・2―29・3・31」山口大学所蔵
(81) 「教官会議　26・5・21―29・3・31」山口大学所蔵
(82) 岡山大学二十年史編さん委員会編『岡山大学二十年史』岡山大学、一九六九年、二〇一〜二〇二頁
(83) 同右、一九五頁
(84) 同右
(85) 「昭和二十五年四月　昭和二十八年三月　教授会議事録綴　法文学部」岡山大学所蔵
(86) 「学生の手引」岡山大学教育学部、一九五二年四月
(87) 「昭和二十七年　昭和三十一年三月　教官会議々事録綴　法文学部」岡山大学所蔵
(88) 法文学専攻科・教育専攻科は一九五八・五九年度に設置された（前掲『岡山大学二十年史』一一八頁）
(89) 前掲「昭和二十七年　昭和三十一年三月　教官会議々事録綴　法文学部」
(90) 五名は中学校教諭二級普通免許状と高等学校教諭仮免許状の取得に必要な一五単位以上、一名は中学校教諭一級普通免許状と高等学校教諭二級普通免許状に必要な二〇単位以上を修得している（「昭和二十七年度　教授会記録」岡山大学所蔵）
(91) 前掲『戦後日本の教育改革８　教員養成』九三頁（執筆者は寺崎昌男）

終章

第一節　総括

本書は、「一般教養を重視して『師範タイプ』を克服する」という戦後教員養成改革当初の理念に着目し、この理念が教員養成系大学・学部の発足当初から実質がともなっていなかったことを明らかにしてきた。とくに戦後初期の師範学校および再編後の教員養成系大学・学部のカリキュラムと教員組織に注目して描き出した点に、本書の大きな特徴がある。第Ⅰ部で制度改革をめぐる議論、第Ⅱ部で制度改革の具体化、第Ⅲ部で教員養成系大学・学部におけるカリキュラムと教員組織の形成過程について検討した。全体を総括すると、戦後初期の教員養成改革について次のように描くことができる。

教育刷新委員会（以下、「教刷委」と表記）は一九四六年一〇月から教員養成に関する審議を本格化させたが、当初から戦前の師範学校制度が視野の狭い、国家や権力に従順で一定の型にはまった師範タイプを養成したとする批判的認識に立脚した。そもそも戦前の師範タイプ批判は、高等小学校から接続する第一部（四三年以降の予科）に向けられてきた。ところが戦後、教刷委は師範タイプ批判を中等学校から接続する第二部（四三年以降の本科）にまで押し広げた。師範学校は四三年度以降専門学校程度に昇格していたにもかかわらず、その成果を問うことなく師範学校の存在自体を徹底的に批判したのである。

また、教刷委は師範タイプ批判に立脚しているにもかかわらず、議論の対象をいままで師範学校で養成されてきた小学校教員に限定せず、新制中学校の教員を含んで義務教育教員養成論を展開した。師範タイプ批判を漠然と押し広げるのとあわせて、戦前は別々に行われてきた師範学校すなわち小学校教員養成に関する議論と中等教員養成に関する議論を混交させていった。

このように曖昧に小・中学校教員養成を義務教育教員養成としてまとめて審議するなか、一般教養を重視して師範タイプを克服するという理念が教刷委で一定の説得力を持った。四七年五月の決議で、「教育者の育成を主とする学芸大学」構想が示された。これは、小・中学校教員養成すなわち義務教育教員養成の教育内容の中心は学芸すなわち一般教養とするという案だった。一般教養それ自体は非常に漠然としていた。文理科大学のような文科・理科、旧制高校的教養、それ自体専門となりうるリベラル・アーツ、市民的教養のジェネラル・エデュケーション、人文科学・社会科学・自然科学の三系列均等履修、戦前の教育科学研究会（教科研）に共通する社会科学的教養など、さまざまなイメージが混在した。

カリキュラムの中心に位置づくとされた一般教養自体も、審議の基盤となっていた師範タイプ批判も漠然としていた。それでも一般教養を重視して師範タイプを克服するという理念は、戦後初期という限られた時期において、教刷委だけでなく文部省や師範学校においても一定の説得力を持った。それは、教刷委が内閣や文部省といった行政官庁からもＣＩＥからも基本的に拘束されず自由な審議を保障されていたため、教刷委の決議が従来の教育政策審議機関とは比較にならないほど非常に重みを持ったことにも起因する。しかしそれ以上に、一般教養とはすなわち文科・理科といったイメージがおおよそ共有されていたこと、一般教養と教科専門教育、戦前の師範教育が近接的に捉えられ、場合によって混同されていたことに起因するだろう。

戦前の中等教員養成からの連続性を視野に入れれば、戦後初期、師範教育をさらにレベルアップした教員養成としてイメージされやすかったのは、文理科大学や高等師範学校・女子高等師範学校で行ってきたような養成だろう。こうした機関では、複数教科にわたって教えられる中等教員が養成されてきた。文科・理科といった幅広い学修をすることで複数教科を教えられる教員が養成できる。さらに、一般教養を通じて幅広く学修することで全科担任の小学校教員も養成できる。一般教養と教科専門教育あるいは戦前の師範教育が近接的で混同されやすかったからこそ、一般教養を主としたカリキュラムにすれば、全科担任の小学校教員と複数教科を担任できる中学校教員をあわせて養成できると考えられ、小・中学校教員養成が曖昧に義務教育教員養成としてまとめられていった。

一般教養を重視するという理念は、戦後初期に師範学校が実際に運営したカリキュラムや作成したカリキュラム案へ可視化されていった。具体的には四六年度頃から実施された専門学校程度としてのカリキュラム、四七年初頭に作成された大学レベルのカリキュラム案、四八年半ばに作成された大学設置認可申請書などにおいてである。さらに、四七年初頭に開かれた「教員養成のための研究集会」や四九年初頭に開かれたＩＦＥＬなど、全国の教員養成関係者が参集する場においても、一般教養を重視して師範タイプを克服するという当初の理念が繰り返し主張され、また一般教養を主とするカリキュラム案が作成された。

ただし、一般教養とは、人文科学・社会科学・自然科学の三系列から構成されるものである、社会科学的教養こそ重視すべきものである、文科・理科から構成されるものである、小学校教員養成という目的のために必要とされる音楽や図画工作の実技訓練も含むべきものである、教科専門教育と重なるものである、すなわち師範教育である、といったように、さまざまなイメージが混在した。とくに教科専門教育や師範教育と混同されやすかったからこそ、カリキュラムの中心に位置づくことができた。一般教養をカリキュラムの中心に据えることで、ほぼ同一カリキュラムで小学校教員と中学校教員を養成するだけでなく、中学校の場合は複数教科を教えられる教員を養成することが可能になった。幅広く学修しながら特定の分野を深めるこうしたカリキュラムは、とくに新制中学校の教員不足が深刻だった戦後初期、効率的な養成を可能とした。こうした現実の中で、師範タイプ克服という課題は顧みられなくなっていった。

四三年度に専門学校程度に昇格したばかりの師範学校は、戦後、専門学校程度にふさわしいカリキュラムの充実といった課題に直面した。四六年度頃からカリキュラム改革を進める過程で、文科・理科といった学科区分、専修制、単位制、選択科目の増加、研究の時間などを導入し、学力の向上やとくに外国語や数学など普通学を深めることをめざしていった。

師範学校は、こうした専門学校程度としての充実を図る改革と並行して、小・中学校教員養成を対象とした大学レベルの案も作成していった。その直接的な契機となったのは、四七年一月一八日付文部省通牒「学科課程案の研究について」である。本通牒には、CIEの指導・助言のもとにまとめられた四六年一二月三〇日付「東京第一師範学校案」が参考資料として添付された。この「東京第一師範学校案」および通牒への回答として作成された六校の案（北海道第二師範学校、山形師範学校、埼玉師範学校、岐阜師範学校、山口師範学校、熊本師範学校の案）はおおよそ共通して、最低履修単位数全体の五割程度を一般教養とした。一般教養を重視するといった理念を可視化して一般教養を主たる教育内容としたのは、ほぼ同一カリキュラムで小学校と中学校、さらには中学校の複数教科を教えられる教員を養成するためである。これらの案は、文科・理科あるいは人文科学・社会科学・自然科学といった学科区分を設けるなどして、幅広い学修の必要性を主張したが、その主張は師範タイプ批判だけでなく、従来の教員養成とは異なるはずの旧制大学のアカデミズム批判にも立脚していた。

こうした大学レベルの案は、四七年度頃から実際の師範学校のカリキュラムにも反映された。ちょうど四七年度から師範学校は小学校教員養成だけでなく中学校教員養成も新たに目的とすることになっていた（四七年五月二三日公布「学校教育法施行規則」第八五条）ため、小・中学校両方の教員を効率的に養成するカリキュラムが必要だった。さらに四八年度には新制大学の設置認可申請も始まり、また、四八年度本科入学者の大部分は翌四九年度に新制大学へ入学するだろうとされた（学校教育法施行規則第九二条の三）ため、大学レベルの案を師範学校でもできるだけ反映させようとしたと考えられる。

四八年三月頃になると、師範学校を含む旧制高等教育機関は、文部省から新制国立大学設置についての具体的な指示を受け始めた。とくに師範学校の場合、同年三月二八〜二九日の高等師範学校長会議および師範・青年師範学校長会議において、「新文芸大学」（「新学芸大学」と考えられる）に再編されること、小・中学校教員を計画的に養成することが伝えられた。つまり、この頃には師範学校が教員養成系大学・学部に移行すること、教員養成系大学・学部は小・中学校教員（義務教育教員）の計画養成機関になることがほぼ明確になっているといえる。五月になると文部省は各大学（の前身校）に対して、七月末日までに設置認可申請書を提出するよう指示した。

同じ五月、大学基準協会は高等学校教員養成を対象とした「新制大学に於ける教職的教養基準設定に関する提案」を「中間的に承認」した。ところが小・中学校教員養成やそれを主とする教員養成系大学・学部の基準は、作成どころか具体的な審議さえしなかった。大学基準協会は、教職専門科目や教育学に関する基準を作成しなかったばかりでなく、一般教養を重視した教員養成を保障するような基準さえ作成しなかった。

結局、教員養成系大学・学部の設置基準は、大学設置委員会が直接作成することになった。大学設置委員会作成の設置基準は、一般教養については他の大学・学部とまったく同じとしたため、一般教養重視の理念をカリキュラムにおいて保障しようとするものではなかった。さらに、免許状取得に必要な科目を卒業必修科目とした。こうした設置基準に即して発足した教員養成系大学・学部のほとんどは、免許状取得を卒業要件として発足することになった。師範学校に入学することがすなわち教員になることを意味した従来の制度をほぼそのまま継承する形で四九年度、教員養成系大学・学部が発足したのである。

なお、大阪学芸大学、福岡学芸大学、静岡大学は四八年九月に設置認可申請書を再提出した際、小学校教員養成の教科専門科目の一部を「高級」な一般教養科目とする案を示した。こうした案は、同時期に大学設置委員会が作成した「小学校教員養成最低基準（案）」の「上級一般科目」に倣ったものである。大阪学芸大学は、発足直前の四九年四月二七日の教官会議においても「高級一般教養」について審議していた。実際にこうした名称の科目を置いた大学はほとんどないだろう。しかし、小学校教員養成の教科専門教育は「高級」あるいは「上級」一般教養を含むという意識は、その後も教員養成系大学・学部へと引き継がれていったと考えられる。

四九年度に教員養成系大学・学部が実際に発足した頃には、一般教養が教育内容の中心には位置づかなくなっていた。一般教養は大学基準・教育職員免許法の最低基準を満たす三六〜四〇単位（全体の三割）程度を履修すれば十分ということである。一般教養より幅広く学んで多くの単位を修得すべきは教科専門教育であった。小学校と中学校、あるいは中学校の複数教科にわたる免許状を同時に取得するためである。こうした目的のためには、幅広く教科専門教育を学び、かつ特定の分野を深めるカリキュラムが好都合であった。

発足当初の教員養成系大学・学部のカリキュラムでは、おおよそ共通して小学校と中学校二教科、つまり全部で三種類の免許状取得を可能とするような配慮がされた。配慮は、選択科目を多く置くという形で現れた。選択科目を置く目的は、興味・関心のある学問分野を修めることより、できるだけ多くの免許状を取得できるようにすることにあった。こうした配慮の下で学生が選択履修するのは、一般教養科目ではなく教科専門科目であった。

学生に可能な限り多くの免許状を取得させるといった効率的な小・中学校教員養成を行う中、一般教養を重視して師範タイプを克服するという理念は顧みられなくなっていった。師範タイプ克服をめざして幅広い一般教養を重視すべきという主張が、複数免許状取得をめざして幅広い教科専門教育を重視すべきという主張に変わっていったのである。こうした主張が立脚したのは、師範タイプ批判ではなく、教員養成とは異なるはずの旧制大学のアカデミズム批判であった。

このように、一般教養を重視して師範タイプを克服するという理念が実質をともなわなかったのは、カリキュラムだけでなく、それを運営する教員組織においても同様であった。

教員養成系大学・学部の教員組織は、基本的に師範学校・青年師範学校を引き継いだ。戦前の師範教育とは異なるカリキュラムを実施しようとするなら組織を再編成したり、一般教養を担う教員を新たに採用したりしなければならないはずだった。新制大学は旧制高等教育諸機関から再編されたため新たな教員を探すのが困難ではあるが、たとえば東京工業大学のように、戦後初期のカリキュラムに心理学や哲学、芸術学といった一般教養科目を新しく導入し、それを担う教員を新たに採用している事例もある[1]。ところが、戦後の師範学校や発足当初の教員養成系大学・学部には、東京工業大学のような際立った事例が見当たらない。一般教養が戦前の師範教育と混同されやすかったからこそ、師範学校の教員組織をそのまま大学に引き継げば十分だと考えられたのであろう。

師範学校・青年師範学校だけでなく旧制高校・旧制専門学校といった旧制高等教育諸機関の教員が新制大学の教員に採用されるためには、大学設置委員会の審査に合格しなければならなかった。大学によっては、審査が始まった当初、師範学校・青年師範学校から新制大学へ移行するのが危ぶまれる者もかなりいた。そのため、大阪学芸大学や福岡学芸大学の事例などに顕著なように、新しいカリキュラムに必要な教員を配置するのではなく、現在抱えている教員組織にカリキュラムをある程度合わせなくてはならなくなった大学も存在した。こうした過程において、一般教養を重視して師範タイプを克服するといった理念は顧みられなくなっていった。

先行研究では師範学校・青年師範学校の教員が新制大学に移行する際、大学設置委員会の審査になかなか合格できなかったり多くの者が降格せざるをえなかったりと非常に厳しい状況に直面したことが強調されてきた。たしかに降格せざるをえない者も多かったが、大学設置委員会はできるだけ移行できるようにある種の救済措置をとった。

救済措置として先行研究で注目されてきたのは、四八年一〇月二一日付「教員養成を主とする学芸大学の教員について（案）」である。ここには、他の大学・学部にはない評価基準として、「教授上工夫創意があること」「特殊の能力」「教育的影響力があること」が加えられた。こうした基準により、師範学校・青年師範学校の教員は、たとえ他の大学・学部には移行できなくても、教員養成系大学・学部には移行できるようになった。また、先行研究ではほとんど注目されてこなかった救済措置として、一二月九日の大学設置委員会第四専門分科会（理科系の審査担当）の決議が挙げられる。この決議により、理科系担当教員の場合、いったん審査に不合格となっても、小学校教員養成の教材研究（教科専門科目）あるいは中学校教員養成の教科教育法（教職専門科目）に担当を限定すれば、合格となった。

先行研究で強調されてきたように、四九年一月段階の審査途中において教員養成系大学・学部の教員候補者の合格率は低かったが、その後も審査は続くうえ、第一～四学年の学生がはじめて揃うという意味で新制大学の完成年度である五二年度頃までにかけて、多くの教員が師範学校・青年師範学校の本科から新制大学へ移行していった。神戸大学のように大学設置委員会以上に厳格な学内審査を行った大学であっても、師範学校・青年師範学校から新制大学へ約八割が移行した。

教育学部と文理学部を置いた大学の場合は、教育学部の教科専門教育と文理学部の専門教育が重複するため、教科専門教育担当者を教育・文理のどちらの学部に所属させるかといった問題にも直面した。文部省の方針では文理学部所属であったが、そうした体制は教育学部の学生指導などさまざまな面で困難をきたすという理由から、教育学部所属としようとする大学も多かったと考えられる。文理学部所属にしようとしても、山口大学にみられたように、元旧制高校の教員と担当科目が重複するため、文理学部側が元師範学校の教官を受け入れることに抵抗する場合もあった。岡山大学のように旧制高校の教員だけで文理学部（岡山大学は法文・理学部）が編成できない場合、師範学校・青年師範学校から多くの教員を受け入れることになったが、文理学部が担当するのは原則として中学校教員養成であった。他学部と教育学部とで教員養成を担う体制ができたとしても、小学校教員養成は教育学部のみで閉鎖的に行われる大学が多かったであろう。

第二節　先行研究に対する知見

序章で示した先行研究に対し、本書が明らかにした知見を総括しておきたい。

1　教育刷新委員会について

先行研究では教刷委の提起した理念について抽象的で観念的であること、具体性・現実性に欠けていることが強調されてきた。また、教刷委の審議についてとくに旧制大学関係者らが初等教員と中等教員の専門性や養成の違いを明確に論じなかったこと、カリキュラムに関する具体的な審議を欠いていることが批判されてきた。

これに対して本書は、戦前の初等教員養成論と中等教員養成論とを混交させたからこそ、文科・理科といった一般教養を重視して師範タイプを克服するという理念が戦後初期という限られた時期に一定の説得力を持ったという意味で、当時としては現実的な構想だったことを描き出した。だからこそ、戦後初期の師範学校のカリキュラムや文部省の構想では一般教養が全授業時数の半分程度を占め、文科・理科といった学科編成がとられた。

一九四六年一〇月、教刷委で教員養成に関する審議が始まった当初、旧制大学関係者の意見を代表する安倍能成が小・中学校の教員を同一機関でまとめて養成できるのかという非常に重要な論点を示した。これに対し務台理作、木下一雄、倉橋惣三といった教員養成諸学校関係者の意見を代表するような委員らが、小・中学校の教員養成を義務教育教員養成として曖昧にまとめて審議する枠組みを作り、二つの養成は同一機関においておよそ同一カリキュラムを通して養成できると主張した。このように教員養成諸学校関係者でさえカリキュラムについては曖昧なイメージしか持てなかったのが当時の現実であった。

なお、四六年一二月付日本側教育家委員会報告書や八月二二日付で文部省が作成した「学校教育法要綱案」、八月二〇日頃から研究が開始された「東京第一師範学校案」などによって、教刷委の審議以前や審議当初に、小・中学校教員養成を義務教育教員養成としてまとめて行う方向性が示されていた。こうしたことも、教刷委の審議に影響したと考えられる。

一般教養を重視して師範タイプを克服するという教刷委の提起した理念は、戦後初期という限られた時期においてではあるが、当時としては具体的かつ現実的なものとして、文部省や師範学校でも受け止められていった。ただし、文部省や師範学校では、一般教養を重視することと師範タイプ克服といった課題がしだいに結びつかなくなっていき、効率的な養成と結びつくようになっていった。一般教養をカリキュラムの中心に据えることで、小学校と中学校で教えられ、さらに中学校では複数の教科を担当できる教員を養成しようとしたのであった。

2 カリキュラムについて

先行研究では、戦後初期のカリキュラムとしてとくに四六年一二月三〇日付「東京第一師範学校案」が注目されてきた。しかし、この案でカリキュラムの半分を占める一般教養については、ほとんど注目されてこなかった。同じことは、他の複数の師範学校が作成した案についてもいえる。さらに、こうした大学レベルの案が、専門学校程度の師範学校改革や再編後の教員養成系大学・学部のカリキュラムへ実際にどのような影響を及ぼしたのかについては、ほとんど明らかにされてこなかった。

これに対して本書は、大学レベルの案、戦後の実際の師範学校における改革、再編後の教員養成系大学・学部のカリキュラムの検討を通じ、小・中学校教員養成が義務教育教員養成として曖昧にまとめられていく過程で、一般教養を重視して師範タイプを克服するという理念が戦後初期に一定の説得力を持ったこと、他方で、しだいに教科専門教育の確立や充実が主張される中で一般教養は軽視されていき、同時に師範タイプを克服するといった課題も顧みられなくなっていったことを明らかにした。

とくに大学レベルの案については、先行研究で注目されてきた「東京第一師範学校案」のほか、北神正行が発掘した複数の師範学校の案（北海道第二師範学校、山形師範学校、埼玉師範学校、岐阜師範学校、山口師範学校、熊本師範学校の六校の案）を改めて検討し、一般教養が非常に多様で漠然としていたうえ、小・中学校教員をまとめてほぼ同一カリキュラムで養成しようとしたため、一般教養がカリキュラムの中心に位置づくことができたことを描き出した。

四六年度末に作成された大学レベルの案は、四七年度以降、多くの師範学校で実際のカリキュラムに反映されていったと考えられる。四七年八月二六日付「米国教育使節団報告書中師範教育課関係事項に関する処置」に実験的に実施させるという文部省の方針が示されていたこと、四七年七〜八月に開催された「教員養成のための研究集会」において、三二校が「東京第一師範学校案」を部分的に実施していると報告していたことなどからもそのように考えてよいだろう。さらに師範学校は、四七年度には従来の小学校教員養成に加えて新たに中学校教員養成も目的とすることになり（五月二三日公布の「学校教育法施行規則」第八五条）、四八年度には文部省から新制大学への移行をめぐる方針が具体的に指示され始めていたこともあって、大学レベルの案を実際に運営するカリキュラムに反映させていった。

大学レベルの「理想的な」案や実際の師範学校で改革され運営されていたカリキュラムをふまえて、各教員養成系大学・学部は設置申請時のカリキュラムを構想した。四八年九月頃に作成された大阪学芸大学、福岡学芸大学、静岡大学の設置認可申請書をみると、小学校教員養成については、教科専門教育の一部が「上級」あるいは「高級」な一般教養で構成された。一般教養および「上級」「高級」一般教養は、全体の最低履修単位数のおよそ半分を占めていた。実際に「上級」「高級」一般教養を置いた大学はほとんどなかったと考えられるが、小学校教員養成の教科専門教育は「上級」「高級」な一般教養といった側面を持つという考えは、その後の教員養成系大学・学部に、少なくとも意識のレベルで引き継がれていったと考えられる。

教員養成で重視すべきとされたはずの一般教養とは、人文科学・社会科学・自然科学の三系列から構成されるものである、社会科学的教養こそ重視すべきものである、文科・理科から構成されるものである、小学校教員養成という目的のために必要とされる音楽や図画工作の実技訓練も含むべきものである、教科専門教育と重なるものである、すなわち師範教育である、といったように、さまざまなイメージが混在した。こうした中、とくに教科専門教育や師範教育と近接的に捉えられ、場合によって混同されたために一般教養は戦後初期にカリキュラムの中心に位置づけられた。文科・理科などからなる一般教養を中心とすることで、全科担任の小学校教員と教科担任の中学校教員をあわせて養成でき、しかも中学校では複数教科を担当できる教員が養成できると考えられたからである。

こうして、教員養成系大学・学部が発足する頃には、一般教養を重視することが師範タイプ克服ではなく効率的な養成に結びつくようになっていった。しだいに師範タイプに対する批判が顧みられなくなり、教員養成とは異なるはずの旧制大学のアカデミズムに対する批判に立脚して、幅広い学修の重要性が強調されるようになった。そして幅広い学修は、一般教養ではなく教科専門教育に求められるようになっていった。

旧制大学のアカデミズムに陥らない幅広い教科専門教育を行い、かつ特定の分野については狭く深めることで、小・中学校両方の免許状あるいは中学校の複数教科にわたる免許状の取得が可能になるといった主張から、一般教養を重視して師範タイプを克服するといった理念が実質をともなわなかったことがうかがえる。

3　教員組織について

先行研究では、師範学校・青年師範学校の教員が新制大学へ移行していく際に困難な問題に直面したことが強調されてきたが、新制大学の「教員」として「教授・助教授」候補者に限定されがちであった。また、四九年一月段階の大学設置委員会の暫定的な審査結果がとくに注目されてきた。さらに、移行先として教科専門教育を担う文理学部がほとんど視野に入れられておらず、師範学校・青年師範学校の教員について本科の教授・助教授と予科の教諭がほとんど分けられてこなかった。

これに対して本書は、「教員」に「講師・助手」候補者も含んで、四九年一月以降の審査にも注目し、移行先として文理学部も視野に入れ、師範学校・青年師範学校の教員についてはできるだけ本科の教授・助教授に限定して（予科の教諭が大学の教員に移行するとは考えにくい）、先行研究で描かれてきた以上に師範学校本科の教員組織が新制大学へ温存されたことを描き出した。また、そうした過程で、新しいカリキュラムの追究が後回しにされたこと、したがって一般教養を重視して師範タイプを克服するという理念は実質をともなわなかったことを明らかにした。

たとえば非常に厳格な学内審査が行われた神戸大学の場合であっても、先行研究で描かれてきた以上に多くの師範学校・青年師範学校の教員が新制大学へ移行していった。降格は免れなかった者が多いが、移行先として文理学部も含み、かつ移行の時期を五三年度まで延ばしてみると、七六・四％もの教員が神戸大学へ移行していた。神戸大学は非常に厳格な学内審査が行われた典型的事例である。他の大学・学部ではいっそう高い割合で新制大学へ移行していったと考えられる。

たとえば東京学芸大学では、発足当初から教員組織の再編が大きな問題となった形跡が見当たらなかった。資料的制約から本科の教授に限ったが、彼らのほぼ全員が大学発足までに大学設置委員会の審査に合格し、実際に五二年度までに東京学芸大学に移行した。しかも大学の教授・助教授として合格した者が九六・九％にまで上った。最終的に講師で申請された者も一名だけいたが、大学設置委員会に助教授以上で申請しても合格できたであろう。講師にとどめられたのは、学内事情によると考えられる。

発足時に教員の移行がさほど大きな問題とならなかったのは、愛知学芸大学も同じだった。教員養成系大学・学部が「教員」（とくに教授・助教授）不足に直面した根拠として先行研究が注目してきた四九年一月九日段階の大学設置委員会の審査結果をみても、すでにこの段階で四九年度の定員を上回る教員を確保できており、しかも教授・助教授さえ定員を上回っていた。

愛知学芸大学の場合、とくに教授が不足し始めるのは、教員採用の際に大学設置委員会に報告する義務がなくなった五四年度以降である。不足する最大の理由は、戦前から続く愛知第一師範学校・愛知第二師範学校の対立を引き継いだ分校間対立であった。こうしたことから、東京学芸大学や愛知学芸大学の場合、降格や転出の主たる原因は、大学設置委員会の審査よりむしろ学内の審査やそれぞれが抱える事情だったと考えられる。

他方で大阪学芸大学、福岡学芸大学、京都学芸大学は転出者を多数出したとされる。ただし、ここにはおそらく予科の教諭が含まれている。資料的制約から断定できないが、本科の教授・助教授に限ればおおよそ大学に移行していったのではないか。

大学設置委員会の審査で（何度も）不合格になった場合、申請する担当科目を変更せざるをえなかった。こうした過程において、新しいカリキュラムに合わせた教員組織を編成するのではなく、むしろ師範学校・青年師範学校の教員組織に合わせるかたちでカリキュラムを変更せざるをえない面もあった。言い換えれば教員の移行を優先し、カリキュラムの追究は後回しにせざるをえなかったということである。こうした教員組織の形成過程の中で、一般教養を重視して師範タイプを克服するといった理念は、ますます顧みられなくなっていった。

教育学部と文理学部を編成した大学の場合、四八年一二月一六日付文部省通牒などにあるように、教科専門教育を担当する教員は文理学部に移行するのが文部省の方針だった。師範学校・青年師範学校には教科専門教育担当教員が多くいたが、彼らがどの程度文理学部に移行するかは、旧制高校が抱える教員組織に大きく左右された。たとえば岡山大学の場合、旧制高校のみで法文・理学部が組織できなかったため、師範学校・青年師範学校の四六・七%にも上る定員が法文・理学部に移された。これだけ多くを文理学部に移す例は稀であろう。

ほとんどの大学は、山口大学のように旧制高校の教員でおおよそ文理学部が組織できたと考えられる。その場合、文理学部側はたいてい師範学校・青年師範学校の教員を受け入れることを歓迎しなかった。その最大の理由は、中心的な母体となる旧制高校と師範学校・青年師範学校の教員組織が一部重複するため受け入れれば旧制高校から失職者を出しかねないからであった。教育学部側からすれば、教科専門教育の教員が教育学部でなく文理学部に所属してしまうと学生指導などの面で不都合といった問題に直面した。

このように、文理学部からしても教育学部からしても、教科専門教育の教員を教育学部に集中させたほうが好都合だと考えた大学が多かったであろう。文部省は大学発足後も改めて教科専門教育を文理学部担当とするように指導したが、教科専門教育を教育学部に集中させた大学が多かったと考えられる。たとえば静岡大学は教科専門教育の講座や担当教員を表向きには文理学部所属としながら、学内では教育学部所属に準じて扱った。文部省の指導に対応する過程で、当初の理念はますます顧みられなくなっていったと考えられる。

前述のとおり岡山大学は特殊な事情ゆえに、教科専門教育の担当を法文・理学部とした。ただし、小学校の教科専門教育は教育学部が担当した。他学部とともに中学校教員養成を行う体制をとった大学であっても、小学校教員養成については発足当初から教育学部のみで閉鎖的に行われた。このようにして師範学校の目的意識が教員養成系大学・学部へと引き継がれやすい条件が整い、理念が顧みられなくなっていった。

4 教員養成系大学・学部について

先行研究では、教員養成系大学・学部について検討する際、とくに小学校教員養成に関心が集中しがちであった。また、とくに教育学部を置いた大学の場合は文部省の方針によって教科専門教育を担当するとされた文理学部との関係性を視野に入れなければ教員養成の全体像が捉えられないにもかかわらず、教育・文理両学部の関係性が十分検討されてこなかった。

これに対して本書は、中学校教員養成が小学校教員養成とあわせて義務教育教員養成としてまとめられたこと、および教科専門教育を担う文理学部の教員養成に対する主張に着目して次のようなことを描き出した。

戦後初期の師範学校や教員養成系大学・学部では、小・中学校教員養成が義務教育教員養成として曖昧に一括りにされることで、一般教養がカリキュラムの中心に位置づくことができた。小学校と中学校の複数教科の計三種類程度の免許状取得のためには、幅広い学修をすると同時に特定の分野を深く学ぶといったカリキュラムが好都合だった。

一般教養を主とするカリキュラムは、個々の学生ができるだけ多くの免許状を取得するといった効率的な教員養成という目的に沿うものだった。だからこそ、一般教養を重視した教員養成という理念が戦後初期に一定の説得力を持った。しかし、その理念が立脚していたはずの師範タイプ批判がしだいに消えていき、教員養成とは異なるものだったはずの旧制大学に対するアカデミズム批判が台頭し始めた。教科専門教育を幅広く学修することにより旧制大学のアカデミズムにも陥らず複数の免許状を同時に取得できるといった主張は、一般教養を重視することにより師範学校が生み出してきた師範タイプを克服するといった当初の理念とは大きくくずれていた。

一般教養は、幅広い学修をするという点で、全科担任の小学校教員のための教科専門教育と近接的だった。また、教科担任であるいっぽうで複数免許状取得が求められる中学校教員のための教科専門教育とも近接的だった。そして、中学校教員のための教科専門教育は文理学部の専門教育を通じて読み替えることが多かった。このようにして一般教養、教科専門教育、そして文理学部の専門教育が近接している状態であった。

こうした中、たとえば岡山大学では法文学部（および理学部）が、自学部の専門科目と重複する教科専門科目は教育学部で開設させないという原則を徹底的に主張した。ただし、重複しない小学校教員養成のための教科専門科目は教育学部が開設した。こうした事例から、文理学部の専門教育を通じて養成される、あるいは他学部の進路が多様な学生とともに学ぶ機会は中学校教員養成課程の学生にはあっても、小学校教員養成課程の学生にはかなり制限されていたことがうかがえる。一般教養を通じて師範タイプを克服するといった理念が顧みられず、他学部の学生とともに学ぶ機会も少ない中で、小学校教員養成課程の学生は戦前の師範学校と同様、小学校教員志望者のみで閉鎖的に学ぶようになっていった。

5　一般教養について

教員養成に関する先行研究では、一般教養に注目した研究がほとんどない。

これに対して本書は、一般教養を重視して師範タイプを克服するという戦後初期の理念を研究の出発点に据え、一般教養に期待されたことや教科専門教育・師範教育と近接的で混同されやすかったという教員養成ならではの特徴を描き出した。

その詳細は「2　カリキュラムについて」の項目で述べたとおりである。教員養成における一般教養とは、人文科学・社会科学・自然科学の三系列から構成されるものである、社会科学的教養こそ重視すべきものである、文科・理科から構成されるものである、小学校教員養成という目的のために必要とされる音楽や図画工作の実技訓練も含むべきものである、教科専門教育と重なるものである、すなわち師範教育である、といったように、大学一般の一般教養以上にさまざまなイメージが混在して錯綜した。

とくに将来教職に就く者が大学で深めるべきものは一般教養すなわち文科・理科といった主張は、戦前、中等教員養成の頂点に文理科大学が位置づいていたため受け入れられやすかった。戦前の中等教員養成論と初等教員養成論の師範タイプ批判が戦後改革で結びつき、一般教養を重視して師範タイプを克服するといった理念が戦後初期という限られた時期に一定の説得力を持った。

戦後の師範学校は、文科・理科といった一般教養をカリキュラムの中心に据えることで、全科担任の小学校教員と複数教科にわたって教えられる中学校教員をほぼ同一カリキュラムで効率的に養成しようとした。四九年度に大学へ「昇格」する際、大学で四年もかけて小学校教員養成を行うときに何を専門として深めるべきか、曖昧だった。そのため大阪学芸大学、福岡学芸大学、静岡大学や大学設置委員会は、小学校の教科専門教育に「上級」「高級」な一般教養も含み、最低履修単位数の約半分が一般教養と「上級」「高級」一般教養で占められるようなカリキュラムを構想した。

戦後初期、師範学校や教員養成系大学・学部において、一般教養が主となるようなカリキュラムが構想されたのは、小・中学校両方の免許状や複数教科にわたる免許状をあわせて取得できるような効率的な養成を可能にするためや、四年制大学における小学校教員養成を可能にするためといった面があった。だからこそ、一般教養は戦後初期にいったんカリキュラムの中心に位置づいたが、しだいに教科専門教育を幅広く学修すれば一般教養の重視を特別に主張する必要はない、といった考えが広まっていった。

こうして教員養成系大学・学部が発足する頃には、一般教養を重視して師範タイプを克服するといった理念が顧みられなくなり、師範タイプ批判ではなく旧制大学のアカデミズム批判に立脚し、教科専門教育を幅広く学修して複数免許状を持つ教員を養成するといった実態が広まっていった。

6　IFELについて

先行研究では、IFELの教員養成を主題とした講習を検討する際、一般教養にほとんど注目してこなかった。例外として一般教養の内容も明らかにされてきた第九期IFEL（五二年度開催）は、教刷委の理念を改めて確認するものだったと評価されてきた。また、大学一般の一般教養を主題とする講習についても教員養成に関する先行研究ではほとんど注目されてこなかった。

これに対して本書は、一般教養に着目し、四七年度の「教員養成のための研究集会」以降、五二年度の第九期

ＩＦＥＬにかけて、期待されている内容やカリキュラム上の位置づけが変化し、教刷委の理念がしだいに顧みられなくなっていった過程を描き出した。また、五〇年度の一般教養を主題とする講習について、教員養成の面から再評価を試みた。

教員養成系大学・学部が発足する直前に開かれた四九年初頭の第二期ＩＦＥＬまで、一般教養は師範教育と混同される傾向にあった。だからこそ、初期の講習では、一般教養に小学校教員養成という目的に規定された音楽などの技能教科の実技訓練も含めるという主張が展開された。他方で師範タイプ批判に立脚して一般教養を重視すべきといった主張もされ、科学的精神を養う重要性や戦前の小学校教員養成論と共通する社会科学的教養の重要性が強調された。

このように、初期のＩＦＥＬでは、一般教養を重視して師範タイプを克服するという理念が現実的に受け止められ、その実質化を図ろうとするような主張が多くみられた。ところが教員養成系大学・学部が発足した頃から、他の大学・学部と同じように人文科学・社会科学・自然科学の三系列均等履修をすれば十分であり、教員養成においてことさら一般教養重視を強調する必要はないといった考えにしだいに変わっていった。一般教養がカリキュラムの中心に位置づかなくなってくるこの頃から、教科専門教育を幅広く学修する意義が強調されるようになり、技能教科の実技訓練は一般教養から切り離されて小学校の教科専門教育に位置づけ直されていった。

第九期ＩＦＥＬでは、小学校教員養成・中学校教員養成の両方において、教科専門教育を幅広く学修すべきだと主張された。こうした主張の立脚点となっているのは旧制大学のアカデミズム批判であって、師範タイプ批判ではない。そして、教科専門教育は教員養成という目的から逸脱するような専門教育であってはならないと主張された。

このように、四七年度から五二年度にかけて、一般教養を重視して師範タイプを克服するといった理念が顧みられなくなっていった。

7 大学基準協会について

先行研究では、大学基準協会が教員養成に関する基準の作成に実質的に関与するところが少なかったことが指摘されてきたいっぽう、とくに小・中学校教員養成を具体的に構想できなかったこと、一般教養を重視した教員養成という理念を支持しながらもそれを保障できるような基準を作成しなかったことについては十分掘り下げられてこなかった。また、大学や高等教育に関する研究では、大学基準協会の一般教養に関する研究活動について明らかにされてきたいっぽうで、教員養成に関する研究ではほとんど注目されてこなかった。

これに対して本書は、一般教養を重視した小・中学校教員養成の基準を作成できなかったこと、一般教養に関する研究活動の二つに注目し、次のようなことを描き出した。

大学基準協会は四八年五月に「高等学校の教員に対する教職的教養の基準」すなわち高校教員養成に関する基準を中間的に承認し、また六月に「教員養成を主とせざる学芸大学」についての基準作成に着手した。ところが、小・中学校教員養成に関する基準や教員養成を主とする学芸大学の基準については具体的な審議をしないまま、四九年度に教員養成系大学・学部が発足した。大学基準協会は五一年六月に幅広い総合性や高い教養を重視する「学芸学部基準」をまとめたいっぽう、すでに発足して三年目の教員養成系大学・学部に及ぼす影響は非常に小さく、一般教養を重視するといった理念の実質化に寄与するところはほとんどなかった。

また、大学基準協会は一般教育研究委員会、ＩＦＥＬ、『会報』を通じて、一般教養の理念やさまざまな教育方法を紹介し、普及啓蒙活動を行った。本書はその中でもとくに四六年一二月三〇日付「東京第一師範学校案」が採用していたサーベイ・コースに着目した。『会報』でサーベイ・コースを紹介したＣＩＥのクーパーによれば、具体的な問題と関連させながら社会科学全体にわたって総合的な知識を与えるのに有効な方法であった。こうした点が師範学校で受け入れられやすかったのであろう。ただし、クーパーが紹介したのは四八年一一月である。それより約二年も前に「東京第一師範学校案」がサーベイ・コースを採用した経緯についてはまだ不明なところも多い。

四九年七月の一般教育研究協議会では、東京学芸大学のサーベイ・コースが一定の注目を集めていたこと、CIEカーレー指導の下に研究をしてきた「元師範学校の人々よりなる『一般教養課程研究会』」が刊行した『一般教育の目標』が配布されたことから、戦後初期の師範学校では一般教養についてもある程度の研究が進められ、とくにサーベイ・コースといった教育方法もある程度普及していたことがうかがえる。

8 文部省の教員養成制度構想について

先行研究では、文部省が教刷委とは一定の距離を置き、現実的に制度を構想していったことが明らかにされるいっぽう、戦後初期から全科担任の小学校教員と教科担任の中学校教員を同一機関でまとめて養成する方針だったこと、文科・理科や選択科目を導入して一般教養をカリキュラムの中心に据えるといった方針だったことにはほとんど注目されてこなかった。

これに対して本書は、小・中学校の二つの教員養成をまとめたからこそ、文科・理科や選択科目を導入し、一般教養をカリキュラムの中心に据えることが構想されたこと、それはすなわち一般教養を重視するという理念が戦後初期という限られた時期に一定の説得力を持ったことを意味していることに注目して、次のようなことを描き出した。

文部省は、すでに四六年八月二二日付「学校教育法要綱案」を作成した頃から、小・中学校教員を同一機関でまとめて養成する方針を示した。ただし、同じ四六年八月作成の「アメリカ教育使節団報告書に基く教育対策」や一二月末〜四七年一月頃作成の「教員養成大学」（学校教育法施行規則検討資料の一つ）、四七年七月二八日付「教員養成学校整備要綱案」などでは、義務教育教員養成と中等教員養成に分けられていた。中学校教員養成は、義務教育教員養成でもあり中等教員養成でもあるという二面性を持ち、位置づけが曖昧だったことがうかがえる。こうした曖昧さを持ったまま、師範学校や再編後の教員養成系大学・学部では、全科担任の小学校教員と教科担任の中学校教員が義務教育教員としてまとめられ、計画養成されることになった。

四七年一月一八日付文部省通牒「学科課程案の研究について」は、全国の師範学校に対し、小・中学校教員養成を対象とした大学レベルの案を作成するよう指示した。このとき、小・中学校教員をまとめて養成すべきか、それぞれ全科担任・教科担任とすべきかを協議するよう、師範学校に求めた。こうした論点がきちんと整理されないまま、五月二三日公布の「学校教育法施行規則」によって、とりあえず師範学校は小・中学校教員をまとめて目的養成することになった。

その後、四八年三月二八〜二九日の高等師範学校長会議および師範・青年師範学校長会議において、教員養成系大学・学部も「小中学校教員」の「計画養成」を担うという文部省方針が明らかにされたが、ここに至るまで、全科担任の小学校教員と教科担任の中学校教員を同一機関でまとめて養成できるのかという点が追究された形跡はなかった。

このように、小・中学校教員養成が義務教育教員養成として曖昧にまとめられていく過程で、文部省は一般教養をカリキュラムの中心に据えるという案も作成した。たとえば、四六年一二月付「義務教育に於ける教員（六三三案に於ける六三の教員）の養成」に、小・中学校教員養成ではおもな教育内容を一般教養とすること、学科を文科・理科・実業科とすることが示された。この一般教養は教科専門教育と非常に近接しており、教育内容の中心に据えることで全科担任の小学校教員と教科担任の中学校教員をまとめて養成し、あるいは中学校の複数教科の免許状取得も可能とするような養成を構想できた。

なお、先の四八年三月末の高等師範学校長会議および師範・青年師範学校長会議では、「再び師範型に陥ることを避ける」というように、師範タイプが克服すべき課題として示されていたが、実際の教員養成系大学・学部では発足当初から、師範タイプ克服という課題は顧みられなかった。

第三節　今後の課題

今後の課題として、戦後教員養成改革と①義務教育制度の成立過程、②教育職員免許法およびその関連法の成立過程、③ＣＩＥの占領政策との関係性を明らかにすることを挙げておきたい。

①について。本書で明らかにしたように、戦後初期という限られた時期においてのみではあっても、一般教養を重視して師範タイプを克服するという教刷委が提起した理念が一定の説得力を持った背景には、小・中学校教員養成を義務教育教員養成としてまとめて効率的に養成するといった仕組みがあった。小学校は全科担任、中学校は教科担任という明らかな違いがあるにもかかわらず、二つの学校種の教員は義務教育学校の教員としてまとめられたのである。その前提として、小学校や中学校は違いもあるいっぽう、義務教育学校として共通性のほうが多いと考えられたのではないか。教員の専門性や養成の制度・教育内容の前提にあるのは、教員が働く学校種の理念や教育内容である。したがって、小学校や中学校をめぐる義務教育制度の成立過程が、戦後教員養成改革の方向性に大きく影響していると考えられる。今後、義務教育制度の成立過程との関係性を明らかにしながら、戦後教員養成改革についてさらに研究を進めていきたい。

②について。本書は、実際の養成現場である師範学校と教員養成系大学・学部が構想し、あるいは実際に運用したカリキュラムについて明らかにしてきた。これらは当然、一九四九年公布の教育職員免許法や教育職員免許法施行規則といった免許状を規定する一連の法案の検討過程からも大きな影響を受けたと考えられる。したがって、こうした法令の成立過程を、実際の養成現場への影響という視点から再評価していくような研究の進展が望まれる。

③について。第3章で検討した四六年一二月三〇日付「東京第一師範学校案」は、一般教養についてサーベイ・コース、リベラル・アーツなどと表記していた。したがって、新制大学全般に導入される一般教育すなわちジェネラル・エデュケーションとはかなり異なるものをCIEがイメージしていたのではないかと考えられる。あわせて、第5章で言及したように、戦後の師範学校関係者はCIEで教員養成を担当していたカーレー指導のもと、「一般教養課程研究会」という組織において一般教養に関する研究をしていたらしい。四九年七月には報告書を大学基準協会一般教育研究協議会で配布するほどまで何らかの成果があり、おそらく「東京第一師範学校案」が採用したサーベイ・コースに注目が集まっていたと推察される。今後、CIEがとくに教員養成にどのような一般教養を持ち込もうとしたのかを明らかにすることが、教員養成における教養教育の意義や内容をさらに解明していくことにつながるだろう。

注

(1) 岡田大士「大学改革から見た科学技術人材養成の歴史とその比較――東京工業大学の戦後改革と一九三〇年代のマサチューセッツ工科大学における改革を通して」『東京大学史紀要』第二三号、東京大学史史料室、二〇〇五年三月、九一頁

あとがき

本書は、二〇一四年三月にお茶の水女子大学大学院人間文化研究科に提出し受理された博士論文「戦後初期の教員養成改革――「大学における教員養成」の成立と一般教養の位置づけ」を加筆・修正したものである。また、本書の一部を構成する既発表論文は次のとおりである。

①「教育刷新委員会の学芸大学構想――教員養成における一般教養の位置づけを中心に」お茶の水女子大学大学院人間文化創成科学研究科『人間文化創成科学論叢』第一一巻、二〇〇九年三月、三〇九～三一七頁

↓　第1章第一節、第2章

②「創設期の群馬大学学芸学部・山口大学教育学部の教員養成における一般教養の位置づけ」お茶の水女子大学グローバルCOEプログラム「格差センシティブな人間発達科学の創成」『PROCEEDINGS 12 Grant-In-Aid Research Awards JULY 2010（公募研究成果論文集　2009年度）』二〇一〇年七月、五五～六三頁

↓　第3章第一節の7、第8章第二節の2

③「教員養成における一般教養の位置づけ――IFEL研究集録の検討から」お茶の水女子大学グローバルCOEプログラム「格差センシティブな人間発達科学の創成」『PROCEEDINGS 08 Grant-In-Aid Research Awards JULY 2009（公募研究成果論文集　2008年度）』二〇〇九年七月、一三一～一二一頁

↓　第4章

④「教員養成系大学・学部の設置審査――文部省・大学設置委員会の構想を中心に」お茶の水女子大学グローバルCOEプログラム「格差センシティブな人間発達科学の創成」『PROCEEDINGS 16 Grant-In-Aid Research Awards JULY 2011（公募研究成果論文集　2010年度）』二〇一一年七月、一四一～一四九頁

↓　第6章第二～三節

⑤「戦後義務教育教員養成の再検討――発足当初の静岡大学・岡山大学の事例から」東海大学課程資格教育センター『東海大学課程資格教育センター論集』第一二号、二〇一四年三月、三九～五〇頁

↓　第7章第一節の4、第五節、第8章第二節の3

⑥「戦後学芸大学における一般教養と教員養成――履修基準の検討を中心に」お茶の水女子大学グローバルCOEプログラム「格差センシティブな人間発達科学の創成」『PROCEEDINGS 03 Grant-In-Aid Research Awards AUGUST 2008（公募研究成果論文集）』二〇〇八年八月、一～一一頁

↓　第7章第二～四節

⑦「創設期の学芸大学における教員組織の形成過程――設置申請時の教員審査を中心に」日本教師教育学会『日本教師教育学会年報』第一八号、二〇〇九年一〇月、八六～九五頁

↓　第8章第一節の4、5

本書をまとめるまで、たくさんの方々にお世話になった。とくに二〇〇〇年度にお茶の水女子大学文教育学部に入学して以来、指導教員として導いてくださった米田俊彦先生には、心から感謝の意を表したい。大学入学からすでに一五年以上たったが、ずっと著者の研究を著者以上に理解してくださり、見守り、研究だけでなくさまざまな面で困ったときにはいつも助けてくださった米田先生には本当に感謝している。

著者の研究テーマは、二〇〇三年度に学部の卒業論文をまとめたときから一貫して戦後初期の教員養成改革である。

「一般教養を重視して『師範タイプ』を克服する」という理念を養成現場の教育内容から再評価したい、教育内容として焦点を絞るのは教科専門教育や教職専門教育といった「専門」と称されるものでなく教養教育としたい、しかも一般教養を重視という理念は実質が「なかった」ことを明らかにしたい。このように、いま振り返れば実証研究として非常にやりにくいテーマを選んでしまった。博士後期課程に進学した二〇〇六年度、こうしたやりにくさを改めて自覚しただけでなく、これからどのように研究を進めればいいのかわからなくなった。その頃から数年間、自分の視点が定まらず、資料をみても何をどう組み立てていけばいいのか、そもそも研究意義がどこにあるのかさえわからなくなった。こうした時期であったにもかかわらず、ありがたいことに二〇〇七〜一〇年度と長期にわたって、お茶の水女子大学グローバルCOEプログラム「格差センシティブな人間発達科学の創成」のリサーチ・アシスタントに採用され、公募研究にも採択していただいた。おかげで研究に集中できるだけでなく、苦しくとも研究意義を改めて考え発表することから逃げられない環境を作っていただいた。縁あって二〇一〇年一〇月に東海大学課程資格教育センター助教として就職することが決まり、博士後期課程五年目にして単位取得済退学をすることになったが、その後も米田先生が研究の進捗状況をはじめ、さまざまなことを気にかけてくださった。そのおかげでようやく苦しい時期から少し抜け出して本書をまとめることができた。

戦後教員養成について、理念がめざしていたのは視野が狭い、社会性に欠ける、権力に従順で主体的な判断力に欠ける、そういった「師範タイプ」と呼ばれる教員タイプを克服することだった。戦後教員養成は、教養教育を重視してこなかったにもかかわらず、こうした師範タイプの克服ができたのだろうか。克服などできていないのではないか。そもそも師範タイプを克服しようという課題さえ忘れてきたのではないか。こうした疑問がいまの研究テーマを選んだ直接的な理由である。ただし、間接的な理由（もっと根幹にあった理由）は、学校の先生への違和感と、戦後初期という時代に興味があったことにある。

前者については、自身がすでに幼稚園に通っていた頃から高等学校に通っていた頃まで、学校（園）文化に表面的には適応しながらも、先生は皆同じようなことを言う、「こうあるべき」「こう行動するべき」「そう決まっている」といったことを押しつけてくる、と何となく納得できない違和感を覚えてきたことにあると思う。もちろん、実際には先生一人ひとりが多様な個性を持ち、それぞれの立場や考えからさまざまなことを伝えてくださったのだろうといまは思うが、当時はそう思えなかった。

後者については、母方の祖父がヒロシマで敗戦を迎えたこと、祖母は戦時中から戦後にかけてとても苦労して小学校にも満足に通わせてもらえなかったことなどの話を幼い頃から繰り返し聞いていたことも影響している。祖父母は同じような話を繰り返すいっぽうであまり詳細を語らず、こちらからも聞きづらい、そういった感覚を持ってきた。また、東京都で生まれた著者は、偶然、中学・高校時代を米軍基地のある山口県岩国市で過ごすことになった。こういったこともまた、戦後初期とはどういう時代なのか、戦前と地続きの中でいったい何が変わったのだろうか、といったことに興味を持つきっかけになった。

学部三年生になったばかりの頃、米田先生が、戦後初期に興味があるなら教育刷新委員会（以下、「教刷委」と表記）の会議録を読んでみてはどうかと勧めてくださった。読むうちに、師範タイプ批判が繰り返し出てくることに気づくと同時に疑問が浮かんだ。私が出会ってきた先生たちは、師範タイプでない、つまり幅広い視野を持ち、国家権力などに従順ではない教師になることをめざして養成されたのだろうか。そうだとすると、私がいままで学校の先生に感じてきた押しつけがましさのようなものはいったい何だったのか。高校までは学校生活を通じて自分がとても小さな型にはめられていくような嫌な気持ちをいだいていたいっぽう、大学ではある種の解放感をいだいた。これほどのびのびした雰囲気の大学で、なぜ自分が息苦しさを感じてきたような学校の先生が養成されるのだろうか。こうした疑問を持つと同時に、大学に入学して以来学んできたことを振り返りながら、教刷委で重視すべきといわれている一般教養がさまざまな枠組みを問う力につながるように思ういっぽうで、たとえば学習指導要領など学校教育を枠づけているものや、政治的活動の制限など教員のあり方を枠づけているものまで相対化して問う力は、はたして現在の教員に求められているのだろうかといった疑問も浮かんだ。

序章で述べたように、戦後七一年たったいま、政策レベルでは教職を「高度専門職」として位置づけ直すために、教員養成を大学院レベルへ高度化させようといった議論が展開されている。しかもそこには、実践的志向の強い教職大学院を養成モデルとして位置づけるかのような提案も含まれている。しかし、養成する場所を大学院に引き上げ、あるいは教職大学院を養成モデルとする改革によって、どのような教師が養成されるのだろうか。

重要なのはまず養成段階でどのような力量を育成すべきかを明らかにすることではないか。自律的に判断して主体的に実践を展開できる、そういった力をつけてこそ（高度な）専門職となりうるだろうし、そのためには教員の自律性の発揮を保障するような制度的条件を整えることも必要だろう。

本書は教師がどのような力量を形成するべきか、長く続く教職生活で主体的な教育実践を展開し続けるために、学び続けて力量を高めていくために、その基盤を大学でいかに養成すべきか、そして教師が学び続けられるために必要な制度的条件とは何か、そうしたことを明らかにするための研究の第一歩である。課題は山積しているが、これからさらに研究を進め、改革の進むべき方向性を考えられる視点を提供していきたいと思う。

なお、本書の基盤となった博士論文の主査をしてくださった米田先生とあわせて、副査をしてくださった、お茶の水女子大学の池田全之先生、浜野隆先生、冨士原紀絵先生、小玉亮子先生にも、心から感謝の意を表したい。

また、いままでさまざまな機関で資料調査をさせていただいた。とくに先行研究ではとりあげられてこなかったような各大学所蔵の一次資料調査に当たり、北海道教育大学、愛知教育大学、大阪教育大学、東京学芸大学、静岡大学、岡山大学、山口大学などをはじめ、関係者の方々に大変お世話になった。あわせて群馬県立文書館、山口県立山口図書館をはじめとする公立文書館・図書館などでも関係者の方々に大変お世話になった。皆様に改めて深謝申し上げたい。さらに、調査の過程で、昇地三郎氏から貴重なお話をうかがわせていただく機会にも恵まれた。戦時中から福岡第一師範学校教員を務め、戦後再編された福岡学芸大学教授に着任された立場から、率直な実感に基づくお話をしてくださった。二〇一三年にご逝去され、本書をお届けできなかったことが残念でならない。

いままで、米田先生のゼミ生として一緒に学んできた方々、研究会や学会などでご一緒させていただいた方々からも本書をまとめるまでさまざまなご意見やご批判をいただいた。皆様にも改めて感謝の意を表したい。

また、刊行にいたるまでに手厚く支えてくださった六花出版の山本有紀乃氏、大野康彦氏、黒板博子氏にも、心から感謝の意を表したい。分量の多い原稿を丁寧に読んでくださり、研究の現代的意義にかかわること、表現方法にかかわることなどさまざまな助言をくださった。なかなか原稿がまとまらない著者を温かく見守ってくださったおかげでようやく刊行にこぎつけた。

最後に、長い学生生活を送ったうえに就職してからもなかなか自立できない著者を精神的にも経済的にも支えてくれた両親、祖父母をはじめとする家族皆にも感謝したい。幼い頃から、父には好きなようにやればいいと十分すぎるほど信頼してもらってきた。母には「社会で活躍する自立的な人になってほしい」「なぜ?どうして?と思える、思ったなら考えて行動できる人であってほしい」という考えをさまざまな方法で伝えられてきた。こうした教育方針が著者の研究の根底にあると思う。

ここで挙げさせていただいた方々を含め、さまざまな機会を通じて多くの方々にお世話になった。すべての皆様に心より感謝の意を表したい。

なお、本書は独立行政法人日本学術振興会の平成二八年度科学研究費補助金（研究成果公開促進費）の補助を得て出版されたものである。

二〇一六年一二月

山崎奈々絵

参考文献・資料一覧

【文献・論文等】（編著者五〇音順）

大崎仁「戦後大学改革再訪　第2回　大学一元化の過程（その2）」民主教育協会『ＩＤＥ　現代の高等教育』第三五三号、一九九四年二月、七五～七六頁
岡田大士「大学改革から見た科学技術人材養成の歴史とその比較――東京工業大学の戦後改革と1930年代のマサチューセッツ工科大学における改革を通して」『東京大学史紀要』第二三号、東京大学史史料室、二〇〇五年三月、八四～九六頁
岡本洋三「教育学部論」『鹿児島大学教育学部研究紀要　人文・社会科学篇』第三〇巻、鹿児島大学、一九七九年三月、九一～一二〇頁
――、『開放制教員養成制度論』大空社、一九九七年
海後宗臣編『戦後日本の教育改革8　教員養成』東京大学出版会、一九七一年
海後宗臣・寺崎昌男『戦後日本の教育改革9　大学教育』東京大学出版会、一九六九年
北神正行「戦後教員養成カリキュラムの形成過程に関する研究――文部省「学科課程案の研究について」（1947年）に対する師範学校の回答文書の分析」岡山大学『研究集録』第一〇四号、一九九七年三月、一三三～一四四頁
――、「戦後教員養成カリキュラムの形成に関する一考察――「東京第一師範学校案」の分析を中心に」大塚学校経営研究会『学校経営研究』第一七巻、一九九二年四月、五六～七〇頁
久保義三『新版　昭和教育史――天皇制と教育の史的展開』東信堂、二〇〇六年
――、「日本側教育家委員会」久保義三・米田俊彦・駒込武・児美川孝一郎編『現代教育史事典』東京書籍、二〇〇一年、三〇～三一頁

黒澤英典『私立大学の教師教育の課題と展望――21世紀の教師教育の創造的発展をめざして』学文社、二〇〇六年
国立教育研究所編集発行『日本近代教育百年史4』一九七四年
国立教育研究所編『日本近代教育百年史6』教育研究振興会、一九七四年
古野博明「教育刷新委員会」久保義三・米田俊彦・駒込武・児美川孝一郎編『現代教育史事典』東京書籍、二〇〇一年、一七～一八頁
佐藤秀夫「解題」日本近代教育史料研究会編『教育刷新委員会・教育刷新審議会　会議録』第一巻、岩波書店、一九九五年、ⅶ～xxviii頁
佐藤広美『総力戦体制と教育科学――戦前教育科学研究会における「教育改革」論の研究』大月書店、一九九七年
島津秀雄「教員養成制度の検討」『文部時報』一九五七年七月、一二頁
清水康幸『教育審議会の研究　師範学校改革』野間教育研究所、二〇〇〇年
清水康幸・前田一男・水野真知子・米田俊彦編『資料　教育審議会（総説）』野間教育研究所、一九九一年
陣内靖彦『日本の教員社会――歴史社会学の視野』東洋館出版社、一九八八年
鈴木英一『日本占領と教育改革』勁草書房、一九八三年
大学教育学会25年史編纂委員会編『新しい教養教育をめざして――大学教育学会25年の歩み　未来への提言』東信堂、二〇〇四年
高木太郎・杉山明男編『教員養成大学』三一書房、一九五九年
高橋寛人「占領下日本における教師教育改革と教育学教員再教育」『横浜市立大学論叢　人文科学系列』第四五巻第二号、横浜市立大学学術研究会、一九九四年三月、一一三～一三八頁
――、「CIEの戦後日本教育民主化政策におけるIFELの位置と機能」東北大学教育学部教育行政学・学校管理・教育内容研究室『研究集録』第一五号、一九八四年八月、一～二二頁
立川明「戦後の高等教育改革と教養教育における日米のギャップについて」日本教育史研究会『日本教育史往来』第一三二号、二〇〇一年六月、二～三頁
舘昭『大学改革――日本とアメリカ』玉川大学出版部、一九九七年
田中征男『戦後改革と大学基準協会の形成』大学基準協会、一九九五年
辻信吉『玖村敏雄先生伝』ぎょうせい、一九七八年
土持ゲーリー法一「新制大学における「一般教育」の導入と展開の過程」教育史学会『日本の教育史学』第四〇集、一九九七年一〇

月、二二五～二四二頁
――――、『戦後日本の高等教育改革政策――「教養教育」の構築』玉川大学出版部、二〇〇六年
――――、『米国教育使節団の研究』玉川大学出版部、一九九一年
土屋基規『戦後教育と教員養成』新日本新書、一九八四年
TEES研究会編『「大学における教員養成」の歴史的研究――戦後「教育学部」史研究』学文社、二〇〇一年
東京都立教育研究所編集発行『東京都教育史　通史編4』一九九七年
中内敏夫・川合章編『日本の教師6　教員養成の歴史と構造』明治図書出版、一九七四年
中野実『近代日本大学制度の成立』吉川弘文館、二〇〇三年
日本教師教育学会編『日本の教師教育改革』学事出版、二〇〇八年
橋本美保「占領期における師範学校のカリキュラム改革――「大学に於ける教育学科のカリキュラム」の編成過程を中心に」教育史学会『日本の教育史学』第四六集、二〇〇三年一〇月、一二四～一四三頁
羽田貴史『戦後大学改革』玉川大学出版部、一九九九年
浜田博文「戦後日本における教員養成カリキュラムの形成過程」東京学芸大学教育学研究室『教員養成カリキュラムの編成・実行・評価の総合的研究――中間報告』一九九三年三月、一～三三頁
――――、「戦後改革期「学芸大学」構想の背景に関する一考察――小学校教員養成論としての問題点」『東京学芸大学紀要　第1部門教育科学』第四六集、一九九五年三月、一～一〇頁
久恒拓也「新制大学発足時の「大学における教員養成」体制――東北大学の教員審査書類の分析を中心に」教育史学会『日本の教育史学』第五七集、二〇一四年一〇月、七一～八三頁
菱村幸彦「緒言」前掲『教育刷新委員会・教育刷新審議会会議録』第一巻、v～vi頁
船寄俊雄「戦前・戦後の連続と断絶の視点から見た「大学における教員養成」原則」日本教育学会『教育学研究』第八〇巻第四号、二〇一三年一二月、二～一三頁
松木健一・隼瀬悠里「教員養成政策の高度化と教師教育の自律性」『日本教師教育学会年報』第二二号、二〇一三年九月、二四～三一頁
水原克敏「「師範型」問題発生の分析と考察――師範教育の小学校教員資質形成における破綻」『日本の教育史学』第二〇集、一九七七年一〇月、二〇～三七頁

三好信浩「教員養成制度について」『学校教育研究所年報』第二四号、一九八〇年、三～一三頁
民間教育史料研究会・中内敏夫・田嶋一・橋本紀子編『教育科学の誕生』大槻書店、一九九七年
向山浩子『教職の専門性――教員養成改革論の再検討』明治図書、一九八七年
文部省『学制百年史』帝国地方行政学会、一九七二年
山崎真秀「〝大学における教員養成〟の制度上の諸問題」日本教育学会大学制度研究委員会教員養成制度小委員会編集発行『教員養成制度の諸問題』一九六四年、九～二〇頁
山田昇『戦後日本教員養成史研究』風間書房、一九九三年
――、「教育刷新委員会におけるアカデミシャンズとエデュケーショニスト」『和歌山大学教育学部紀要――教育科学』第二〇号、一九七〇年一二月、八七～九六頁
――、「学芸大学の理念について」『和歌山大学教育学部紀要――教育科学』第一九号、一九六九年一二月、一〇九～一二一頁
――、「書評　ＴＥＥＳ研究会編『「大学における教員養成」の歴史的研究――戦後「教育学部」史研究』」『教育学研究』第六八巻第四号、二〇〇一年一二月、八三～八五頁
――、「学芸学部の歴史と性格（覚書）――和歌山大学教育学部の場合」日本教育学会教育制度研究委員会教員養成研究小委員会編『教員養成の諸問題』一九七一年九月、二二～三八頁
横須賀薫「教員養成教育の教育課程について――提言を斬る」日本教育学会『教育学研究』第四〇巻第二号、一九七三年六月、一一～一七頁
横畑知己「１９４３年「師範教育令」に関する一考察――師範学校昇格運動とその思想」日本教育学会『教育学研究』第五四巻第三号、一九八七年九月、一二～二一頁
吉田文『大学と教養教育』岩波書店、二〇一三年
米田俊彦『教育審議会の研究　高等教育改革』野間教育研究所、二〇〇〇年
――、「教育改革同志会」前掲『現代教育史事典』三九～四〇頁

【資料】

①大学関係資料——沿革史を含む（大学名五〇音順）

愛知学芸大学（一九六六年度〜愛知教育大学）

一九四八年六月一八日付「愛知学芸大学設置申請書」簿冊表題「愛知教育大学」国立公文書館所蔵

一九四九年五月三一日付文部省学校教育局長発愛知学芸大学創立事務責任者宛通牒「新制国立大学設置について」簿冊表題「愛知教育大学」国立公文書館所蔵

愛知教育大学史編纂専門委員会編『愛知教育大学史』愛知教育大学、一九七五年

茨城大学

茨城大学三十年史編集委員会編『茨城大学三十年史』茨城大学、一九八二年

愛媛大学

作道好男・作道克彦編『愛媛大学教育学部百年史』教育文化出版教育科学研究所、一九八四年

大阪学芸大学（一九六七年度〜大阪教育大学）

「昭和二十年度　教官会議録」大阪教育大学所蔵

「昭和二十三年度　教官会議録」大阪教育大学所蔵

「昭和二十四年度　教官会議録」大阪教育大学所蔵

一九四八年七月二五日付「大阪教育《（ママ）》大学設置認可申請書」大阪教育大学所蔵

一九五〇年度起「講義分担表綴」大阪教育大学所蔵

一九四八年九月末頃作成「大阪教育《（ママ）》大学教科課程案」簿冊表題「大阪教育大学」国立公文書館所蔵

一九四九年六月三日付文部省学校教育局長発大阪学芸大学創立事務責任者宛通牒「新制国立大学設置について」簿冊表題「大阪教育大学」国立公文書館所蔵

大阪学芸大学編集発行『大阪学芸大学15年史』一九六四年

大阪教育大学一二〇周年記念誌編纂委員会編集発行『大阪教育大学120年のあゆみ』一九六九年

岡山大学

一九四八年七月二九日付「岡山大学設置認可申請書」岡山大学所蔵
「昭和二十五年四月　昭和二十八年三月　教授会議事録綴　法文学部」岡山大学所蔵
「昭和二十七年　昭和三十一年三月　教官会議々事録綴　法文学部」岡山大学所蔵
「昭和二十七年度　教授会記録」岡山大学所蔵
『学生の手引』岡山大学教育学部、一九五二年四月、岡山大学所蔵
「(一般教養、体育、外国語)開講科目　担当教官一覧(昭和27年度)」岡山大学所蔵
岡山大学二十年史編さん委員会編『岡山大学二十年史』岡山大学、一九六九年

岐阜大学

一九四七年三月三一日付岐阜師範学校「学科課程案の研究について」(「玖村文庫」の未整理資料)山口県立山口図書館所蔵

京都学芸大学(一九六六年度〜京都教育大学)

京都学芸大学開学十五周年誌編集委員会編『開学十五年誌』京都学芸大学、一九六四年

熊本大学

一九四七年三月一五日付熊本師範学校「学科課程案に対する答申」(「玖村文庫」の未整理資料)山口県立山口図書館所蔵

群馬大学

一九四八年七月三一日提出「(その一)群馬大学設置認可申請書」群馬県立文書館所蔵

神戸大学

神戸大学教育学部五十年史編集委員会編『神戸大学教育学部五十年史』神戸大学紫陽会、二〇〇〇年
神戸大学教育学部沿革史編集委員会『神戸大学教育学部沿革史』神戸大学教育学部、一九七一年

埼玉大学

一九四七年三月一四日付埼玉師範学校「学科課程案提出の件」(「玖村文庫」の未整理資料)山口県立山口図書館所蔵
百年史編集委員会編『百年史　埼玉大学教育学部』百年史刊行会、一九七六年

静岡大学

「評議会議事録　昭和二十四年」静岡大学所蔵
「昭和二八年三月十五日卒業(但し単位未修得等により昭和二八年九月三十日までに卒業した者を含む)学籍簿　小学校教員養成課程(修業年限四年)」静岡大学所蔵

一九四八年九月三〇日付「静岡大学設置申請書」簿冊表題「自昭和24年4月至昭和27年3月　静岡大学　第1冊」国立公文書館所蔵
静岡大学10年史編集委員会編『静岡大学10年史』静岡大学、一九六二年
静岡大学50周年記念誌編集委員会通史編小委員会編『静岡大学の五十年　通史』静岡大学、一九九九年
静岡大学教育学部同窓会編『静岡大学教育学部同窓会記念誌』静岡大学教育学部同窓会、一九六五年

東京学芸大学
一九四六年一二月三〇日付「大学に於ける教育学科のカリキュラム――東京第一師範学校案」東京学芸大学所蔵
一九四六年一〇月一五日以降作成「東京第二師範学校女子部要覧」東京学芸大学所蔵
「学生便覧」一九五一年四月、東京学芸大学所蔵
一九四八年八月付「東京学芸大学設置認可申請書」簿冊表題「東京学芸大学」国立公文書館所蔵
一九四九年一一月七日付「大泉分校カリキュラム再検討委員会報告（第一）」（東京学芸大学創立五十周年記念誌編集委員会編『東京学芸大学五十年史　資料編』東京学芸大学創立五十周年記念事業後援会、一九九九年、三三九～三四三頁所収）
一九五〇年二月一日付「大泉分校学科課程再検討委員会「第二報告」」（前掲『東京学芸大学五十年史　資料編』三〇〇～三〇九頁所収）
一九五二年四月一日制定「東京学芸大学カリキュラム」（前掲『東京学芸大学五十年史　資料編』三〇九～三二五頁所収）
東京学芸大学二十年史編集委員会編『東京学芸大学二十年史――創基九十六年史』東京学芸大学二十周年記念会、一九七〇年
東京学芸大学創立五十周年記念誌編集委員会編『東京学芸大学五十年史　資料編』東京学芸大学創立五十周年記念事業後援会、一九九九年

新潟大学
新潟大学二十五年史編集委員会編『新潟大学二十五年史　部局編』新潟大学二十五年史刊行委員会、一九八〇年

福井大学
「学生便覧」一九五三年度

福岡学芸大学（一九六六年度～福岡教育大学）
一九四八年八月頃作成「福岡学芸大学設置申請書別冊」簿冊表題「福岡教育大学」国立公文書館所蔵
一九四八年九月頃作成「大学設置要項説明書」簿冊表題「福岡教育大学」国立公文書館所蔵
平田宗史『福岡県教員養成史研究――戦前編』海鳥社、一九九四年

福岡教育大学創立40周年記念行事実行委員会編『福岡教育大学　四十年の歩み』福岡教育大学、一九八九年

北海道学芸大学（一九六六年度～北海道教育大学）

「北海道学芸大学要覧」一九五一年一〇月、北海道教育大学所蔵

「北海道学芸大学要覧」一九五二年一〇月、北海道教育大学所蔵

「北海道学芸大学要覧」一九五三年一〇月、北海道教育大学所蔵

「北海道学芸大学函館分校履修基準」一九五二年四月、北海道教育大学所蔵

北海道第二師範学校「学科課程に対する答申」一九四七年三月頃（「玖村文庫」の未整理資料）山口県立山口図書館所蔵

北海道学芸大学札幌分校創立七十周年記念事業協賛会編集発行『北海道学芸大学札幌分校七十年小史』一九五六年

北海道教育大学函館分校創立六十年史編纂委員会編『北海道教育大学函館分校創立六十年史』北海道教育大学函館分校、一九七五年

北海道教育大学旭川分校創立六十周年記念誌編集委員会編『北海道教育大学旭川分校六十年史』北海道教育大学旭川分校創立六十周年記念事業実行委員会、一九八四年

三重大学

三重大学教育学部同窓会百周年『三重大学教育学部創立百年史』一九七七年

山形大学

一九四七年三月二〇日付山形師範学校「学科課程案の研究について」（「玖村文庫」の未整理資料）山口県立山口図書館所蔵

山口大学

山口大学文理学部庶務係「山口大学設置に関する書類綴」山口大学所蔵

「教授会　26・7・2―29・3・31」山口大学所蔵

「山口大学一覧　自昭和24年度　至昭和28年度」山口大学所蔵

一九四七年三月一五日付山口師範学校「学科課程案の研究について」（「玖村文庫」の未整理資料）山口県立山口図書館所蔵

一九四八年四月付「山口大学設置認可申請書類」簿冊表題「山口大学」国立公文書館所蔵

和歌山大学

和歌山大学教育学部編集発行『和歌山大学教育学部創立百周年記念　100年のあしあと』一九七五年

②ＩＦＥＬ関係資料

文部省「教育指導者講習小史」一九五三年（高橋寛人編『占領期教育指導者講習（ＩＦＥＬ）基本資料集成』第Ⅱ巻、すずさわ書店、一九九九年、三～四一頁所収）

「自 昭和二十二年七月二十一日 至 昭和二十二年八月十五日 教員養成のための研究集会記録　主催 東京帝国大学 文部省」（高橋寛人編『占領期教育指導者講習（ＩＦＥＬ）基本資料集成』第Ⅰ巻、すずさわ書店、一九九九年、三七二～四二六頁所収）

「自 昭和二十二年七月二十一日 至 昭和二十二年八月十五日 教員養成のための研究集会記録〔二〕　主催 東京帝国大学 文部省」（前掲『占領期教育指導者講習（ＩＦＥＬ）基本資料集成』第Ⅰ巻、二五七～三七〇頁所収）

「研究集会参加者名簿」（前掲『占領期教育指導者講習（ＩＦＥＬ）基本資料集成』第Ⅰ巻、二五〇～二五六頁所収）

「昭和廿三《〔ママ〕》年三月　民主日本における教育指導者の養成　大学教育学部教授第二次長期講習会報告書」（前掲『占領期教育指導者講習（ＩＦＥＬ）基本資料集成』第Ⅱ巻、一六五～三一八頁所収）

首藤貞美編『新しい教師の技術――現職教育の指標』理想社、一九五〇年

昭和二十五年度教育指導者講習会編「第六回　教育指導者講習研究集録　Ｘ（２）　小学校管理及び指導」（アルヒーフ編集・制作、高橋寛人解題『ＣＤ－ＲＯＭ版　占領期教育指導者講習研究集録　昭和25年度』第Ⅰ期、すずさわ書店、二〇〇五年、ＤＩＳＣⅡ所収）

教育指導者講習連絡室「昭和25年度教育指導者講習修了者名簿」（高橋寛人編『占領期教育指導者講習（ＩＦＥＬ）基本資料集成』第Ⅲ巻、すずさわ書店、一九九九年、二三三～三一七頁所収）

昭和二十五年度教育指導者講習会編「第六回　教育指導者講習研究集録　Ⅰ・Ⅱ・Ⅲ　一般教育」（アルヒーフ編集・制作、高橋寛人解題『ＣＤ－ＲＯＭ版　占領期教育指導者講習研究集録　昭和25年度』第Ⅰ期、すずさわ書店、二〇〇五年、ＤＩＳＣⅠ所収）

昭和廿七年度教育指導者講習会編「第九回　教育指導者講習研究集録　教員養成カリキュラム」

③日本教育大学協会関係資料――沿革史を含む

日本教育大学協会「教員養成大学学部のカリキュラム試案」一九五八年九月付（「玖村文庫」の未整理資料）山口県立山口図書館所蔵

日本教育大学協会「「教員養成大学学部のカリキュラム試案」についての問題点」一九五九年四月（「玖村文庫」の未整理資料）山口県立山口図書館所蔵

一九五〇年三月付日本教育大学協会第二部「カリキュラム研究全国集会報告書」（東京学芸大学創立五十周年記念誌編集委員会編『東京学芸大学五十年史　資料編』東京学芸大学創立五十周年記念事業後援会、一九九九年、三三三〜三三八頁所収）

50年史編集委員会編『日本教育大学協会　50年のあゆみ——活動の記録』日本教育大学協会、二〇〇二年

④「戦後教育資料」——国立教育政策研究所所蔵（番号順）

一九四六年八月付文部省師範教育課「アメリカ教育使節団報告書に基く教育対策」（Ⅴ－3）

一九四六年九月付「教員養成制度整備方針」（Ⅴ－4）

一九四七年七月二八日付「教員養成学校整備要綱案」（Ⅴ－9所収）

一九四七年八月二六日付「米国教育使節団報告書中師範教育課関係事項に関する処置」（Ⅴ－9所収）

一九四七年一〇月一二日付「教員養成制度刷新要綱案」（Ⅴ－9所収）

一九四八年二月七日以降大学設置委員会「教員の資格についての申合（案）」（Ⅴ－10所収、Ⅵ－251も同じ）

一九四八年二月七日以降大学設置委員会「大学基準運用要項中「教授の資格」の項に関する解説（案）」（Ⅴ－10所収）

一九四八年九月一七日付大学設置委員会「教員養成を主とする学芸大学基準（案）」（Ⅴ－10所収）

一九四八年九月一七日付文部省「大学に於ける教職課程の基準（案）」（Ⅴ－10所収）

一九四八年九月付大学設置委員会「小学校教員養成最低基準（案）」（Ⅴ－10所収、Ⅵ－129も同じ）

一九四八年九月付大学設置委員会「中学校教員養成最底《ママ》基準（案）」（Ⅴ－10所収、Ⅵ－129も同じ）

「大学設置委員会第一特別委員会日程」（Ⅴ－10所収）

「審査会組織の方針（案）」（Ⅴ－10所収）

「昭和二十三年度における申請大学の審査方針（案）」（Ⅴ－10所収）

「各審査会日程」（Ⅴ－10所収）

「新制大学設置認可申請書の提出期限について」（Ⅴ－10所収）

「大学設置委員会会議経過表（第四回総会以後）」（Ⅴ－10所収）

一九四八年一二月一六日付文部省学校教育局長発学芸学部・文理学部・教育学部を含む新制大学事務責任者宛通牒（表題なし、Ⅴ－

10所収）
一九四八年一二月付大学設置委員会「教員養成を主とする学芸学部の学科及び講座（試案）」（Ｖ－10所収）
一九四八年一二月二五日付文部省学校教育局長発国公私立新制大学創設事務責任者申請者宛通牒「新制大学申請書類について」（Ｖ－10所収）
「大学設置委員会　日程表　昭和二十四年一月　二月　三月」（Ｖ－10所収）
「申請大学審査日程表（九、十月）」（Ｖ－10所収）
一九四九年一月九日付大学設置委員会作成「新制大学学芸学部（又は教育学部）教員審査状況（一月九日調査の分）」（Ｖ－10所収）
文部省「師範学校青年師範学校長会議における指示事項（案）」（Ｖ－10所収）
文部省「教員斡旋協議会について（案）」（Ｖ－10所収）
一九四九年八月二五日付文部省大学学術局長発国立大学長宛通牒「教職員の配置転換等の斡旋について」（Ｖ－11所収）
文部省「日本における高等教育の再編成」一九四八年四月（Ⅵ－6）
ＣＩＥ「日本の国立大学編成の（再考せられたる）原則」（Ⅵ－15）
一九四八年二月七日以降大学設置委員会「大学基準運用要項」（「戦後教育資料」Ⅵ－128）
一九五〇年一月一〇日文部大臣裁定「大学教員人事あっ旋協議会規程」（Ⅵ－182）
文部省大学学術局大学課「国立大学定員表　昭和二五年度」（Ⅵ－185）
一九四八年二月頃大学設置委員会「新制大学の教員組織審査のための特別委員会要綱（案）」（「戦後教育資料」Ⅵ－192）
一九四九年三月付「大学設置委員会要覧」（Ⅵ－195）
一九五〇年一〇月付「大学設置審議会要覧」（Ⅵ－200）
一九五一年八月付「大学設置審議会要覧」（Ⅵ－201）
一九四八年九月一二日付「大学設置委員会専門委員会氏名」（Ⅵ－203所収）
一九四八年一〇月二一日付大学設置委員会作成「教員養成を主とする学芸大学の教員について（案）」（Ⅵ－248）
「大学教官審査結果一覧表（学芸又は教育関係）」（「戦後教育資料」Ⅵ－252）
一九四八年一二月九日頃作成「第四専門分科会十二月九日決議」（Ⅵ－253）
一九四九年一～二月頃作成「大学設置委員会第四特別委員会（第四回専門分科会）審査報告書（二）」（Ⅵ－307）
一九四九年三～四月頃作成「大学設置委員会第四特別委員会（第五回）報告書（三）」（Ⅵ－308）

「昭和二十四年三月　第八回総会提出　申請大学審査報告書要領」（Ⅵ－319）

⑤大学基準協会関係資料――沿革史を含む

エドウィン・ウィグルスワース「全国連合協議会に於ける講演　新制大学の概念」大学基準協会『会報』第一号、一九四七年四月、四～一三頁
トーマス・エッチ・マッグレール「新制大学と一般教育」大学基準協会『会報』第二号、一九四八年五月、一～九頁
ラッセル・クーパー著、山本敏夫訳「一般教育と社会科学」大学基準協会『会報』第三号、一九四八年一一月、一～一〇頁
「第三回総会議事録抄録」大学基準協会『会報』第三号、一九四八年一一月、一二～二八頁
「昭和二十四年度業務年次報告」大学基準協会『会報』第五号、一九五〇年五月、二五～三二頁
橋本孝「一般教育研究協議会について」大学基準協会『会報』第五号、一九五〇年五月、三三～三七頁
杉山逸男「教育指導者講習会（一般教育部門）について」大学基準協会『会報』第七号、一九五〇年一二月、一五～二一頁
大学基準協会『大学に於ける一般教育――一般教育研究委員会中間報告』（大学基準協会資料第6号）一九四九年七月
――、『大学に於ける一般教育――一般教育研究委員会第二次中間報告』（大学基準協会資料第9号）一九五〇年九月
大学基準協会十年史編纂委員会編『大学基準協会十年史』大学基準協会、一九五七年
大学基準協会年史編さん室『大学基準協会55年史　通史編』大学基準協会、二〇〇五年
大学基準協会『大学教育における分科教育基準集』（大学基準協会資料第一二号）一九五三年五月

⑥新聞記事

一九四六年一〇月一〇日付「師範短信／東京一師教科改正」（東京教育大学新聞縮刷版刊行会編集発行『文理科大学新聞　教育大学新聞　縮刷版　一九四六―一九七三』一九七八年）
一九四七年二月一五日付「師範短針《ママ》／自治昂揚の千葉師」（前掲『文理科大学新聞　教育大学新聞　縮刷版　一九四六―一九七三』）
一九四八年九月二日付「新制大学への展望」『時事通信内外教育版』
一九四八年一一月二五日付『静岡新聞』「三学部制で各校連合　静岡大学の構想　最初の二年、文、理二本建」
一九四九年二月二八日付『静岡新聞』「静岡大学は三学部制　法経系統は独立とせぬ」
一九四九年五月二日付『静岡新聞』「文理教育　両学部に統合説　静大七月上旬に発足」

⑦教育科学研究会『教育』——岩波書店発行

編輯部「教師生活に関する調査（第一報告）」第五巻第七号、一九三七年七月、八九～一一七頁

編輯部「教師生活に関する調査（第二報告）——教養生活の質及び量の分析（一）」第五巻第一一号、一九三七年一一月、五～一一頁

編輯部「教師生活に関する調査（第三報告）——教養生活の質及び量の分析（二）」第六巻第一号、一九三八年一月、二二～二三七頁

教師生活研究委員会「教師の教養に関する調査報告」第七巻第九号、一九三九年九月、六九～七九頁

教師生活研究委員会「教師の教養に関する調査報告（二）」第七巻第一〇号、一九三九年一〇月、一七一～一九三頁

教師生活研究委員会「教師の教養に関する調査報告（三）」第七巻第一一号、一九三九年一一月、七六～八九頁

重松鷹泰「教師生活研究」教育科学研究会『教育』第七巻第一〇号、一九三九年一〇月、一〇三～一〇八頁

⑧会議録

『教育審議会総会会議録』第一～八輯、『教育審議会諮問第一号特別委員会会議録』第一～一五輯、『教育審議会諮問第一号特別委員会整理委員会会議録』第一～二一輯。すべて一九七一年に宣文堂書店から写真製版で復刻

日本近代教育史料研究会編『教育刷新委員会教育刷新審議会会議録』第一巻、岩波書店、一九九五年

日本近代教育史料研究会編『教育刷新委員会教育刷新審議会会議録』第一三巻、岩波書店、一九九八年

⑨その他（五〇音順）

The United States Education Mission to Japan, *Report of the United States Education Mission to Japan: submitted to the Supreme Commander for the Allied Powers*, 30 March, 1946.

天野貞祐「前期大学論」一九四八年一月（『天野貞祐全集5』日本図書センター、一九九九年、二四～二七頁に再録）

天野貞祐「高等学校論」一九四八年四月（同右、二八～三八頁に再録）

上野芳太郎「うごき　教員免許法と教員養成の方向」『文部時報』第八四九号、一九四八年六月、一～四頁

木下一雄「教養の課題——新学芸論の構想」教育技術連盟編『教育技術』小学館、一九四九年八月、八～一五頁

教育調査会編集発行『学制問題ニ関スル議事経過』一九一七年五月
教師養成研究会『観察・参加・実習』学芸図書、一九四七年一一月
玖村敏雄「あの頃の回想」大阪学芸大学教育研究所編『教員養成制度問題――論説と資料』（『おおさか教育』第三巻第一六号継続発行完成記念　贈呈誌）一九五九年六月、三二～三六頁
玖村敏雄編『教育職員免許法施行規則同法施行法施行規則解説（命令篇）』学芸図書、一九四九年
日本私学教育研究所編集発行『調査資料（教育制度等の研究（その9）――学校《マ》教育要綱《マ》案（昭21・8・22）その他春山順之輔資料より）』第七八号、一九八一年三月
日本私学教育研究所編集発行『調査資料（教育制度等の研究（その10）――春山順之輔資料）』第一〇六号、一九八四年三月
「米国教育使節団に協力すべき日本側教育委員会の報告書」一九四六年二月付（「戦後日本教育資料集成」編集委員会編『戦後日本教育史料集成』第一巻、三一書房、一九八二年、六五～七四頁所収）
「米国教育使節団報告書――聯合国軍最高司令官に提出されたる――附本報告に関するマッカーサー元帥の声明」（『文部時報』第八三四号）一九四六年一一月

星野あい　41, 58, 60

ま

マッカーサー　43, 49
マッグレール　128–132

む

務台理作　7, 41, 53, 54, 56–62, 66, 122, 155, 241

や

矢野貫城　41, 58
山崎匡輔　64
山本敏夫　128, 130, 134

わ

和田小六　122, 125

主要人名索引

あ

安倍能成　7, 51, 53, 56, 241
天野貞祐　41, 54, 57, 59, 60, 61, 67

い

石山脩平　123, 125, 126
岩下富蔵　106, 193, 227

う

上野芳太郎　125, 133
上原専禄　122, 130
上村福幸　126

お

大島正徳　43, 52, 54, 56
奥井復太郎　126, 128, 130

か

カーレー　88, 123, 129, 253, 256
海後宗臣　24, 27, 67, 123, 125, 133, 155, 187, 228

き

菊池大麓　42, 48, 59, 60, 66
城戸幡太郎　39, 41, 45, 57–59, 62, 66
木下一雄　7, 52–55, 57, 58, 66, 86, 98, 121, 128, 133, 146, 155, 241

く

クーパー　129, 132, 134, 252
玖村敏雄　26, 27, 90, 102, 104, 105, 118, 206, 229
倉橋惣三　7, 41, 53, 61, 66, 241

こ

小宮豊隆　41, 55, 62

さ

佐々木重雄　130
佐野利器　41, 43, 54, 55, 61–63

し

昇地三郎　76, 101, 208, 209, 229

せ

関口泰　55
関口鯉吉　52, 58

と

戸田貞三　41, 43, 55

な

南原繁　41, 51, 56, 59, 64

は

橋本孝　125, 128, 130, 134
羽渓了諦　64

ふ

藤本光　193, 227
二方義　126

へ

ヘファナン　104, 107, 119

ほ

ホームズ　123

北海道学芸大学　150, 175–179
北海道第二師範学校　8, 90, 91, 99, 175, 176, 236, 243
本科　9, 10, 12, 45, 65, 72–76, 79–84, 98, 107, 189, 190, 194, 202, 205, 223, 225, 234, 237, 240, 245, 246

ま

三重師範学校　74
免許状　4, 5, 7, 14, 16, 23, 79, 81, 117, 118, 127, 153, 159, 160, 163, 165, 167–179, 181, 184–186, 221, 231, 244, 248, 250, 254, 255
目的養成　2, 3, 20, 23, 36, 38, 42, 55, 65, 98, 99, 142, 151, 160, 175, 176, 179, 184, 254
文部省　8–11, 14, 18, 20, 23, 35, 41, 43, 46, 51, 53, 63–66, 72, 74, 75, 78, 85, 89, 99, 100, 104, 105, 107, 122, 124, 125, 127, 132, 136–145, 149, 151, 152, 172–174, 178, 180, 181, 185, 191, 193, 204, 206, 209–214, 216, 217, 221–223, 225, 226, 234, 236, 237, 240–243, 246, 247, 253, 254

や

山形師範学校　8, 90, 91, 92, 99, 236, 243
山形大学　144, 150
山口師範学校　8, 85, 90, 95, 96, 99, 100, 214, 236, 243
山口大学　105, 116, 150, 214–217, 223, 240, 247
予科　9, 12, 35–38, 43, 45, 65, 74, 75, 137, 139, 140, 189, 190, 192, 194, 205, 209, 224, 225, 234, 245, 246

ら

リベラル・アーツ（リベラル・エデュケーション）　8, 14, 15, 46, 57, 58, 64, 85–88, 99, 169, 185, 234, 256
連合軍司令部命令学校調査に関する件　75
連絡委員会　51

わ

和歌山師範学校　75
和歌山大学　150, 181

専攻　57–60, 72, 75, 86, 94, 123, 127, 147, 167–171, 173, 176–178, 181, 183, 220, 221, 231
専修制　72, 73, 78, 98, 236
選択科目　20, 74, 79, 88, 97–99, 123, 139, 151, 162–165, 177, 185, 238, 253
選択履修　72, 74–76, 81, 93, 97, 171, 238
専門学校程度　9, 12, 22, 33–36, 38, 45, 54, 71, 77–79, 97, 137, 189, 234–236, 242
専門的教養　73, 94, 113, 114

た

第一部　32–38, 45, 65, 179, 234
大学基準　3, 15, 18, 19, 82, 109, 122, 123, 126, 146, 167, 174, 176–178, 238
大学基準協会　3, 18–20, 22, 88, 121–135, 237, 252, 256
大学設置委員会　9–12, 18, 23, 25, 122, 124–127, 132, 136, 144–153, 160–165, 184, 190, 194, 195, 200–203, 205–208, 212, 214, 215, 224, 225, 237–240, 245, 246, 250
大学に於ける教育学科のカリキュラム――東京第一師範学校案（東京第一師範学校案）　8, 9, 52, 55, 73, 82, 85–89, 98, 99, 106, 107, 121, 129, 132, 141, 236, 242, 243, 252, 253, 256
大学における教員養成　4, 22, 51, 54, 121, 124, 127, 131
大学の国土計画的配置について　64, 65
大学レベル　8, 9, 22, 45, 52, 54, 71, 73, 78, 82, 85, 97–100, 141, 142, 152, 235–237, 242, 243, 254
第二部　32, 33, 35, 36, 38, 65, 179, 234
単位制　72, 78, 98, 236
中央教育審議会（中教審）　3, 4
中学校教員養成最底《ママ》基準（案）　146, 160, 184
中教審　➡　中央教育審議会
中免二教科　173, 174
東京学芸大学　3, 22, 72, 73, 112, 115, 121, 126, 128, 132, 150, 159, 166–173, 185, 193–201, 205, 206, 208, 209, 223, 224, 245, 246, 253
東京第一師範学校　22, 52, 66, 72, 73, 85–88, 110, 132, 166, 193, 194
東京第一師範学校案　➡　大学に於ける教育学科のカリキュラム――東京第一師範学校案
東京第三師範学校　72, 74, 166, 193, 194
東京第二師範学校　72, 73, 74, 166, 193, 194
特殊的教養　89, 91, 94, 108

な

新潟大学　144, 150
日本側教育家委員会　21, 31, 41, 42, 46, 51, 242
日本教育大学協会（教大協）　16, 159, 172

は

弘前大学　144, 150
福井大学　150, 180
福岡学芸大学　76, 105, 150, 161, 163, 164, 184, 194, 200, 205, 207–209, 224, 225, 238, 239, 243, 246, 250
福岡第一師範学校　74–78, 163, 207
福岡第二師範学校　76, 78, 163, 207
複数免許状　5, 7, 167–169, 172, 174, 177, 184, 185, 248, 250
服務義務　2, 38, 41, 45, 54, 137, 139, 140
副免　161, 165, 177, 179
分科担任　➡　教科担任
文科・理科　20, 53–62, 66, 72–74, 78–80, 84, 85, 95–100, 113, 139, 151, 159, 175, 176, 234–236, 241, 244, 249, 253, 254
文理学部（法文・理学部）　2, 3, 10, 14, 23, 25, 63, 64, 79, 116, 131, 143–145, 152, 153, 164–166, 173, 174, 190, 191, 193, 210–217, 223, 225–227, 230, 231, 240, 245–248
文理学部運営要領　213
文理科大学　54, 60, 66, 89, 234, 235, 249
米国教育使節団　15, 21, 31, 41, 43, 138, 141, 151, 243
米国教育使節団報告書中師範教育課関係事項に関する処置　138, 141, 151, 243
法文・理学部　➡　文理学部

238
高知大学　144, 150
高等普通教育　15, 44, 46, 106, 138
神戸大学　11, 25, 26, 29, 150, 190–193, 222–224, 227, 240, 245
国立学校設置法　2, 3, 205, 229

さ

サーベイ・コース　22, 85–88, 99, 121, 128–132, 252, 253, 256
埼玉師範学校　8, 81, 90, 92, 93, 99, 102, 236, 243
埼玉大学　76, 101, 102, 126
CIE　17, 27, 41, 43, 48, 51–53, 56, 64, 67, 85, 88, 98, 104, 107, 122–124, 128–130, 132, 143, 191, 234, 236, 252, 253, 255, 256
ジェネラル・エデュケーション　14, 15, 46, 99, 234, 256
静岡第一師範学校　78–81, 98, 164, 210, 211
静岡大学　69, 79, 80, 144, 150, 155, 156, 161, 164, 165, 174, 184, 186, 187, 204, 210–213, 215, 217, 225, 228, 230, 231, 238, 243, 247, 250
自然科学（自然）　3, 14, 15, 40, 44, 46, 55, 66, 79, 82, 84, 86–88, 90, 92, 97, 99, 100, 109, 113, 122, 126, 128, 130, 144, 145, 149, 152, 160, 162, 173, 174, 210–214, 218, 222, 223, 225, 234–236, 244, 249, 251
実技訓練　86, 87, 90, 92, 93, 95, 97–99, 107, 113, 116, 235, 244, 249, 251
実習（教育実習）　82, 83, 88, 93, 94, 102, 119, 124, 139, 171, 182, 219
師範学校　1, 2, 4, 5, 7–13, 17, 20–23, 25, 27, 28, 32–38, 41, 43, 45–47, 52–54, 56–58, 61–67, 71–104, 106–108, 110, 115–117, 129, 132, 137–144, 147, 151–153, 176, 189–193, 201, 203, 205–209, 211, 222–226, 233–237, 239–250, 252–256
師範教育　6, 8, 16, 24, 27, 32–34, 38, 45, 47, 52, 61, 66, 75, 76, 85, 87, 89–91, 93, 94, 96, 97, 105, 108–110, 117, 125, 137, 140, 168, 169, 185, 235, 239, 243, 244, 249, 251
師範大学　94
師範タイプ（師範型，教員タイプ，型）　1–6, 8, 12–18, 21–24, 31, 33–35, 37, 38, 40, 43, 45, 50, 52–55, 60, 61, 64–66, 77, 93, 97, 99, 103, 105, 106, 109, 112–115, 117, 118, 136, 142, 159, 160, 166, 168, 169, 181, 185, 186, 189, 225, 233–236, 238, 239, 241–246, 248–251, 254, 255
島根大学　144, 150
社会科学（社会）　3, 14, 15, 19, 31, 37, 39, 40, 45, 46, 55, 66, 82, 86–88, 90, 92, 97, 99, 100, 106, 109, 111, 113, 117, 122, 126, 128–130, 132, 144, 145, 149, 152, 160, 162, 173, 174, 210–214, 218, 220–223, 225, 234–236, 244, 249, 251, 252
社会科学的教養　31, 37, 39, 40, 45, 46, 66, 88, 106, 108, 109, 111, 117, 132, 234, 235, 244, 249, 251
一一原則　63, 64, 124, 143
自由研究（研究）　72, 74, 75, 78, 97, 110, 236
授業料無償　2, 38, 45
昇格　9, 22, 27, 33–36, 38, 45, 77, 142, 152, 195, 202, 234, 236, 250
小学校教員養成最低基準（案）　146, 160, 184, 238
上級一般科目　➡　高級一般教養
小中兼修　173, 174
信州大学　11
人文科学（人文）　3, 14, 15, 19, 44, 46, 55, 66, 79, 82, 86–88, 90, 92, 97, 99, 100, 109, 113, 122, 123, 126, 128, 130, 144, 145, 149, 152, 160, 162, 173, 174, 210–214, 218, 220–223, 225, 234–236, 244, 249, 251
新文《ママ》芸大学（仮称）六基本方針　142, 152
設置審査　18, 122, 124, 127, 131, 132, 149
設置認可申請　21, 63, 65, 81–84, 116, 124, 143, 149, 152, 162, 163, 182, 185, 193, 194, 200, 204, 205, 211, 227, 235, 237, 238, 243
全科担任　5, 7, 14, 20, 55, 79, 89, 91, 92, 94, 95, 97–99, 106, 115, 118, 143, 152, 170, 235, 244, 248, 249, 253–255
一九四八年一二月一六日付文部省通牒　144, 173, 193, 212, 246

三の教員）の養成　138, 139, 151, 254
給費　34, 35, 47, 54, 96, 137, 139, 140
教育改革同志会　34, 37, 42, 48, 52
教育科学研究会（教科研）　21, 31, 37, 39, 40, 45, 47, 57, 109, 116–118, 234
教育学士　178, 179
教育学部　2, 3, 7, 10, 11, 13, 14, 17, 21, 23–27, 29, 48, 58–60, 63, 69, 79, 101–103, 105, 109, 110, 116, 119, 124, 126, 143–146, 152, 155, 164, 173, 174, 178, 181–183, 188, 190–193, 210–223, 225, 227, 229–231, 240, 241, 246–248
教育学部運営要領　213
教育学科　8, 25, 52, 55, 56, 58, 60, 61, 67, 73, 85, 87, 94, 100, 102, 121, 170, 171, 180, 195, 199
教育刷新委員会（教刷委）　2, 6, 7, 17–21, 24, 31, 33, 38, 39, 41–43, 45, 46, 48, 50–68, 86, 98, 118, 122, 136, 137, 139–141, 151, 177, 185, 233, 234, 241, 242, 250, 253, 255
教育実習　➡　実習
教育職員免許法　113, 123, 125, 126, 182, 238, 255
教育職員免許法施行規則　182, 255
教育審議会　3, 21, 25, 31–39, 44–47
教育専門学校　20, 65, 137–140, 151
教育大学　3, 6, 16, 20, 27, 41–43, 46, 55–60, 73, 91, 93, 95–97, 100, 101, 124, 126, 128, 137, 140, 141, 151, 156, 159, 162, 172, 174, 186–188, 204, 228, 229
教員タイプ　➡　師範タイプ
教員養成学校整備要綱案　138, 141, 151
教員養成基準分科会　123–125, 127, 131
教員養成系大学・学部　1, 4, 5, 7–19, 21–23, 38, 46, 66, 71, 81, 100, 103, 105, 109, 111, 112, 115, 117, 122, 124–127, 129, 132, 136, 141, 143, 145–147, 149, 150, 152, 153, 159–161, 163, 166, 168, 172, 173, 177, 178, 184, 186, 189, 190, 202, 203, 210, 222, 224, 225, 233, 237–240, 242–244, 246–248, 250–252, 254, 255
教員養成諸学校　6, 7, 12, 20, 56, 66, 88, 109, 110, 117, 143, 172, 193, 211, 241
教員養成制度刷新要綱案　138, 142
教員養成制度整備方針　138, 139
教員養成大学　16, 20, 26, 27, 115, 138, 140, 142, 151, 181, 185, 253
教員養成に関すること（其の一）　62, 64, 141
教員養成について　56
教員養成のための研究集会　17, 22, 27, 85, 103, 104, 109, 110, 117–119, 235, 243, 250
教員養成を主とする学芸学部の学科及び講座（試案）　144
教員養成を主とする学芸大学基準（案）　124, 125, 133, 145, 152, 153, 160
教員養成を主とする学芸大学小委員会　146
教員養成を主とする学芸大学の教員について（案）　11, 146, 147, 153, 240
教科研　➡　教育科学研究会
教科専門教育　2, 3, 8, 10, 14–17, 22, 23, 44, 52, 55, 61, 79, 85, 89, 91, 92, 94, 96–100, 105, 108, 109, 111–114, 116–118, 131, 138, 139, 151, 152, 159, 161, 163, 166, 168, 171, 183–186, 193, 210, 221–223, 226, 235, 238, 240, 243–251, 254
教科担任（分科担任）　5, 7, 14, 20, 55, 79, 89, 91, 92, 94, 95, 97, 99, 118, 152, 244, 248, 253–255
教刷委　➡　教育刷新委員会
教師養成研究会　88, 102
教職専門教育　2, 8, 15, 17, 44, 52, 55, 66, 82, 85, 93, 94, 98–100, 104, 105, 111–113, 125, 127, 131, 132, 138, 140, 145, 146, 148, 151, 153, 154, 161–165, 171, 174, 179, 182, 183, 185, 210, 213, 218, 221, 237, 240
教職的教養　6, 19, 61, 94, 104, 105, 108, 113, 123, 131, 237, 252
教大協　➡　日本教育大学協会
京都学芸大学　150, 179, 180, 188, 224, 228, 246
熊本師範学校　8, 90, 96, 97, 99, 102, 236, 243
群馬師範学校　81–85, 98, 119
研究　➡　自由研究
降格　10, 192, 195, 200–202, 205, 208, 222, 224, 239, 245, 246
高級一般教養（上級一般科目）　159–164, 184,

主要事項索引

あ

愛知学芸大学　150, 193, 201–203, 206, 208, 223, 224, 246
愛知第一師範学校　73, 201, 203, 246
IFEL　17, 19, 21, 22, 27, 45, 85, 103, 109, 111, 112, 115, 117–120, 130, 132, 172, 235, 250–252
アカデミズム　8, 17, 22, 113, 115–118, 169, 185, 236, 239, 244, 248, 250, 251
アメリカ教育使節団報告書に基く教育対策　136, 137, 253
一府県一大学　2, 191
一般教育研究委員会　19, 128, 134, 252
一般教育研究協議会　128, 134, 253, 256
一般教養（一般教育）　1–6, 8, 9, 12–23, 31, 39, 40, 42, 44–46, 50, 52–55, 57–62, 64–66, 72, 79, 82–87, 90–100, 103–118, 120–124, 127–132, 134, 136, 138, 139, 143–145, 151–153, 159–166, 168, 169, 171, 173, 174, 176, 178, 180–182, 184–186, 189, 193, 210, 212–214, 217, 222, 225–227, 230, 233–239, 241–246, 248–256
一般教養課程研究会　129, 132, 253, 256
茨城大学　144, 155
愛媛大学　144, 150, 155
大阪学芸大学　75, 150, 161–164, 180, 184, 194, 200, 203–206, 208, 224, 225, 228, 229, 238, 239, 243, 246, 250
大阪第二師範学校　75, 162, 163, 186, 203–206
岡山大学　25, 102, 116, 120, 150, 160, 181–183, 185, 188, 217–220, 222, 223, 226, 231, 240, 246–248

か

外国語　72, 74, 78, 80, 83, 86, 93, 97, 98, 115, 116, 120, 123, 126, 128, 161, 165, 171, 172, 174–176, 182, 183, 197, 216, 225, 226, 236
開放制　5, 8, 13, 24, 26, 31, 38, 41–43, 45, 51, 52, 54, 56, 59
科学的精神　109, 117, 251
学芸学士　178–181
学芸学部　2, 3, 13, 21, 25, 63, 64, 81, 123, 126, 127, 132, 134, 143–146, 152, 155, 178, 181, 188, 191, 210, 211, 216, 229, 252
学芸学部基準分科会　123, 126
学芸課程　159, 175, 179–181, 185
学芸大学　2, 3, 6, 11, 13, 19–22, 24–27, 39, 41, 42, 48, 51, 56–63, 66, 67, 72, 73, 75, 76, 100–102, 105, 106, 112, 115, 120, 121, 124–128, 131–133, 141–147, 150–154, 157, 159–164, 166, 170–173, 175–180, 184–188, 190, 193–196, 200–210, 223–225, 227–229, 234, 237–240, 243, 245, 246, 250, 252, 253
学芸大学基準　124, 125, 133, 145, 152, 153, 160
学資支給　2, 38, 45, 54, 59, 140
学内審査　11, 189, 190, 193, 195, 203, 207, 208, 222–225, 240, 245
学問的教養　6, 61, 76, 78, 91, 164, 168
型　➡　師範タイプ
学科課程案の研究について（一九四七年一月一八日付文部省通牒）　8, 9, 25, 85, 89–97, 99, 102, 141, 152, 236, 254
学校教育法　5, 9, 65, 68, 78, 81, 98, 138–141, 151, 237, 242, 243, 253, 254
学校教育法施行規則　78, 81, 98, 138, 141, 237, 243, 253, 254
学校教育法要綱案　65, 68, 138–140, 151, 242, 253
官立化　35, 37, 38
岐阜師範学校　8, 85, 90, 94, 95, 99, 102, 236, 243
義務教育に於ける教員（六三三案に於ける六

戦後《せんご》教員《きょういん》養成《ようせい》改革《かいかく》と「教養《きょうよう》教育《きょういく》」

著者――山崎奈々絵
定価――五、二〇〇円＋税
発行日――二〇一七年一月三一日　初版第一刷
発行者――山本有紀乃
発行所――六花出版
〒一〇一―〇〇五一　東京都千代田区神田神保町一―二八　電話〇三―三二九三―八七八七　振替〇〇一二〇―九―三二二五二六
出版プロデュース――大野康彦
校閲――黒板博子
組版――寺田祐司
印刷・製本所――モリモト印刷
装丁――山田英春
著者紹介――山崎奈々絵（やまざき・ななえ）
一九八〇年、東京都に生まれる
二〇一〇年、お茶の水女子大学大学院人間文化研究科博士後期課程単位取得満期退学
現在、聖徳大学大学院教職研究科准教授
ISBN978-4-86617-023-7

既刊図書のご案内〈価格は本体価格〉

「女教員」と「母性」　近代日本における〈職業と家庭の両立〉問題……齋藤慶子　四、〇〇〇円

動員される母親たち　戦時下における家庭教育振興政策……奥村典子　四、〇〇〇円

「保育」の戦後史　幼稚園・保育所の普及とその地域差……松島のり子　六、〇〇〇円

民主保育連盟資料〈復刻版〉……二〇、〇〇〇円

DVD　ある託児所の一日　一九三三年・一九四〇年……一〇、〇〇〇円

精神病者と私宅監置　近代日本精神医療史の基礎的研究……橋本　明　四、〇〇〇円

公民科・地歴科・社会科の実践研究　21世紀日本の社会認識教育を考える……矢吹芳洋編著　一、五〇〇円

ハンセン病絶対隔離政策と日本社会　無らい県運動の研究……無らい県運動研究会編　二、八〇〇円

孤高のハンセン病医師　小笠原登「日記」を読む……藤野　豊　一、八〇〇円

監獄のなかの子どもたち　児童福祉史としての特別幼年監、感化教育、そして「携帯乳児」…倉持史朗　四、二〇〇円